政策性农业保险对农业信贷规模及效率的影响研究

陈 康 著

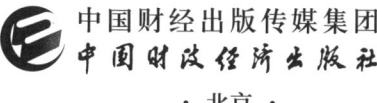

·北京·

图书在版编目（CIP）数据

政策性农业保险对农业信贷规模及效率的影响研究 / 陈康著. -- 北京：中国财政经济出版社，2025.4.
ISBN 978-7-5223-3789-0

Ⅰ. F832.43

中国国家版本馆CIP数据核字第2025QX3918号

责任编辑：苏小珺　　　　　　责任校对：徐艳丽
封面设计：兰卡绘世　　　　　责任印制：党　辉

政策性农业保险对农业信贷规模及效率的影响研究
ZHENGCEXING NONGYE BAOXIAN DUI NONGYE XINDAI GUIMO JI
XIAOLÜ DE YINGXIANG YANJIU

中国财政经济出版社 出版

URL：http://www.cfeph.cn

E-mail：cfeph@cfeph.cn

（版权所有　翻印必究）

社址：北京市海淀区阜成路甲28号　邮政编码：100142
营销中心电话：010-88191522
天猫网店：中国财政经济出版社旗舰店
网址：https://zgczjjcbs.tmall.com
涿州汇美亿浓印刷有限公司印刷　各地新华书店经销
成品尺寸：170mm×240mm　16开　14印张　202 000字
2025年4月第1版　2025年4月河北第1次印刷
定价：98.00元
ISBN 978-7-5223-3789-0
（图书出现印装问题，本社负责调换，电话：010-88190548）
本社质量投诉电话：010-88190744
打击盗版举报热线：010-88191661　QQ：2242791300

前　言

健全农村金融服务体系并引导金融资源投入乡村振兴关键领域，不仅是推进乡村振兴和农业强国建设的关键措施，也是当前和今后一个时期"三农"金融工作的重点。作为农村金融体系中最关键的要素之一，农业信贷资金在提升农业现代化水平、支撑农业经济发展过程中占据关键地位。近年来，在党中央统一领导下，各级政府部门多措并举支持农业信贷资金助力农业现代化建设取得一定成效。2004—2023年我国农业贷款余额整体呈现不断上升趋势，从0.98万亿元上升至5.84万亿元，年均增长率达到9.97%。然而，"三农"问题的解决不仅需要农业信贷资金"量"的投入，更需要注重农业信贷资金"质"的提升。尽管我国农业信贷资金规模日益增大，但其在使用过程中仍面临信贷资金约束、信贷资金支农成效不稳定等诸多问题。随着我国政策性农业保险体系不断完善，其风险管理及损失补偿职能日益在分散农业风险、补偿农业生产经营损失、稳定农业生产方面发挥着重要作用，并在一定程度上为缓解我国农业信贷资金在使用中面临的诸多问题提供了一定契机。在实践中，政府部门出台政策文件支持农业保险与农业信贷的联结，并相继出现了山东省"农业保险贷"模式、安徽省"农业保险+政信贷"模式、江西"农保贷"模式等具体实践。

那么，政策性农业保险能否促进农业信贷规模及效率提升？其具体的作用机制如何？这种影响成效会受到哪些外部因素约束？这些问题是本书研究的重点。对上述问题的探究，不仅有助于扩展农业保险影响农业信贷的理论研究体系，而且能够为金融助力乡村振兴政策的制定提供决策参考。

为此，本书在明晰我国农业信贷市场存在诸多问题的前提下，立足风险管理视角，从理论和实证两个层面探析了政策性农业保险影响农业信贷规模及效率的成效及其作用机制。理论分析通过构建决策行为模型，考察政策性农业保险对农业信贷规模及效率的影响机理；实证分析则结合我国2012—2021年省级面板数据，利用计量模型检验政策性农业保险对农业信贷规模及效率的影响成效、作用机制及其成效发挥依赖的外部因素。最后结合研究结论，从政府、保险公司、信贷机构、农户多主体参与方面提出相应对策建议。

本书共由八个章节构成，主要的研究内容和结论如下：

其一，在政策性农业保险与农业信贷规模及效率的特征事实分析中，首先，本书构建了政策性农业保险发展水平评估指标体系，在利用熵值法测度我国2012—2021年省级政策性农业保险发展水平的基础上，从省域和区域两个层面展开对我国政策性农业保险发展水平的分析。结果表明，我国政策性农业保险发展水平整体呈现上升趋势，但发展水平高低呈现区域差异性，尤其是东北地区、西部地区及粮食主产区的政策性农业保险发展水平相对较高。其次，本书在界定农业信贷规模及效率具体含义的基础上，利用 SE-SBM 模型测度了农业信贷效率，并基于时空分布可视图及核密度图对我国农业信贷规模及效率的时空演进特征进行了分析。结果显示，我国农业信贷规模及效率在2012—2021年总体呈现上升趋势，但随着时间推移，区域间农业信贷规模及效率的差异不断扩大。最后，在分析我国农业信贷市场存在问题的基础上，利用灰色关联理论分析农业保险发展水平与农业信贷规模及效率的相关性。分析结果显示，一方面，我国农业信贷资金缺口呈现日益扩大态势，并且农业信贷资金与农业经济发展及农户农业收入的协调度不高。另一方面，农业保险与农业信贷规模及农业信贷效率均具有较高的相关性，灰色关联度数值均位于0.7—0.9。农业保险可能会成为破解农业信贷市场面临诸多问题的重要路径。

其二，在政策性农业保险影响农业信贷规模及效率的理论分析中，首先，本书在仅包含家庭生产部门和金融信贷部门的经济中，基于行为决策理论框架分析了政策性农业保险对农业信贷规模的影响及农业风险管理、农业稳收增收等作用机制。分析表明，参加政策性农业保险情景下的银行放贷规模均要大于未参加农业保险情景下的放贷规模，并且随着政策性农业保险保障额度的提升，信息完全条件下的银行放贷规模与信息不完全的银行放贷规模的差距逐渐缩小。另外，农业保险风险管理功能的发挥及其稳收增收效用，能够有效提升银行放贷规模。其次，在新古典经济增长模型的分析框架下，结合稳态求解和数值模拟分析政策性农业保险对农业信贷效率的影响效果。并在此基础上，从农业风险管理、农业经营技术和农业规模化经营三个层面，理论演绎政策性农业保险影响农业信贷效率的作用路径。分析表明，随着农业风险冲击的增大，相较于仅包含农业信贷情形，同时包含农业信贷与农业保险情形下的农业信贷产出成效下降速度较为缓慢，并且在风险冲击较大时，同时包含农业信贷和农业保险情形下的农业信贷产出成效会显著大于仅包含农业信贷情形下的农业信贷产出成效。另外，政策性农业保险能够通过降低农业风险发生的概率及风险发生后的损失程度、提升农业经营技术化水平及农业规模化经营程度，提高农业信贷效率。

其三，在政策性农业保险影响农业信贷规模及效率的实证检验中，首先，本书基于2012—2021年我国省级面板数据，利用固定面板效应模型和面板Tobit模型分别检验了政策性农业保险影响农业信贷规模和效率的成效及区域异质性。检验结果显示，政策性农业保险对农业信贷规模及效率具有显著的正向影响。该结论在不同维度农业保险发展水平、内生性处理及稳健性检验后均成立。但上述结果在不同经济区域及粮食产区表现出异质性。进一步利用农户微观数据对政策性农业保险影响农户农业信贷可得性及需求满足度进行检验的结果显示，政策性农业保险对农户获得农业信贷可得性具有显著的正向影响，而对农户农业信贷资金需求满足度的影响不显著。其次，从实证层面分别检验政策性农业保险通过农业风险管理、农业收入波动和农业收入增长对农业信贷规模的影响机制，以及政策性农业保险通过农业风险管理、农业经营技术和农业规模化经营影响农业信贷效率的作用机制。分析表明，政策性农业保险能够通过农业风险管理促进农业信贷规模及效率的提升，并且政策性农业保险的稳收增收效应在政策性农业保险提升农业信贷规模中发挥着传导作用，农业经营技术和农业规模化经营在政策性农业保险影响农业信贷效率中发挥着传导作用。最后，本书采用调节效应模型分别从财政支农力度、数字金融、农险市场结构三个层面，对政策性农业保险影响农业信贷规模及效率的调节效应进行检验。检验结果表明，财政支农力度、数字金融和农业保险市场结构能正向调节政策性农业保险提升农业信贷规模及效率的成效。

基于上述研究结论，本书从政府、保险公司、信贷机构、农户四个层面提出以下对策建议：一是政府部门统筹引领，积极出台农业保险及其与农业信贷联结相关政策进行引导，并加大财政支农力度，为农业保险发展及其与农业信贷协同提供政策及资金支持。二是保险公司坚守风险保障本源，以"扩面、增品、提标"为目标，积极利用数字技术工具精准刻画农户保险需求，提高理赔效率，并注重开发针对具有信贷需求农作物品种的保险产品，强化保险产品与农业信贷合约的对接。三是信贷机构紧盯"贷前调查、贷中审批、贷后监管"等关键环节，可以将包含农业保险投保及产品等信息纳入农户信用等级评估体系，并积极利用数字金融工具或信贷合约规定对信贷资金的使用进行监督，规范资金使用程序，提升农业信贷资金使用成效。四是农户可以借助互联网信息工具或组织培训等学习契机，不仅要注重自身风险意识的提升，在生产实践中积极利用保险等工具管理生产风险，还要重视对农业保险与农业信贷相关法律法规的学习，规范自身农业保险及信贷资金的使用行为。

作者

2025 年 1 月

目　录

第一章　绪论 ………………………………………………………（ 1 ）
　　第一节　研究背景与研究意义 …………………………………（ 1 ）
　　第二节　技术路线与研究内容 …………………………………（ 6 ）
　　第三节　研究方法与研究创新 …………………………………（ 10 ）

第二章　文献综述 …………………………………………………（ 13 ）
　　第一节　政策性农业保险相关研究 ……………………………（ 13 ）
　　第二节　农业信贷规模及效率相关研究 ………………………（ 18 ）
　　第三节　政策性农业保险影响农业信贷规模及效率的相关研究
　　　　　　………………………………………………………（ 26 ）
　　第四节　文献述评 ………………………………………………（ 28 ）

第三章　政策性农业保险与农业信贷的特征事实及评价 ………（ 30 ）
　　第一节　政策性农业保险的演进历程及发展现状分析 ………（ 30 ）
　　第二节　农业信贷规模和效率的界定及特征评价 ……………（ 44 ）
　　第三节　中国农业信贷市场存在的问题及破解的保险路径 …（ 60 ）
　　第四节　本章小结 ………………………………………………（ 72 ）

第四章　政策性农业保险影响农业信贷规模及效率的理论分析 ……（ 75 ）
　　第一节　政策性农业保险影响农业信贷规模的理论分析 ………（ 75 ）

1

第二节　政策性农业保险影响农业信贷效率的理论分析 ……… （87）
　　第三节　本章小结 …………………………………………… （99）

第五章　政策性农业保险影响农业信贷规模及效率的实证分析 …… （101）
　　第一节　政策性农业保险影响农业信贷规模的实证分析 ……… （101）
　　第二节　政策性农业保险影响农业信贷效率的实证分析 ……… （120）
　　第三节　本章小结 …………………………………………… （132）

第六章　政策性农业保险影响农业信贷规模及效率的作用机制检验
　　…………………………………………………………………… （134）
　　第一节　政策性农业保险影响农业信贷规模的作用机制检验 …… （134）
　　第二节　政策性农业保险影响农业信贷效率的作用机制检验 …… （147）
　　第三节　本章小结 …………………………………………… （159）

第七章　政策性农业保险影响农业信贷规模及效率的调节效应分析
　　…………………………………………………………………… （161）
　　第一节　基于财政支农力度的调节效应分析 ………………… （161）
　　第二节　基于数字金融的调节效应分析 ……………………… （167）
　　第三节　基于农业保险市场结构的调节效应分析 …………… （172）
　　第四节　本章小结 …………………………………………… （178）

第八章　研究结论、对策建议与未来展望 ……………………… （179）
　　第一节　研究结论 …………………………………………… （179）
　　第二节　对策建议 …………………………………………… （184）
　　第三节　研究局限与未来展望 ……………………………… （188）

参考文献 ………………………………………………………… （190）
附　　录 ………………………………………………………… （213）

第一章 绪 论

第一节 研究背景与研究意义

一、研究背景

（一）农村金融是助力乡村振兴战略实施的重要驱动力

民族要复兴，乡村必振兴。党的二十大报告在加快构建新发展格局，着力推动高质量发展中明确强调，"全面推进乡村振兴，坚持农业农村优先发展"。推进乡村振兴战略实施是新时代建设农业强国的重要任务，也是全面建设社会主义现代化国家的必然要求。而作为现代农业经济的核心，农村金融是助推乡村振兴战略实施的重要驱动力，受到政府部门历年高度重视。2004年至今，农村金融问题一直是中央一号文件反复强调的重要话题，旨在完善农村金融服务体系，从金融层面为解决"三农"问题提供有力支撑。2023年6月，中国人民银行、国家金融监督管理总局等五部门联合发布《关于金融支持全面推进乡村振兴 加快建设农业强国的指导意见》（银发〔2023〕97号），围绕"建立完善多层次、广覆盖、可持续的现代农村金融服务体系，增强金融服务能力，助力全面推进乡村振兴、加快建设农业强国"这一目标任务，通过多措并举方式，为乡村振兴关键领域提供金融支撑，扎实推进金融服务乡村振兴工作的合理有序开展。

农业信贷资金是农村金融体系中最关键的要素之一，在提升农业现代化水平、支撑农业经济发展过程中占据关键地位。近年来，在中共中央统筹领导下，各级政府部门尤为重视农业信贷投放，协同多措并举支持农业信贷资金助力农业现代化建设。如图 1-1 所示，2004—2023 年我国农业贷款余额整体呈现不断上升趋势，从 0.98 万亿元上升至 5.84 万亿元，年均增长率达到 9.97%。并且在 2004—2009 年处于高速增长阶段，增长率处于 15% 左右，尽管在 2010—2021 年的农业贷款余额增长率有所下滑，但也基本在 5% 上下小幅波动。随后，2022 年和 2023 年农业贷款余额快速增长，增长率分别为 10.72% 和 15.42%。

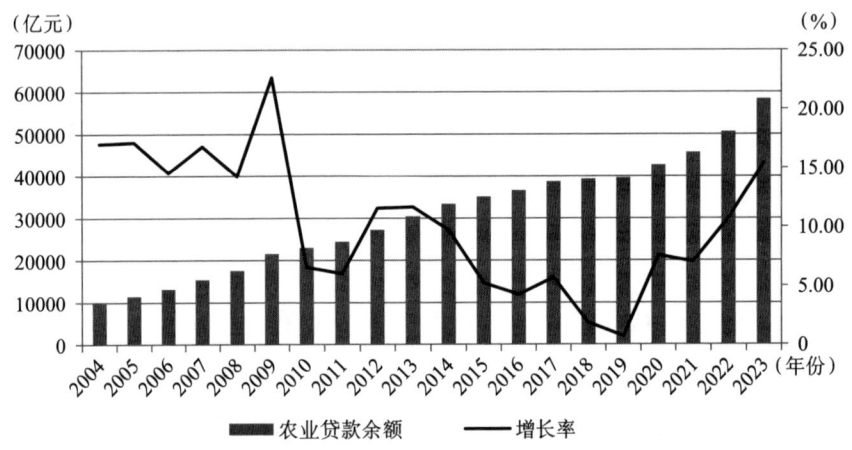

图 1-1　2004—2023 年中国农业贷款余额及其增长率

数据来源：由《中国金融年鉴》《金融机构贷款投向统计报告》整理。

（二）中国农业信贷资金在使用过程中仍存在资金约束、效益不高等问题

为更好发挥农村金融的支撑与服务作用，不仅需要农业信贷资金"量"的投入，更需要科学、合理、有效地利用农业信贷资金，注重农业信贷资金"质"的提升。尽管我国农业信贷资金规模日益增大，但其在使用过程中仍面临诸多问题。具体而言：

其一，我国农村金融体系中仍存在农业信贷约束问题。农业的弱质属性，加之农业信贷市场较为突出的信息不对称、缺乏有效抵押品等系统性缺陷，导致农业经营主体的资金需求无法得到有效满足。宁国强等（2016）研究发现，我国种粮大户正规信贷约束程度高达 78.89%；《经济日报》2019年发布的《新型农业经营主体金融需求与融资约束调查报告》显示，我国农业信贷实际贷款额上升，但仍存资金缺口，近30%的调查样本的信贷需求无法得到满足，且普遍受到供给型信贷约束[①]。另外，本书通过对我国近年来农业信贷资金缺口测算发现，2012—2021年，我国农业信贷资金缺口整体呈现上升趋势，并且该资金缺口在未来有进一步扩大的可能[②]。

其二，农业弱质性、生产技术水平不高及农业信贷资金滥用等局限，导致农业信贷支农效应的发挥呈现不稳定性。据测算，尽管我国农业信贷效率在2012—2021年呈现整体总体上升趋势，但该增长过程具有显著波动性[③]。另外，基于离差系数协调度模型分别测算农业信贷与农业经济发展、农业收入的协调度时发现，在2012—2021年，无论是农业信贷规模与农业经济发展的协调度系数还是农业信贷规模与农业收入协调度系数，均大致处于0.5—0.6，说明农业信贷规模与农业经济发展、农业收入的协调度均处于基本不协调阶段[④]。

本书认为农业信贷资金支农成效不稳定的原因包括如下三点：一是农业本身具有弱质性属性，面临自然灾害、市场价格波动等诸多风险。联合国粮农组织（FAO）发布的《灾害对农业和粮食安全的影响：通过韧性投资避免和减少损失》指出，2007—2022年农业损失平均占所有灾害总影响的23%，干旱造成的损失中有65%以上发生在农业[⑤]。此外，2022年我国受到自然灾害的严重影响，导致农作物受灾面积达12071.6千公顷，受灾人数高达1.12亿人次，造成直接经济损失2386.5亿元[⑥]。二是为追求更高利润，获得农业信贷的经营主体存在将信贷资金投向较高风险经营项目的

[①] 数据来源：《新型农业经营主体金融需求与融资约束调查报告》，经济日报社中国经济趋势研究院新型农业经营主体课题组，2019. http://paper.ce.cn/jjrb/page/1/2019-11/30/05/2019113005_pdf.pdf.
[②] 可参见第三章第三节"农业信贷资金缺口日趋扩大"部分。
[③] 可参见第三章第二节"农业信贷效率的界定及演化特征"部分。
[④] 可参见第三章第三节"农业信贷与农业经济发展及农业收入的协调度不高"部分。
[⑤] 数据来源：联合国粮农组织官网。https://www.fao.org/3/cc7900en/cc7900en.pdf.
[⑥] 数据来源：中华人民共和国应急管理部官网。https://www.mem.gov.cn/xw/yjglbgzdt/202301/t20230113_440478.shtml.

资金滥用行为,进而导致农业信贷关系下的农业生产经营收益波动区间范围较大。三是农业经营仍面临生产技术水平相对滞后、生产规模小等发展局限,导致农业信贷业务收益普遍较低。一方面,我国农业仍以小农经营为主,这部分农户的风险厌恶程度往往较高,限制其进一步扩大农业生产经营规模及采用新技术的意愿,也致使这部分农户获取农业信贷的主要目的是维持现有生产经营状况。另一方面,对于新型农业经营主体而言,尽管其获得农业贷款后往往倾向于购买生产资料扩大农业生产经营规模,但也会出于对风险因素的考量,对包括新种子、生物技术、智能机械装备技术等在内的农业生产技术存在革新滞后性。

(三)强化政策性农业保险与农业信贷联结日益成为完善农村金融体系的重要举措

政策性农业保险是农村金融服务体系的重要组成部分[①]。2004年中央一号文件明确提出"加快建立政策性农业保险制度",2007年中央财政拨付10亿元用于农业保险保费补贴,并在吉林、内蒙古、新疆、江苏、四川、湖南6个省区展开试点,标志着政策性农业保险正式实施。截至2022年底,我国农业保险保费收入为1192亿元,风险保障额度为5.46万亿元,参保户次达到1.67亿。其中,中央财政拨付农业保险保费补贴434.53亿元[②]。

随着政策性农业保险体系不断完善,其风险管理及损失补偿职能日益在分散农业风险、补偿农业生产经营损失、稳定农业生产中发挥着重要作用,一定程度上为缓解我国农业信贷资金使用中面临的诸多问题提供了一定契机。具体而言,其一,农业保险的损失补偿功能能够为参保农户的风险损失提供一定经济补偿,有助于稳定农业经营收益预期;其二,保险公司能够监测与管理农业生产经营过程中的重大风险点,这些风险减量服务有助于提升农业生产抗风险能力,进而降低农户违约风险;其三,农业保

---

① 根据2007年原中国保险监督管理委员会关于印发《农业保险统计制度》的通知(保监发〔2007〕111号)规定"政策性农业保险指政府给予财政补贴等政策扶持的农业保险",本书所指的"政策性农业保险"遵循这一定义。

② 数据来源:中国农业农村部:《2022年我国农业保险保费规模达1192亿元》,https://www.moa.gov.cn/xw/shipin/xwzx/202302/t20230208_6420136.htm。

险风险管理职能的有效发挥能够引导农业经营主体提升技术水平及规模化经营，进而提高信贷关系下农业经营收益水平。

也正是基于上述原因，政府部门相继出台政策文件支持农业保险助力农业信贷规模及效率的提升。比如，2009年中央一号文件首次提出"探索建立农村信贷与农业保险相结合的银保互动机制"。2019年财政部、农业农村部、原银保监会、林草局四部委联合印发《关于加快农业保险高质量发展的指导意见》，进一步指出，农户"贷款难、贷款贵"问题的缓解，可以借助农业保险增信功能。2022年原中国银保监会发布《关于2022年银行业保险业服务全面推进乡村振兴重点工作的通知》再次明确农业保险保单的增信作用。在政策引导下，近年来政策性农业保险与农业信贷联结相继出现了山东省"农业保险贷"模式、安徽省"农业保险＋政信贷"模式、江西"农保贷"模式等具体实践。

基于上述背景，亟待深入探讨政策性农业保险能否在提升农业信贷规模的同时，也能提高农业信贷资金使用成效，及其对农业信贷规模及效率的影响机制和效用发挥所依赖的外部因素，进而为有效推动政策性农业保险提升农业信贷规模及效率提供现实路径，助力乡村振兴战略的实施。

二、研究意义

（一）理论意义

其一，现有关于农业保险与农业信贷的相关研究，还停留在农业保险对农业信贷规模的影响层面，而农业信贷效率也是农业信贷体系的重要成分，鲜有学者关注农业信贷效率。本书基于信贷规模和信贷效率层面，构建了农业保险影响农业信贷的分析框架，扩展了农业保险及农业信贷相关问题的理论研究体系。其二，现有对农业信贷效率测度评估的研究相对较少，本书基于SE－SBM模型对我国农业信贷效率的测算有助于丰富农业信贷效率评估相关研究。其三，本书就农业保险对农业信贷的影响研究，为农业信贷影响因素的分析提供了风险管理视角，试图弥补现有研究对风险管理关注的匮乏。

(二) 实践意义

其一，本书基于"单投入—多产出"的 SE-SBM 模型测算评价我国农业信贷效率状况，在提高测算精准性的同时，有助于综合评价我国农业信贷合理、有效使用的现状及存在的问题，并以此为抓手尝试找到提升农业信贷效率的突破点。其二，本书拟在精确识别政策性农业保险对农业信贷规模及效率影响机理及影响因素的基础上，从政府、保险公司、信贷机构、农户多主体参与层面提出对策建议，进而为促进金融更好地助力乡村振兴战略实施提供一定借鉴。

第二节　技术路线与研究内容

一、技术路线

在金融助力乡村振兴的背景下，引导信贷"活水"浇灌乡村沃土不仅要注重信贷资金"量"的投入，而且要注重"质"的提升。为此，本书遵循"提出问题—分析问题—解决问题"的逻辑框架，在明晰我国农业信贷市场面临诸多问题的前提下，立足风险管理视角，从理论和实证两个层面系统分析政策性农业保险对农业信贷规模及效率的影响成效和作用机制，在此基础上从政府、保险公司、信贷机构、农户四个主体参与方面，提出促进政策性农业保险提升农业信贷规模及效率作用有效发挥的针对性对策建议。具体的技术路线如图 1-2 所示。

二、研究内容

本书主要分八个章节展开对政策性农业保险影响农业信贷规模及效率的系统探讨，各章节主要内容如下：

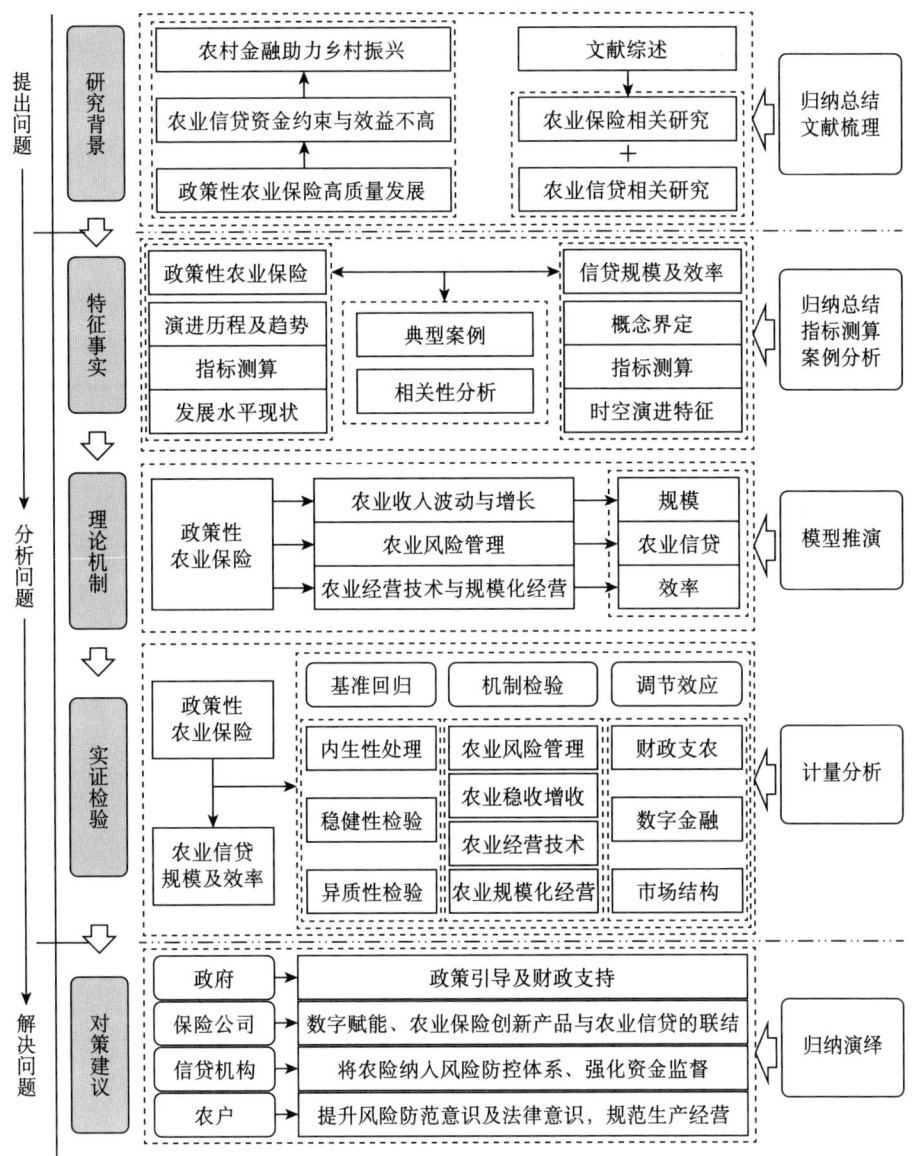

图 1-2 技术路线

第一章为绪论。首先,基于农业信贷资金使用中面临的问题及农业保险与农业信贷联结现状,探析政策性农业保险影响农业信贷规模及效率的选题背景,并据此论证本书的选题意义。其次,对本书的技术路线和研究内容进行系统介绍。最后,对本书的研究方法及创新点进行具体阐释。

第二章为文献综述。首先，从政策性农业保险的发展水平测度、影响效应及成效发挥的限制因素三个方面，回顾了政策性农业保险相关研究现状。其次，梳理现有研究中对农业信贷规模及效率的定义和测度方法，并系统归纳影响农业信贷规模及效率提升的重要因素。再次，梳理政策性农业保险与农业信贷规模及效率联系的相关研究。最后，基于上述文献梳理，明确现有研究为本书开展提供有益经验借鉴的同时，进一步指出现有研究存在的不足，这也为本研究开展提供了一定契机。

第三章为政策性农业保险与农业信贷的特征事实及评价。首先，在对政策性农业保险政策演进及发展成效梳理的基础上，进一步从保费收入和赔付支出两个维度构建政策性农业保险发展水平体系，利用熵值法测算政策性农业保险发展水平指数，并从省域、经济区域、粮食产区等方面分析了政策性农业保险发展水平状况。其次，在清晰界定农业信贷规模及效率含义的基础上，重点对产出导向型超效率SBM模型（SE-SBM）测算农业信贷效率进行了介绍，并基于时空分布图和核密度图对农业信贷规模及效率的时空演进特征进行了分析。最后，基于政策性农业保险、农业信贷规模及效率的测算结果，分析农业信贷市场中存在的问题及破解的保险路径。

第四章为政策性农业保险影响农业信贷规模及效率的理论分析。本章首先构建了仅包含家庭生产部门和金融信贷部门的经济运行体系，在行为决策理论框架下，分析政策性农业保险对农业信贷规模的影响。并在此基础上，进一步对家庭生产部门的模型进行扩展，探析政策性农业保险影响农业信贷规模的农业风险管理、农业收入波动和增长的作用机制。其次，在新古典经济增长模型的基础上，通过构建无风险冲击下仅包含农业信贷的基准模型、风险冲击下仅包含农业信贷的风险模型和风险冲击下同时包含农业信贷和农业保险的保险模型，结合数值模拟分析政策性农业保险对农业信贷产出成效的影响效果。并在此基础上，从农业风险管理、农业经营技术和农业规模化经营三个层面，理论演绎政策性农业保险影响农业信贷效率的作用路径。

第五章为政策性农业保险影响农业信贷规模及效率的实证分析。基于前文对政策性农业保险、农业信贷规模及效率的测算结果，利用2012—2021年我国省级面板数据，本章首先分析了政策性农业保险对农业信贷规模的影响成效，并通过选取工具变量进行内生性处理，通过更换解释变量和被解释变量、删除直辖市样本进行稳健性检验，从经济区域和粮食产区两个层面检验了政策性农业保险对农业信贷规模的区域异质性影响。进一步利用农户微观数据检验了政策性农业保险对农户农业信贷资格及信贷资金需求满足度的影响。其次，本章检验了政策性农业保险对农业信贷效率的影响成效，通过选取工具变量进行内生性处理，通过更换解释变量和被解释变量、删除直辖市样本进行稳健性检验，从经济区域和粮食产区两个层面检验了政策性农业保险对农业信贷效率的区域异质性影响。

第六章为政策性农业保险影响农业信贷规模及效率的作用机制检验。首先，基于计量模型检验了政策性农业保险的农业风险管理功能影响农业信贷规模的作用机制。进一步基于经验数据，在利用HP滤波测度农业收入波动和农业收入增长的基础上，分别从上述两个层面，检验了政策性农业保险影响农业信贷规模的作用机制。其次，分别从农业风险管理、农业经营技术和农业规模化经营三个层面，实证检验政策性农业保险影响农业信贷效率的作用机制。

第七章为政策性农业保险影响农业信贷规模及效率的调节效应分析。本章主要从政策性农业保险与农业信贷联结所依赖的财政支持、数字化及市场结构等外部环境特征层面，在理论阐释的基础上，利用调节效应模型探究财政支农力度、数字金融、农业保险市场结构影响下，政策性农业保险对农业信贷规模及效率影响成效变化情况。

第八章为研究结论、对策建议与未来展望。本章主要是在归纳总结全书主要研究结论的基础上，从政府、保险公司、信贷机构、农户四个层面，提出提升政策性农业保险促进农业信贷规模及效率成效的对策建议，并进一步总结本书数据限制及指标构建导致的研究局限，在后续条件允许情况下可进一步完善。

第三节 研究方法与研究创新

一、研究方法

（一）理论分析法

1. 归纳演绎法

一是在系统地梳理国内外政策性农业保险与农业信贷规模及效率的相关研究现状之后，归纳总结现有研究存在的不足及本书在现有研究基础上可能的边际贡献；二是在系统总结文章研究主要结论的基础上，从政府、保险公司、信贷机构、农户等多主体参与视角，提出提升政策性农业保险促进农业信贷规模及效率成效的对策建议。

2. 案例分析法

梳理政策性农业保险促进农业信贷规模及效率提升的典型案例，并在此基础上进一步总结分析政策性农业保险有效提升农业信贷规模及效率的作用路径和外部条件，为后续理论推演和实证检验农业保险与农业信贷的关系提供实践指引。

3. 理论推演法

一是构建仅包含家庭生产部门和金融信贷部门的经济运行体系，基于行为决策理论，分析政策性农业保险对农业信贷规模的影响及其作用机制；二是在新古典经济增长模型理论框架下，基于稳态条件和数值模拟分析政策性农业保险对农业信贷效率的影响效果及其作用路径。

（二）实证分析法

1. 指标测度法

一是在从保费收入维度和赔付支出维度构建政策性农业保险指标体系的基础上，利用熵值法对政策性农业保险发展水平进行测度；二是在明晰农业信贷效率含义的基础上，设定投入指标和产出指标，并结合 SE – SBM 模型对农业信贷效率进行测算。

2. 计量分析法

在对政策性农业保险发展水平、农业信贷规模及效率测算的基础上，结合我国 2012—2021 年省级面板数据，一是利用面板固定效应模型和工具变量法分析政策性农业保险对农业信贷规模及效率影响的基本结果；二是利用计量模型实证检验政策性农业保险影响农业信贷规模及效率的作用机制及调节效应。

二、研究创新

其一，研究视角的创新。一是立足"量"和"质"双重视角，全面探析农业信贷运行状况。现有关于农业信贷相关研究多是在农业信贷规模或农业信贷效率单一视角下开展的，尤其集中于农业信贷规模相关研究，对农业信贷效率的关注较少。然而，在信贷资金助力乡村振兴的背景下，农业信贷体系的完善不仅要注重信贷资金"量"的投入，更需重视"质"的提升。因此，本书同时关注农业信贷资金的"量"和"质"，有助于增强对农业信贷资金使用成效评估的全面性，扩展农业信贷理论研究体系。二是立足风险管理视角，探析政策性农业保险对农业信贷规模及效率的影响成效。尽管现有研究已经关注了农业保险增信问题，但对其探究还不够深入，尤其未能触及农业保险与农业信贷效率之间的关系，本研究的开展有助于弥补当前农业信贷影响因素相关研究中对风险管理关注的匮乏。

其二，研究方法的创新。一是对于农业信贷规模的测度，鉴于农林牧渔贷款余额主要用于农业生产经营，其所服务的种养产品与农业保险标的具有一致性，因此，本书以农林牧渔贷款余额测度农业信贷规模，提升了度量的精准性，有助于克服度量偏差问题。二是在农业信贷效率测度上，本书基于投入产出成效视角，以农林牧渔贷款余额作为投入指标，以农业经济发展水平和农户收入作为产出指标，利用 SE – SBM 模型度量农业信贷效率，有助于弥补以往"多投入—多产出"度量框架对单一投入指标效率识别模糊性的缺陷，为准确度量农业信贷效率提供了方法支撑。

其三，研究内容的创新。一是既有研究尚未对农业保险与农业信贷关系进行深入讨论，尤其缺乏农业保险与农业信贷效率关系的研究。本书对于政策性农业保险影响农业信贷规模及效率的探究，注重从农业风险管理、农业稳收增收、农业经营技术及农业规模化经营等方面分析其作用机制，有助于丰富现有关于农业保险影响农业信贷相关研究的理论框架。二是分别从财政支农力度、数字金融、农业保险市场结构等层面探析了政策性农业保险影响农业信贷规模及效率所依赖的外部环境，进一步深化了农业保险与农业信贷关系的相关研究。

第二章　文献综述

第一节　政策性农业保险相关研究

一、政策性农业保险的发展水平测度研究

农业保险作为财产保险的重要组成部分，对其发展水平的测度也主要借鉴了测度财产保险发展水平的思路，但至今尚未形成一致的测度方法。目前对农业保险发展水平测度的相关研究主要从单指标和综合指标两个层面展开。

（一）政策性农业保险发展水平的单指标测度研究

在单指标测度研究中，学者们主要利用农业保险保费收入、农业保险密度、农业保险深度等单一指标对农业保险发展水平进行测度。唐勇和吕太升（2021）、陈康等（2022）、Zou 等（2022）、宋凌峰等（2023）、Zeng 等（2022）、Jiang 等（2023）以农业保险保费收入高低情况反映农业保险发展状况。黄琦等（2017）、丁宇刚和孙祁祥（2021）、马九杰等（2021）、叶明华和陈康（2022）、陈康等（2023）选取农业保险密度测度农业保险发展水平。黄颖和吕德宏（2021）、李琴英和陈芮格（2021）以农业保险深度测度农业保险发展水平。富丽莎等（2022）以农业保险保障水平作为农业保险发展水平的衡量指标。高凯等（2020）、富丽莎等（2022）、刘玮等（2022）选用农业保险渗透水平、农业保险保障水平以及农业保险赔付

率三个指标来反映农业保险发展水平省级现状。马九杰和崔恒瑜（2021）以农业保险保费收入作为农业保险绝对规模的衡量指标，以农业保险的覆盖密度和覆盖广度作为农业保险覆盖程度的衡量指标。陈巍和蒋远胜（2023）、陈燕和林乐芬（2023）以农业保险保费收入和赔付支出对农业保险发展进行测度。

（二）政策性农业保险发展水平的综合指标测度研究

在农业保险发展水平的综合指标测度研究中，学者们主要通过将单一指标纳入综合体系，利用熵权法或者主成分分析法等方法赋权实现农业保险发展水平的测度。吕开宇等（2016）构建了由规模、效率、结构、持续性和稳定性5个一级维度、24个具体指标构成的多角度评价体系，对我国各地区农业保险发展水平进行测度。研究发现，黑龙江、吉林、内蒙古、新疆、北京、上海、四川和安徽的业绩排名处于前列。王韧等（2018）通过选取保费增长率、保险深度、保险密度、保险保障水平、保费收入、农业保险占财产保险比重6个指标，测算农业保险综合发展水平。冯文丽和史晓（2018）基于农业保险保费收入、保费收入增长率、农业保险密度和农业保险深度4个指标，构建了农业保险发展水平指标体系，并利用熵值法测算了京津冀地区农业保险发展水平综合评分。李婵娟和程欣炜（2021）设计了包含发展规模、运行效率、成长能力和保障水平4个准则层和16个具体指标的农业保险发展水平测度指标体系。研究发现，我国农业保险发展水平呈波动上升态势，其中，中部地区的发展速度最快，西部地区最慢。张东玲和焦宇新（2022）选取规模水平、渗透水平和使用效率3个维度共5个指标，使用熵权法进行赋权评分，综合衡量农业保险的发展水平。

二、政策性农业保险的影响效应研究

国内外学者立足政策性农业保险的风险管理属性，对农业保险通过影响农业生产资源配置，进而产生的经济效应、收入效应及环境效应进行了分析。

（一）政策性农业保险对农户生产行为的影响效应研究

在农业保险的资源配置效应相关研究中，学者们主要对农业经营规模、化学要素投入、技术提升等生产行为的影响进行分析。其一，在农业保险影响农业经营规模的相关研究中，多数学者认为农业保险风险管理功能的有效发挥，能够为农业规模经营面临的风险损失提供保障，进而有助于促进土地流转，提升农业规模化经营水平。代表性研究包括卢飞等（2017）、陈建学等（2023）。而富丽莎等（2022）认为，存在农业保险保障水平先提高后降低经营规模的作用逻辑。其二，在农业保险对化学要素投入的影响分析中，学者们至今尚未得出一致结论。Quiggin（1993）、Smith 和 Goodwin（1996）、张驰等（2017）、李琴英等（2020）、Feng 等（2021）、Ahmed 等（2022）、Zhang 等（2023）、Mao 等（2023）均认为，农业保险能够显著减少化学要素品的投入。而 Horowitz 和 Lichtenberg（1993）、Chakir 和 Hardelin（2010）、Smith 和 Goodwin（2013）、罗向明（2016）、Möhring 等（2020）对上述观点则持反对态度。Mieno 等（2018）认为，如果不考虑历史产量的话，参保农户将投入较少的氮，但是在考虑历史产量情景下，氮的投入却没有明显减少。其三，在农业保险对技术提升的影响研究中，Freudenreich 和 Musshoff（2018）、Visser 等（2020）、任天驰等（2021）、富丽莎等（2022）、陈建学等（2023）认为，农业保险能够增强农户风险抵御能力并稳定其农业预期收益，进而有助于缓解风险心理预期以增强其采纳农业新技术与新生产模式的积极性，为新技术的引进与购入提供风险保障，推动农业技术的进步。然而，Salazar 等（2019）研究发现，农户参与农业保险行为与采用现代灌溉技术之间存在负相关。Miao（2020）认为，农业保险有助于提升农户对气候变化的适应力，进而会对具有抗干旱的农业技术产生"挤出"效应。

（二）政策性农业保险对农业经济的影响效应研究

现有研究对农业保险影响农业经济的探析并未得出一致结论。多数学者肯定了农业保险对农业经济的促进作用。比如，Hazell（1992）、王向楠（2011）、Xu 和 Liao（2014）、Dai 等（2015）、周稳海等（2015）、邵全权和郭梦莹（2020）、Zou 等（2022）、Ding 和 Sun（2022）、Zeng 等（2022）研究发现，农业保险对农业经济具有显著的促进作用。金绍荣等（2022）研究发现，农业保险能够通过农业全要素生产率这一中介渠道，促进农业经济增长。宋凌峰等（2023）研究发现，农业保险有助于推动农业经济发展，尤其是在农业经济持续下行区间，农业保险的这种促进作用效果更为显著。但也有部分学者对农业保险的经济促进效应持反对意见。比如，袁辉和谭迪（2017）基于湖北省面板数据，研究发现农业保险会抑制农业产出，可能的原因是农业保险在推行中存在严重的道德风险。江生忠和张煜（2018）采用基于经验数据和计量模型，对农业保险影响农村经济发展的成效进行了实证检验，研究发现在由家庭、政府和厂商构成的封闭三部门农业经济系统中，农业保险保费收入大幅增加无助于当期农民消费和农业产值的增加。Bulte和Lensink（2023）认为，在制度不完善的情况下，农业保险会阻碍农业现代技术的采纳，对农业经济产生不利的影响。Agbenyo等（2023）研究发现，农户缺乏对保险的了解、缺少教育和信贷资金等因素，导致气候指数保险抑制了可可的产出。

（三）政策性农业保险对农户收入的影响效应研究

已有研究对政策性农业保险的增收效应存在分歧：一种观点认为，农业保险具有增加农民收入的政策效果，并且农业保险能够通过直接和间接两种机制发挥增收效应。在农业保险增收效应的直接机制层面，Yu等（2018）、李琴英等（2018）、王立勇等（2020）、马九杰等（2020）认为，农业保险能够补偿农户出险损失，农业保险的风险补偿作用的发挥能够直接促进农户收入的提高。庹国柱（2018）、张伟等（2021）、刘玮等（2021）认为，农业保险保费补贴可以看作是一种针对参加农业保险农户的财政转移支付方式，在保费补贴情况下，考虑到精算平衡条件，参保农户自身所交保险费总和远低于其获得赔款的期望值，这一过程也体现了财政资金的转移支付，将对投保农户有直接"增收效应"。在农业保险增收效应的间接机制层面，Goodwin等（2004）、Dai等（2015）、Miraj等（2022）、Li和Wang（2022）认为，农业保险能够提升农业生产经营的预期收益，进而激励农业生产经营者投入更多生产要素，从而间接提高农户收入。比如，农业保险有助于引导农业经营者投入更多的劳动力、扩大农业生产面积、更新生产技术等。另一种观点则认为，在国内"保费低、保障低、报酬低"的政策环境下，农业保险对农民收入影响不大。Zhao等

(2008)、刘亚洲和钟甫宁（2019）研究发现，农业保险虽然能够稳定农户收入，对农户增收的促进作用却不明显。Coble 和 Barnett（2013）尽管支持政策性农业保险是对参保农户进行间接财政转移的一种方式这种观点，认为该间接转移支付有助于参保农户预期收入提升，但是却不能有效促进农户实际收入提高。

（四）政策性农业保险对生态环境的影响效应研究

现有研究认为，农业保险通过影响化学要素投入、生产规模及结构、生产技术等间接渠道给生态环境带来一定影响。陈俊聪和王怀明（2015）研究发现，农业保险的规模效应会恶化农业环境，而农业保险的技术效应和结构效应会有助于农业生态环境改善。Horowitz 和 Lichtenberg（1993）、Smith 和 Goodwin（2013）、马九杰等（2021）从化学要素投入层面考察了农业保险的环境效应，认为农业保险有助于减少化肥使用。马九杰和崔恒瑜（2021）、Mu 等（2022）、Li 和 Yu（2022）、张壮等（2023）、陈建学等（2023）、Jiang 等（2023）、郑军和赵维娜（2023）、郑军和邓明珠（2024）分析了农业保险对农业碳排放的影响，研究发现农业保险发展能够对农业碳排放起到抑制作用。徐雯和张锦华（2023）以 2018 年在 6 个省份开展的完全成本保险和收入保险试点政策为准自然实验，运用双重差分法考察了试点政策对农业碳排放水平的影响效应及作用机制。然而，罗向明等（2016）认为，政策性农业保险风险管理职能的有效发挥，有助于提高保险标的预期收益，从而激励农业经营者优化生产方式，追求更具高效化的农业经营模式。但是，如果政策约束不到位，农业经营过程中会出现一定程度的道德风险，使化肥、农药等化学品投入量高于正常水平，进而恶化农村生态环境。

三、影响政策性农业保险效应发挥的因素研究

政策性农业保险对农户生产行为、农业经济、农户收入及生态环境的影响受到诸多因素限制，学者们主要从保障水平、财政补贴、市场结构等方面分析了政策性农业保险功效发挥的限制因素。陈巍和蒋远胜（2023）

认为，我国农业保险保障水平较低，在灾害发生后，农业保险赔付支出尚不能有效覆盖农业生产损失，这可能会导致人均农业收入减少。陈燕和林乐芬（2023）认为，保险赔付的灾后福利效应尚未体现，这是因为当前保险赔付效率不高，保险公司存在一定的道德扭曲。然而，当保障水平较高时，应该高度关注和重视农户的道德风险问题。任天驰等（2021）研究发现，农业保险保障水平与农户生产投资存在稳健的倒"U"型关系，当保障水平超过拐点时，农户的生产投资出现下降态势。张驰等（2017）、袁辉和谭迪（2017）、Yu等（2018）、富丽莎等（2022）认为，在高补贴比例的农业保险运作下，农户存在严重的道德风险与逆向选择问题，导致农业保险市场失灵，进而对农业生产要素配置及生产效率起负向抑制作用。牛浩和陈盛伟（2022）认为，农业保险在面临提质升级、补贴高效的目标时，出现了超比例赔付、交易成本高等问题，难以再做到"应赔尽赔"，极大削弱了农业保险风险保障功能的有效发挥。庹国柱（2017）、牛浩和陈盛伟（2019）认为，农业保险的"准公共品"和自然垄断特性决定了其市场并不适宜充分竞争，因此，农业保险市场结构状况会对农业保险效应的发挥产生影响。

第二节 农业信贷规模及效率相关研究

一、农业信贷规模相关研究

（一）农业信贷规模概念界定及测度

信贷是债权人借出货币、债务人按期还本付息的一种价值运动形式，而农业信贷则是特定在农业领域的信贷资金活动。现有研究主要从广义和狭义两个层面对农业信贷的内涵进行界定（李江华和赵楠，2015；李秉龙和薛兴利，2015）。广义的农业信贷是指金融机构和其他信贷提供者投入农业领域的信贷资金。其中，金融机构既涵盖正式的金融组织，也涵盖非正式的民间金融组织；其他信贷提供者主要是指非正式的民间个人信贷提供者。另外，这里的农业不仅指农业生产活动，也包含与农业相关的服务活动。狭义的农业信贷主要指的是金融机构和其他信贷提供者投入农业生产环节中的信贷资金。这里的农业信贷供给的目标群体是农户和农业生产企业。在农业信贷概念界定的框架内，国内外学者对农业信贷规模的测度也可大致分为广义和狭义两个层面。具体而言：

其一，对于广义农业信贷规模的测度，主要以涉农贷款测度农业贷款规模。按照中国人民银行发布的《中国农村金融服务报告》定义[①]，根据用途的不同，农业信贷通常可以分为两大类，即农林牧渔业贷款和其他涉农贷款。其中，农林牧渔业贷款主要是针对农业、林业、牧业、渔业以及农林牧渔服务业等生产经营活动的贷款。这类贷款主要用于支持农民和农业企业的农业生产经营，包括购买种子、农药、肥料，修建养殖场，购买农机具等，以促进农业生产的增产、增效。

其他涉农贷款主要指的是金融机构发放的除了农林牧渔业贷款之外的其他贷款。这些贷款的用途广泛，涉及农村经济发展的各个方面，如支付农业生产环节费用（如劳动力成本、耕种费用等）、农村基础设施建设贷款（如农村道路建设、供水工程建设等）、其他农村经济发展促进贷款（如农村企业发展贷款、农村电商发展贷款等）等。由于涉农贷款的定义与广义农业贷款的概念较为吻合，涉农贷款成为诸多学者测度农业贷款规模的主要依据。例如，阮贵林和孟卫东（2016）、李屹然和谢家智（2019）、唐勇和吕太升（2021）、罗剑朝和胡杰（2022）、张秀梅等（2023）、宋凌峰等（2023）、Ai 等（2023）、Wang 等（2023）均以各省金融机构本外币涉农贷款余额来衡量各省农业信贷规模。

其二，对于狭义农业信贷规模的测度，主要以农村贷款、农户贷款和农林牧渔贷款测度农业贷款规模。一是部分学者认为，鉴于农村贷款包括农户贷款和农村企业及各类涉农组织贷款，与狭义农业信贷供给的目标对

[①] 可参见中国人民银行官网．http：//www.pbc.gov.cn/yanjiuju/3911332/3911372/3911408/index.html．

象一致，因此以农村贷款测度农业信贷具有合理性。例如，孙建国（2017）以河南省农村贷款为例，分析了新中国成立初期农贷绩效。刘赛红和王志飞（2019）、李标等（2020）、玉国华（2021）、张朝华和于婷（2023）以农村信贷为基础，分析了农村信贷投入与城乡收入差距的关系。二是部分学者对狭义农业信贷供给的目标对象进一步限制在农户上，更多以微观农户贷款测度农业信贷。Hu 等（2016）、范方志（2020）、Chaiya 等（2023）基于农户贷款数量微观调研数据，分析了农户信贷对农业生产及农户效用的影响。董艳等（2020）以农户信贷约束测度农业信贷，分析了区域金融发展对农业信贷的影响。吴雨等（2016）、尹志超等（2020）、路晓蒙和吴雨（2021）、张雄和胡新艳（2021）、Zhao 和 Lv（2023）利用农户的农业正规和非正规信贷资金投入测度了农户信贷约束行为。冯林和刘阳（2023）立足农业贷款利率视角，分析了农业政策性担保与农业贷款利率的关系。三是结合狭义农业信贷的概念，部分学者重点落点农业生产经营活动上，以农林牧渔贷款测度农业贷款规模。比如，刘艳华（2016）、刘艳华和郑平（2016）、刘艳华和朱红莲（2017）以农林牧渔贷款为基础测度农业信贷配给状况。董昕（2019）以农林牧渔贷款余额测度农业信贷，分析了农业信贷投入对西部地区农民收入影响的空间特征；叶明华和陈康（2022）选取农村人均农林牧渔贷款测度农业贷款状况，分析了农业"保险+信贷"政策对农业信贷发展的影响。陈康等（2024）同样选取农村人均农林牧渔贷款测度农业贷款，分析了农业保险与农业信贷对农户稳收增收的影响。另外，王倩等（2021）以信贷综合指标测度农业贷款发展水平，具体包含涉农贷款余额、农林牧渔业贷款余额、农村贷款余额和农户贷款余额等 6 项指标。

基于上述对农业信贷规模概念的梳理，本书遵循农业保险标的物与农业信贷活动一致性原则，考虑到农林牧渔业贷款是针对农林牧渔业生产经营提供的贷款，该项贷款活动与农业保险保障的目标较为一致（叶明华和陈康，2022；陈康等，2024）。为此，本书所研究的农业信贷规模具体指农林牧渔贷款，并以农林牧渔贷款余额进行测度。

（二）农业信贷规模的影响因素研究

现有研究对农业信贷规模影响因素的讨论较为充分。基于农业信贷约束的主要成因是借贷双方之间的信息不对称性（Stiglitz，1990），而通过提供抵押品或利用隐性关系等方式可以有效缓解上述信息不对称问题。也正是在该框架内，学者们对农业信贷规模影响因素的讨论涵盖了农户资源禀赋、区域金融发展、农业相关政策方面。

其一，在农户资源禀赋层面，学者们主要探讨了农户收入、劳动力投入及耕地等资源与农业信贷规模关系。其中，经营的土地是学者们关注的重点。祝国平和刘吉舫（2014）、Saqib等（2018）、Gultekin（2023）均认为，农业劳动力投入、耕地面积、农村居民的收入情况均会对农业贷款产生影响。张海洋和平新乔（2012）指出，信贷机构在对农户信贷风险进行甄别过程中，可以把土地流转行为视作反映农户耕地能力的重要指标，可以考虑给转入土地较多的农户以更优惠的贷款利率。黄宇虹和樊纲治（2017）、路晓蒙和吴雨（2021）、Li和Huo（2021）进一步分析了农户耕地拥有（转入）量与农户信贷约束的关系。

其二，在区域金融发展层面，学者们主要从金融市场化状况、区域银行网点数量、数字金融发展水平等方面分析了区域金融发展状况与农业信贷的关系。汪昌云等（2014）的研究指出，金融市场化会加剧银行趋利性，导致信贷资金非农化倾向严重，进而会限制农户信贷资金获得。董艳等（2020）认为，区域内银行网点数量的增加会显著降低农业正规信贷约束。张秀梅等（2023）分析了数字普惠金融对农业信贷约束的影响。

其三，在农业相关政策层面，学者们重点关注了"保险+信贷"政策、担保政策及服务外包政策等对农业信贷的影响。Gallenstein等（2021）、Mishra等（2021）、叶明华和陈康（2022）认为，农业"保险+信贷"政策有助于提升农业信贷规模。刘志荣（2016）、罗剑朝和胡杰（2022）分析了农业信贷担保政策与农业信贷的关系。张雄和胡新艳（2021）研究发现，农业服务外包会显著减少农户对非正规信贷的依赖，而对农户正规信贷的影响却不显著。Zhao和Lv（2023）认为，农户加入农业产业链能够有效缓解信贷配给。

二、农业信贷效率相关研究

（一）农业信贷效率的内涵界定

效率一直是经济学领域关注的核心概念。现代主流经济学强调的经济效率是指资源配置使得社会成员得到总剩余最大化的一种状态（萨缪尔森和诺德豪斯，2012；曼昆，2020）。例如，曼昆（2020）在《经济学原理》中指出："经济效率（Economic Efficiency）要求在给定技术和稀缺资源的条件下，生产最优质量和最多数量的商品和服务。在不会使其他人境况变坏的前提下，如果一项经济活动不再有可能增进任何人的经济福利，则该项经济活动就被认为是有效率的。"在金融领域，Fama（1970）提出的有效市场假说（EMH）被认为是对金融效率的早期探索。随后，Wurgler（2000）、王振山（2000）等国内外学者基于经济效率框架，将金融效率界定为金融资源分配达到帕累托最优的状态，认为金融效率的实质是资本配置的高效率选择。Arzac等（1981）、周国富和胡慧敏（2007）、刘殿国和张又嘉（2022）、张晓燕和姬家豪（2023）等认为，金融效率有宏观和微观金融效率两类。其中，宏观金融效率考量的是资金配置与经济运行的关系，微观金融效率则立足金融机构，考量其投入产出成效的大小。

对于效率及金融效率的界定为农业信贷效率研究开展奠定了一定基础。然而，现有研究对农业信贷效率的界定并未达成一致。诸多学者分别从农村金融效率、农业信贷领域存在的问题、农业信贷与农业经济或农业收入的关系等角度对农业信贷效率进行了一定分析，归纳起来可分为如下三类：

其一，立足资源配置视角，以帕累托有效对信贷效率进行界定。立足该角度的学者认为，只有把信贷资金贷给拥有最好投资机会的主体，才能发挥信贷资金的最大效用，进而助力国民经济发展（朱喜和李子奈，2006；周一鹿，2010；李广子和刘力，2020）。而投资机会可以基于资本边际回报率高低进行判断。

其二，立足投入产出成效视角，按照信贷资金投入成本与收益的评价标准界定信贷效率。该界定主要遵循的是罗宾斯和库尔特（2017）在《管理学》专著中对效率的阐释：效率是经济体输入与输出的关系。高效率意味着经济体投入指标一定，却能得到较高的产出。或者说经济体产出指标一定，却需投入较少的输入指标。也正是基于对信贷投入与产出的关系，宋汉光（2012）、赵楠和李江华（2015）、Nkegbe（2018）、Dia 等（2020）、杨彩林和李雯雅（2021）认为，信贷效率的界定需要考虑信贷资金能否较低成本、较低风险地投入农业生产领域，并获得良好的收益。

其三，立足金融可持续发展视角，基于金融系统与农村经济系统的协调度对农村金融效率进行界定。沈军和白钦先（2006）、热依拉·依里木和刘明（2017）认为，金融与经济发展是否协调可以作为评价金融效率高低的重要依据，该协调度可以从跨时空角度，考察金融经济各子系统之间的和谐状况。

此外，宋汉光（2012）立足农业信贷市场的多主体参与属性，建议对农业效率的测度应该从综合视角进行探析，因为对于不同参与主体而言，其投入产出成效往往是不同的，立足单一主体往往会造成测度偏差。

通过上述对农业信贷效率概念的梳理可以发现，信贷资源配置视角强调了信贷资金使用在不同市场间的多重均衡，量化较为困难；金融可持续发展视角强调了信贷资金与经济发展的协调性，尽管能够体现信贷资金的适配状况，但该界定较为宽泛，未能考虑经济系统深层运行机制。相较而言，投入产出成效视角考虑了信贷资金作为经济系统投入要素的深层运行逻辑，能够较为直接、简明地阐释农业信贷效率，这也是农业信贷效率研究中采用较为广泛的视角之一。为此，本书倾向从投入产出成效视角出发，立足我国省域层面，将农业信贷效率界定为：各省份农业信贷资金是否得到充分利用以有效推进农业经济发展，提高农户收入。

（二）农业信贷效率的测度研究

关于农业信贷效率的测度研究，学者们主要从宏微观视角和不同测度方法两个层面进行了相应探析。具体而言：

其一，基于宏微观视角的农业信贷效率测度研究。鉴于农业信贷系统不仅包括诸多参与主体，还会涉及宏观农业经济发展及微观农户收入提高、信贷机构经营效益提高等，学者们分别从宏微观不同视角对农业信贷效率进行了系统分析。一是在宏观视角的农业信贷效率测度层面，学者们主要探析了农业信贷与农业经济发展之间的联系。其中，温涛和王煜宇（2005）、刘艳华和朱红莲（2017）、丁丹（2018）、宋凌峰等（2023）等通过构建回归模型，分析了农业信贷对农业经济增长的影响。周一鹿（2011）、董竹和覃基广（2012）、赵楠和李江华（2015）、赵楠等（2015）、杨彩林和李雯雅（2021）等基于"投入—产出"视角，以农业信贷投入作为主要投入指标、以农业生产总值（增加值）、农户收入及机械化程度等作为主要产出指标，利用数据包络模型（DEA）分析农业信贷效率状况。二是在微观视角的农业信贷效率测度层面，学者们主要从农户收入、信贷机构经营成效层面分析了农业信贷效率。在微观农户收入层面，贾洪文和李学敏（2019）基于甘肃省2009—2017年的数据，运用DEA-Malmquist方法测算甘肃省各市州的农户信贷效率。杨彩林和李雯雅（2021）运用DEA超效率模型以及DEA-Malmquist指数测算湖南省各市州2010—2019年静态和动态的农户信贷效率。在微观信贷机构经营成效层面，Nkegbe（2018）、Dia等（2020）、杨盛钰（2021）对信贷机构信贷的效率作出了评价。龙青和李成（2022）以银行信贷违约率为信贷效率的衡量指标，进一步以信贷集中度及信贷期限结构为中介变量，分析了我国银行物理网点地理分布对信贷效率的影响。

其二，基于不同方法的农业信贷效率测度研究。现有研究对农业信贷效率的测度并未达成一致，但整体而言，可归纳为参数估计和非参数估计两类方法对农业信贷效率进行测度。在参数估计方法测度农业信贷效率层面，多数学者主要依据的是回归分析方法。刘艳华和王家传（2009）、宋汉光（2012）基于Jeffrey（2000）构建的测度资本配置效率模型，分析了农业信贷资金效率状况。温涛和王煜宇（2005）、杨栋和郭玉清（2007）、Seven和Tumen（2020）、Anh等（2020）、Nascimento等（2023）、Joao和de Castro（2023）分别通过面板模型、双方程误差修正模型、格兰杰因果检验分析了农业信贷对农业经济增长的作用机理。

参数估计对估计模型设定的要求约束较高，而在运用多样的实践数据进行估计时往往会存在不满足模型假定要求导致估计偏差问题。相较于参数估计，非参数估计往往对数据或模型假定要求较低，在估计时存在较大的灵活性。近年来非参数估计方法，尤其是DEA模型具有对数据分布要求较低的特点，逐渐被较多学者用来测度经济效率，并且运用DEA模型测算农业信贷效率的相关研究也不断涌现。Xiong等（2011）基于DEA模型测算了湖北省农户信贷投资效率。宋汉光（2012）基于DEA模型对农业信贷机构内部效率进行了评价。赵楠和李江华（2015）、赵楠等（2015）、张奇（2018）基于Bootstrap-DEA模型，并结合经验数据对我国省域层面的农业信贷效率状况进行了测度分析。李光峰（2017）立足河南省情视角，采用Bootstrap-DEA分析法测度了河南农业信贷效率。余坤莲（2019）运用DEA分析法测算了我国西部地区2008—2017年农村信贷资金配置效率。

在利用DEA方法测算农业信贷效率的研究中，学者们对投入指标和产出指标的选取并未一致。在投入指标的选取方面，多数学者根据农业生产投入情况，选取农业信贷余额、农村固定资产、第一产业从业人员、农作物播种面积等多个指标作为DEA模型的投入变量（温涛和熊德平，2008；赵楠和李江华，2015；赵楠等，2015；杨彩林和李雯雅，2021），但有学者认为，如果选取过多的投入指标，则会导致信贷效率测度的偏差性（张仲芳，2013；朱德云等，2020；俞佳立等，2023）。在此状况下，周一鹿（2010）、朱宁和赖晓璇（2020）等选择单一信贷指标作为投入变量，以精确度量信贷效率。在产出指标的选取方面，学者们主要选取农业经济生产总值、农户人均收入等作为DEA模型的产出变量（董竹和覃基广，2012；李光峰，2017）。

考虑到本书立足投入与产出成效视角界定农业信贷效率，以及参数估计的诸多限制、DEA模型在测度"投入—产出"效率上具有较为明显的比较优势（赵楠和李江华，2015；杨彩林和李雯雅，2021），本书采用"单投入—多产出"的DEA模型对我国农业信贷效率进行测度。

（三）农业信贷效率的影响因素研究

对农业信贷效率的影响因素进行探究，是分析限制农业信贷效率提升的重要方式，能够为提升农业信贷效率提供有效实现路径。国内外诸多学者主要探析了信贷参与主体本身的内部及外部环境因素对农业信贷效率的影响。其中，内部环境因素包括农村居民消费状况、农村资本情况及农村金融市场发展状况等，而城乡居民收入差距、监管支出及经济发展水平是影响农业信贷效率的外部因素。具体而言：

张兵和许国玉（2007）从信贷利率、农村金融发展状况、农村居民消费价格指数及农业资金产出率等层面探析了农业信贷效率的影响因素。洪婧（2009）通过实证研究发现，农村固定资产、农村金融发展规模及城乡收入差距能够抑制农村资金配置效率，而地区经济发展水平会显著促进农村资金配置效率提升。周一鹿（2010）研究发现，农业信贷资金配置效率的影响因素包括：城乡居民收入差距、农村金融市场发展状况及商品交易状况，而提升农业信贷资金配置效率的因素包括农村人力资本。吕坤和周爱民（2016）认为，财政监管支出是影响信贷效率的重要因素。余坤莲（2019）研究发现，影响农业信贷资金配置效率的主要因素包括：地区经济发展水平和城乡二元结构。贾洪文和李学敏（2019）认为，自然资源禀赋、农户就业率、农村经济发展水平、消费支出占比与农户信贷效率显著相关。Chaiya等（2023）认为，农业信贷被滥用至子女教育、家庭消费等领域抑制了农业信贷效用的有效发挥。

第三节　政策性农业保险影响农业信贷规模及效率的相关研究

现有关于政策性农业保险影响农业信贷规模及效率的研究，主要集中在对农业保险与农业信贷规模关系的探究上，而对农业保险与农业信贷效率关系的分析较少。具体而言：

其一，在农业保险影响农业信贷规模的研究中，多数学者认为农业保险不仅能通过风险管理功能提升农业生产经营抗风险能力，而且能向信贷机构释放参保主体风险相对较低的积极信号，一定程度上缓解了农户不能提供合适抵押品的难题，有助于提升信贷机构放贷意愿（刘祚祥和黄权国,2012;任乐等,2017;彭澎等,2018;董晓林等,2018;叶明华和陈康,2022;Ifft 等,2023)。例如,彭澎等(2018)研究发现,银保互联能够从需求方和供给方两个层面缓解农户面临的信贷配给问题。Belissa 等(2020)、Gallenstein 等(2021)、Mishra 等(2021)研究发现,指数保险与信贷的联结能够有效提高农民获得信贷的可能性。叶明华和陈康(2022)认为,农业"保险+信贷"能够有效提升农业信贷规模,但是其提升效果会受到农业保险发展水平的限制。Ifft 等(2023)研究发现,参加农业保险有助于提升银行农业信贷规模。Shee 等(2019)、Ndegwa 等(2020)、Shee 等(2021)从农户信贷需求角度,分析了天气指数保险对农户农业信贷的影响。然而,部分学者则不认同农业保险的增信功能,主要原因是农业保险发展过程中仍存在保障水平低等问题,限制了其风险补偿功能的发挥。方首军等(2012)研究发现,农业保险与农业信贷并不协同,并且通过进一步的 Granger 因果分析尚未发现两者的 Granger 关系。祝国平和刘吉舫(2014)研究发现,农业保险对农业信贷具有抑制作用。Ifft 等(2015)研究发现,参加农业保险只会在短期内增加农户信贷规模,而对于长期信贷规模影响不显著。

其二,现有对农业保险与农业信贷效率关系的研究相对较少,且多从理论层面阐述了农业保险在提升农业信贷效率中的作用。宋汉光(2012)指出,完善农业保险政策体系、构建多主体参与的联合风险分担机制是提升农业信贷效率的有效路径。赵楠等(2015)、赵楠和李江华(2015)认为,农业信贷效率的提升,需要政府实施差异化的农业保险补贴制度,加强农村金融机构与当地政府、保险机构合作,开发与农业保险联结的信贷产品。余坤莲(2019)指出,扩展农业保险受益面是优化农村地区金融环境,进而提升农业信贷资金配置效率的重要举措。尽管贾洪文和李学敏(2019)在研究农户信贷效率时并未涉及农业保险,但是他们认为,由于农户信贷资源在使用过程中面临较高不确定性,有必要建立健全强有力的风险预警和信贷监督体系,切实提高信贷风险预防管控水平,确保农户信贷效率稳步提高。而农业保险却是建立完善农业风险管理机制不可缺少的工具。

第四节 文献述评

本章对政策性农业保险与农业信贷规模及效率相关文献进行了系统梳理，以明晰本书所关注主题的研究进展，并为后文理论分析和实证检验提供一定的经验基础。综合而言，现有关于政策性农业保险与农业信贷及规模的相关研究，涵盖了政策性农业保险发展水平的测算、政策性农业保险的社会效应及限制因素、农业信贷规模及效率的测算及影响因素、政策性农业保险对农业信贷规模及效率的影响等诸多方面，能够为本书的研究提供坚实的文献基础和有益的经验借鉴。但是，现有研究仍存在进一步扩展空间：

其一，在农业信贷的相关研究中，学者们较多关注农业信贷规模层面，而对农业信贷效率的关注较少，并且对农业信贷规模和效率的测度并未达成共识。一方面，农业信贷效率是农业信贷发挥成效的重要衡量标准，对农业信贷的全面评估，需要同时关注农业信贷规模和效率两个层面，从"量"和"质"较为系统的视角展开分析。另一方面，尽管现有研究对农业信贷规模相关主题展开了较为深入的讨论，关于农业信贷规模的测度也形成了以涉农贷款、农村贷款、农户贷款等诸多度量方式，但是会出现农业信贷度量与研究目的不匹配的问题，比如在农业保险与农业信贷关系的研究中，由于农业保险的标的物是农作物或牲畜，如果采用较为广义的涉农贷款或农村贷款难免会有将农业保险标的物放大之嫌。另外，现有利用DEA对农业信贷效率测度的相关文献中，在投入指标的选取中往往利用包括农业信贷在内的多投入指标，容易导致农业信贷效率测度的模糊性。

其二，在农业信贷效率影响因素的研究中，未能从风险管理视角深入展开对农业风险管理工具与农业信贷效率关系的讨论。一方面，农业的弱质性意味着农业信贷资金在投入农业生产经营活动中同样面临着自然灾害、价格波动等诸多风险因素的影响，并且由于农业信贷资金的存在，农业经营主体可能会出于逐利性目的，盲目扩大生产规模、经营较高风险的农业项目。在缺乏风险管理状况下，这些风险因素都将会导致在信贷资金支持下农业经营收益的不确定性，进而限制农业信贷效率的提升。另一方面，加强农业风险管理不仅能有效平稳农业经营收益预期，而且能通过提升农业经营的技术水平、规模化水平等方式间接提升农业经营收益，进而对农业信贷效率提到积极的影响。尽管现有研究已经意识到农业信贷效率的提升需要完善农业风险管理体系，尤其是加大农业保险这一专业风险管理工具的供给（赵楠等，2015；李江华和赵楠，2015；余坤莲，2019）。但是关于农业保险与农业信贷效率的关系探究也仅处于理论探索阶段，并且只是在提升农业信贷效率的相关建议中涉及，未能针对性地对农业保险与农业信贷效率的关系作出深入分析，包括农业保险对农业信贷效率是否存在影响，其作用机制是什么，需要结合理论模型演绎和实证因果识别进行更科学的推断。

为此，本书在对农业保险与农业信贷的关系探究中，试图从如下几个方面弥补上述研究不足：一是兼顾农业信贷"量"和"质"双重层面，提升了农业信贷相关研究的系统性；二是立足农业保险标的物与农业信贷活动一致性，将本书所研究的农业信贷界定为农林牧渔贷款，以农林牧渔贷款余额进行测度，有效提升了农业信贷规模测度的适用性；三是从投入与产出效应视角界定农业信贷效率，并以"单投入—多产出"的 SE – SBM 模型测度农业信贷效率，增强了对农业信贷效率测度的精确性；四是立足风险管理视角，在理论阐释农业保险对农业信贷规模及效率的影响及其传导机制的同时，结合计量模型对政策性农业保险对农业信贷规模及效率的影响机制进行检验，进一步探析政策性农业保险作用农业信贷规模及效率的过程中受到的诸如财政支持力度、数字金融及农业保险市场结构等因素影响。本书不仅丰富了农业保险与农业信贷的相关研究，而且为农业保险影响农业信贷规模及效率的分析提供了理论及实证方面的借鉴。

第三章 政策性农业保险与农业信贷的特征事实及评价

本章将结合经验数据对政策性农业保险、农业信贷规模及效率的特征事实进行刻画,在总体把握农业保险与农业信贷规模及效率三者发展总体状况的同时,进一步剖析农业信贷发展面临的问题,并从风险管理角度提出破解路径。具体而言,首先,本章在梳理政策性农业保险发展演进及成效的基础上,进一步构建农业保险发展水平多维度的综合指标体系,测算并分析政策性农业保险发展水平。其次,结合本书研究目的,在界定农业信贷规模及效率的基础上,分别对我国各省份农业信贷规模及效率进行测算,并对两者的时空演进特征进行描述。最后,基于政策性农业保险发展水平、农业信贷规模及效率的测算结果,分析我国农业信贷市场在发展中存在的问题,并从典型案例和相关性分析两个层面提出农业保险破解农业信贷面临问题的可能性。

第一节 政策性农业保险的演进历程及发展现状分析

一、政策性农业保险的演进历程及发展成效

(一)政策性农业保险的演进历程

19世纪末20世纪初,我国商业化运行的农业保险出现"供需双冷"

的市场失灵局面，加之"三农"问题愈加凸显及适应世贸组织"绿箱"政策，内外部因素共同引致了我国农业保险走上"政策性"道路。尽管在2002年修订的《中华人民共和国农业法》首次提及"政策性农业保险"，并且2004年中央一号文件明确指出"加快建立政策性农业保险制度"，但直至2007年，原中国保险监督管理委员会关于印发《农业保险统计制度》的通知（保监发〔2007〕111号）才对政策性农业保险给予明确界定，指出"政策性农业保险指政府给予财政补贴等政策扶持的农业保险"。同年，中央财政拿出10亿元用于农业保险保费补贴，开始在吉林、江苏和内蒙古等6个省份开始试点，并经历了试点探索期、创新发展期及高质量发展期演进历程（见图3-1）。具体而言：

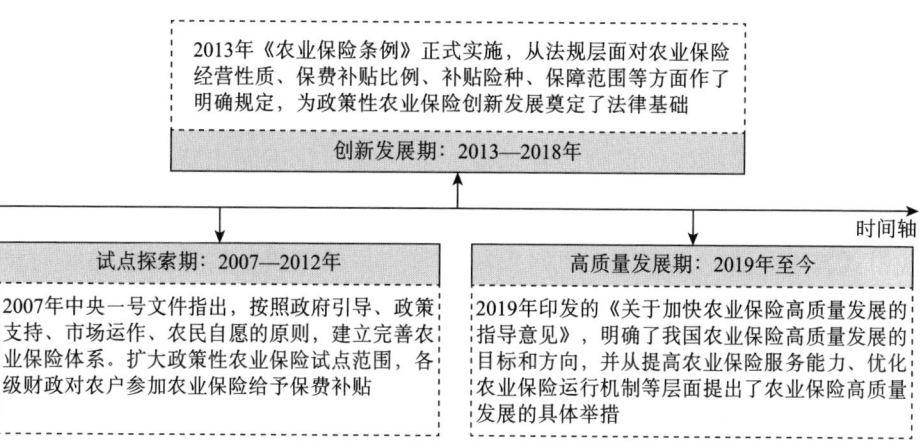

图3-1 中国政策性农业保险的演进历程

其一，试点探索期（2007—2012年）。2007年，中央财政首次对玉米、大豆及小麦等5个种植业险种和能繁母猪这一养殖业保险保费提供补贴，并在内蒙古、吉林和江苏等6个省份进行试点，正式拉开了我国政策性农业保险试点探索的序幕。此后，农业保险保费补贴试点省份不断扩大，直至2012年覆盖我国大陆地区所有省份（各省份农业保险保费补贴试点开展时间如表3-1所示）。另外，在此期间中央陆续出台《中央财政种植业保险保费补贴管理办法》《关于进一步加大支持力度做好农业保险保费补贴工作的通知》等系列政策文件探索支持政策性农业保险发展的路径，已基本形成符合我国农业发展实际的政策性农业保险发展的框架思路。

表 3-1　　各省份农业保险保费补贴试点开展时间

年份	新增试点省份
2007	内蒙古、江苏、吉林、湖南、四川、新疆
2008	浙江、黑龙江、河南、辽宁、山东、安徽、福建、海南、河北、湖北
2009	江西
2010	云南、青海、广东、甘肃、宁夏、山西
2011	陕西、贵州、广西、西藏、重庆
2012	北京、上海、天津

数据来源：根据中华人民共和国中央人民政府官网发布的信息整理。

其二，创新发展期（2013—2018年）。2013年3月1日《农业保险条例》的正式实施标志我国政策性农业保险试点探索阶段的结束。《农业保险条例》从法规层面对农业保险经营性质、保费补贴比例、补贴险种、保障范围等方面作了明确规定，为政策性农业保险创新发展奠定了法律基础。在此期间，政策性农业保险险种随着农业风险变化不断丰富，相继出现了农产品目标价格保险、收入保险、天气指数保险及"保险+期货"等产品或模式，满足了农户多层次风险保障需求。另外，数字信息技术发展为政策性农业保险创新发展提供了便利条件。比如，全国农业保险信息管理平台的建立、人保财险打造了"空天地"农业保险运营模式、太保财险率先推出的"e农业保险"技术等加速了政策性农业保险的创新发展。

其三，高质量发展期（2019年至今）。2019年9月，财政部、农业农村部等四部委联合下发《关于加快农业保险高质量发展的指导意见》（财金〔2019〕102号，以下简称《指导意见》），该文件对我国农业保险高质量发展目标进行了明确，并指出了促进农业保险高质量发展的具体举措，包括：农业保险服务能力提升、运行机制优化、基础设施建设加强等。在该文件指导下，各省份相继出台了推进农业保险高质量发展的具体政策文件。《指导意见》的出台是我国政策性农业保险正式进入高质量发展阶段的重要标志。[1] 在此期间，政策性农业保险"扩面、增品、提标"日益深

---

[1]《我国成为全球农业保险保费规模最大的国家》，中国政府网. https：//www.gov.cn/xinwen/2021-07/06/content_ 5622872. htm.

化,其风险保障效能持续显现;《中国农业生产风险区划地图册》和《稻谷、小麦、玉米成本保险行业基准纯风险损失率表》相继发布,能够指导我国农业保险费率科学厘定地开展;2020 年《关于加强政策性农业保险承保机构遴选管理工作的通知》(财金〔2020〕128 号)的出台,优化了农业保险市场布局;2021 年新修订的《中央财政农业保险保费补贴管理办法》(财金〔2021〕130 号)优化了省级财政保费补贴资金在各险种、各市县之间合理分配,避免补贴比例"一刀切";注重绿色引领,坚持绿色发展导向。如青海将政策性农业保险合同条款覆盖化肥农药减量增效行动造成的农作物产量损失。

(二)政策性农业保险的发展成效

其一,政策法规体系日趋完善。自 2007 年政策性农业保险试点至今,我国已初步建立了涵盖行政法规、部门规章、规范性文件及其他政策指导文件在内的政策性农业保险政策法规体系,约束效力不断提升,指导内容日益深化。行政法规主要包括 2012 年国务院颁布的《农业保险条例》,涉及政策性农业保险的经营原则、保费补贴、税收优化及业务规范等内容;部门规章主要包括农业农村部、财政部等政府部门针对政策性农业保险运行出台的《关于开展三大粮食作物完全成本保险和收入保险试点工作的通知》《关于印发关于加快农业保险高质量发展的指导意见的通知》等部门规章制度文件,涉及农业保险经营资质、财政补贴等规范标准内容;相关规范性文件主要包括 2007—2023 年中央一号文件,其对本年政策性农业保险的发展重点进行部署;其他政策指导文件主要包括相关政府部门发布的涉及政策性农业保险相关的农业支持政策文件,涉及完善政策性农业保险保费补贴制度、完善配套措施等相关内容。政策性农业保险法规体系中相关政策文件及内容如表 3-2 所示。

表 3-2 政策性农业保险法规体系中相关政策文件及内容

政策法律层次	相关文件	相关内容
行政法规	《农业保险条例》(2012)	政策性农业保险经营原则、保费补贴、税收优惠、相关制度及业务规范等

续表

政策法律层次	相关文件	相关内容
部门规章	《关于加大对产粮大县三大粮食作物农业保险支持力度的通知》（2015）、《关于将三大粮食作物制种纳入中央财政农业保险保险费补贴目录有关事项的通知》（2018）、《关于开展三大粮食作物完全成本保险和收入保险试点工作的通知》（2018）、《关于印发关于加快农业保险高质量发展的指导意见的通知》（2019）、《关于扩大三大粮食作物完全成本保险和种植收入保险实施范围的通知》（2021）	加大政策扶持力度、完全成本保险和收入保险试点及推广、农业保险服务能力提高、农业保险运行机制优化等
规范性文件	中央一号文件（2007—2023）、《关于规范政策性农业保险业务管理的通知》（2009）、《关于加强农业保险业务经营资格管理的通知》（2013）、《关于进一步完善中央财政费补贴型农业保险产品条款拟定工作的通知》（2015）	对政策性农业保险"扩面、增品、提标"进行指导；对政策性农业保险数据统计、承保理赔及费率厘定进行业务规范
其他政策指导文件	《国家支持粮食增产农民增收的政策措施》（2011—2013）、《国家深化农村改革、支持粮食生产、促进农民增收政策措施》（2014、2015）、《重点强农惠农政策》（2017—2022）	完善保费补贴制度、加大保费补贴力度等

资料来源：根据国务院、财政部及农业农村部等政府官网发布的信息整理。

其二，风险保障能力不断增强。一是保费收入和赔付支出逐步增加。农业保险保费收入是农业保险保障的前提和基础。赔付支出反映了投保农户遭受灾害损失后实际获得的赔付额度，反映了政策性农业保险的损失补偿能力（刘汉成和陶建平，2020）。自 2007 年我国开始政策性农业保险试点探索到高质量发展阶段，保费收入和赔付支出均呈现持续上升趋势（见图 3-2）。据图 3-2 可知，保费收入已由 2007 年的 53.33 亿元增长至 2022 年的 1192 亿元，相当于 2007 年保费收入的 22 倍之多。2022 年的赔付支出为 869 亿元，是 2007 年 32.80 亿元的 26.49 倍。二是保障水平不断提高。农业保险的保险金额体现了投保农户所能获得的最大赔付金额,其与农林牧渔业总产值的比值在一定程度上反映了政策性农业保险对农业经济发展的保障程度,可以体现政策性农业保险的名义保障水平(刘汉成和陶建平,2020)。据图3-2可知,政策性农业保险保障水平在2007—2022年呈现上升趋势,由2007年的3.95%增长至2022年的58.97%,年均增长率达到19.75%。三是保险产品优化升级,能够满足农户多层次风险保障需求。保险公司根据农业生产实践,积极构建多层次农业保险产品服务体系,风险保障由自然风险转向市场风险,保障范围由保成本向保收入转变,相继开发了农产品目标价格保险、收入保险、天气指数保险及"保险+期货"等产品或模式,承保的农作物品种已经多于210种(袁纯清,2023)。

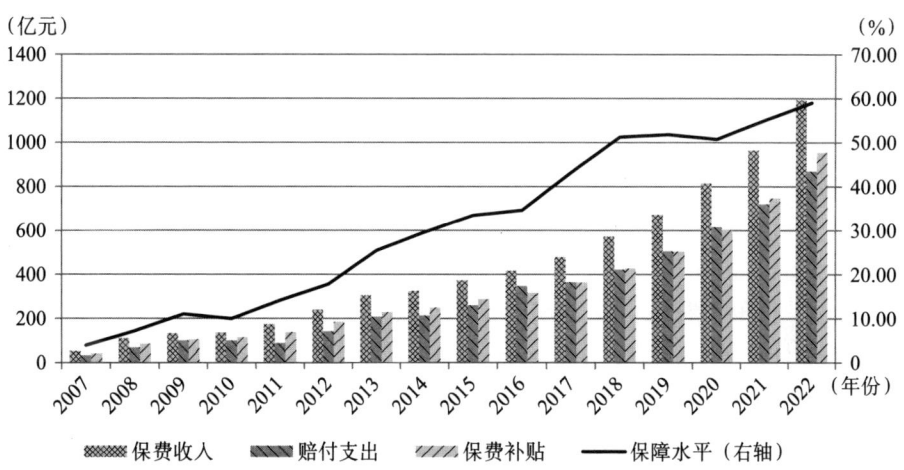

图3-2　农业保险保费收入、赔付支出、保费补贴及保障水平状况

注:数据主要来源于《中国保险年鉴》《中国统计年鉴》、财政部及农业农村部官网;以农业保险的保险金额与农林牧渔总产值比值测度农业保险保障水平。

其三,保费补贴结构愈加合理。政策性农业保险保费补贴是推进农业保险发展的重要驱动力。我国各级财政拨付的农业保险保费补贴规模不断扩大(见图3-2),从2007年的40.60亿元增至2022年的953.6亿元,补贴险种从2007年的以种植作物为主拓展至涵盖种植业、养殖业、森林等关系国计民生和粮食、生态安全的主要大宗农产品。在保费补贴规模及补贴险种不断增加的同时,保费补贴结构也日益得到优化。政策性农业保险试点之初,《中央财政农业保险保费补贴管理办法》规定各试点省份保费补贴比例统一按照中央和省级财政各补贴25%执行。2008年《中央财政种植业保险保费补贴管理办法》进一步将中央财政补贴比例提高至35%,省级财政补贴保持不变。《关于2010年度中央财政农业保险保费补贴工作有关事项的通知》开始对东中西区域实行差异化补贴,中央财政对东部部分省份的补贴比例为35%、对中西部省份补贴比例为40%、对新疆生产建设兵团和黑龙江农垦总局的补贴比例分别为:35%、40%和65%。[①] 2016年《中央财政农业保险保险费补贴管理办法》进一步将产粮大县的县级财政补贴进行了取消,并将中西部的中央财政保费补贴比例提升至47.5%,将东部的中央财政保费补贴比例提升至42.5%。2021年新修订的《中央财政农业保险保费补贴管理办法》进一步以省级保费规模为权重,优化省级补贴比例计算方式,在给予省级财政补贴自主权的同时,能够优化省级财政保费补贴资金的合理配置,使得保费补贴更具弹性。

二、政策性农业保险发展水平的测度及特征评价

(一)政策性农业保险发展水平指标体系构建

现有研究多是依据农业保险保费收入、农业保险深度、农业保险密度等单一指标对农业保险发展水平进行测度。然而,农业保险的发展具有综合复杂性,单一指标测度难免会导致测度不全面、不精确等问题。也正是基于单一指标测度的这一缺陷,诸多学者不断尝试利用综合指标体系对农业保险发展水平进行测度。因此,本书将借鉴吕开宇等(2016)、王韧等(2018)、冯文丽和史晓(2018)、李婵娟和程欣炜(2021)等的研究,并依据全面性、代表性、可操作性的原则,构建各地区农业保险发展水平的综合指标体系。该体系由保费收入和赔付支出2个二级维度,10个具体指标构成(见表3-3)。其中,10个指标的属性均为"正",也即各指标数值越大,农业保险发展越好。

---

① 数据来源:《关于2010年度中央财政农业保险保费补贴工作有关事现的通知》。http://qzr.cn/sys/31625.html。

表 3-3　　　　　　　　　政策性农业保险发展水平指标体系

一级指标	二级指标	具体指标	单位	指标说明
政策性农业保险发展水平	保费收入维度	保费收入	百万元	农业保险保费收入
		保费收入增长率	%	农业保险保费收入增长率
		收入深度	%	农业保险保费收入/农林牧渔总产值
		收入密度	元/人	农业保险保费收入/农村人口
		农业保险市场份额	%	农业保险保费收入/财产保险保费收入
	赔付支出维度	赔付支出	百万元	农业保险赔付支出
		赔付支出增长率	%	农业保险赔付支出增长率
		赔付率	%	农业保险赔付支出/农业保险保费收入
		赔付深度	%	农业保险赔付支出/农林牧渔总产值
		赔付密度	元/人	农业保险赔付支出/农村人口

1. 保费收入维度

保费收入维度包含了农业保险保费收入绝对规模及相对规模情况，能够衡量农业保险保障覆盖面状况。具体而言，当农业保险保费收入绝对规模及相对规模提高时，在一定程度上体现了农业保险参保人数、农作物投保面积及农业保险产品种类等得到相应提高，农业保险保障的范围得到一定扩大。借鉴以往关于农业保险保费收入相关研究，本书将农业保险保费收入、农业保险保费增长率、农业保险收入深度、农业保险收入密度、农业保险市场份额5个指标纳入保费收入维度。其中，农业保险保费收入直接衡量了保费收入的绝对规模，农业保险保费收入规模越大，说明农业保险发展越好。保费收入相对规模包括农业保险保费收入增长率、保费收入深度、保费收入密度和农业保险市场份额这4个指标。其中，农业保险保费收入增长率和农业保险市场份额体现了农业保险的成长能力，农业保险市场份额为农业保险保费收入占财产保险保费收入的比例。保费收入增长率和市场份额越高，说明农业保险发展越好；保费收入密度等于农业保险保费收入与农村人口的比值，反映了人均农业保险消费情况。保费收入深度等于农业保险保费收入与农林牧渔业总产值的比值。保费收入密度和保费收入深度越高，说明农业保险发展越好。

2. 赔付支出维度

赔付支出维度同样包含了农业保险赔付绝对规模及相对规模情况，衡量了农业保险实际赔付状况，能够体现农业保险在标的物出险时的损失补偿情况。借鉴以往研究，本书选取农业保险赔付支出作为农业保险赔付绝对规模的唯一指标，农业保险赔付支出越大，说明农业保险对损失的保障能力越强，农业保险发展水平越高。选取农业保险赔付支出增长率、农业保险赔付率、农业保险赔付深度、农业保险赔付密度4个指标反映农业保险赔付相对规模状况。其中，农业保险赔付支出增长率一定程度上能够反映出农业保险实际保障水平的提升潜力，该潜力随着赔付支出增长率数值的增加而增大；农业保险赔付率是农业保险赔付支出与农业保险保费收入的比值，在同等风险条件下，农业保险保障水平会随着赔付率增加而提升。农业保险赔付深度可以用农业保险赔付支出除以农林牧渔业总产值进行测度，可以用农业保险赔付支出除以农村人口进行测度农业保险赔付密度。农业保险赔付深度和农业保险赔付密度越高，说明农业保险发展越好。

（二）政策性农业保险发展水平测度分析

1. 数据来源及测度方法

（1）数据来源。2007年我国政策性农业保险开始试点，但在2012年才实现全国覆盖，因此，本书选取2012—2021年我国31个省份的面板数据作为研究样本来分析政策性农业保险的发展水平状况。农业保险保费收入、赔付支出等10个具体指标的数据主要来源于2013—2022年《中国保险年鉴》《中国统计年鉴》《中国农村统计年鉴》和CSMAR数据库等。

（2）测度方法。鉴于农业保险发展水平指标体系的多维度、多指标特性，本书选取熵值法对农业保险发展水平进行测度。熵值法属于客观赋权方法之一，相较于层次分析法，该方法在测算指标信息熵的基础上，对指标权重的确定依据指标相对变化程度，权重越大意味着该指标相对变化程度越大。这意味着在评价过程中，更重要、更敏感的指标会得到更高的权重，从而更准确地反映出评价对象的性能或质量，具有科学合理性。其中，信息熵是指标数据的变化速率，数值位于0—1，数值越大（越趋近1）表示与目标距离较近，反之则与目标距离较远。具体计算过程如下：

第一，指标标准化。为消除各指标量纲、数量级存在的差异，需要对其进行标准化处理。由于政策性农业保险发展水平指标体系中各指标属性均为正向，因此标准化处理公式为：

$$A_{ij} = \frac{a_{ij} - \min(a_{ij})}{\max(a_{ij}) - \min(a_{ij})} \tag{3-1}$$

其中，a_{ij} 和 A_{ij} 分别为 i 省 j 指标的原始数值和标准化之后数值。

第二，测算 j 指标的熵值和信息效用值。其中，j 指标的熵值测算公式为：

$$e_j = -\frac{\sum_{i=1}^{m} b_{ij} \ln b_{ij}}{\ln m} \tag{3-2}$$

其中，$b_{ij} = \frac{A_{ij}}{\sum_{i=1}^{m} A_{ij}}$。进一步测算信息效用值，其公式为：

$$c_j = 1 - e_j \tag{3-3}$$

第三，计算 j 指标的权重值。权重计算公式为：

$$W_j = \frac{c_j}{\sum_{j=1}^{n} c_j} \tag{3-4}$$

其中，n 为 j 指标的总数。

第四，测算 i 省份政策性农业保险发展水平。其公式为：

$$Agr\_ins_i = \sum_{j=1}^{n} W_j b_{ij} \tag{3-5}$$

2. 具体测度分析

（1）政策性农业保险发展水平指标权重分析。根据熵值法公式计算各指标的权重如表3-4所示。由表3-4可知，2012—2021年各指标权重具有高度一致性，保费收入、收入深度、收入密度、农业保险市场份额、赔付支出、赔付深度和赔付密度的10年权重均值均大于0.1，年均权重最高为赔付深度的0.14。但仍有个别指标权重稳定性较差，如赔付支出增长率在2018年的权重为0.02，但是在2013年的权重却高达0.38。上述权重结果表明，在政策性农业保险发展水平评价体系中，保费收入、收入深度、收入密度、农业保险市场份额、赔付支出、赔付深度和赔付密度7个指标较为重要。尽管保费收入增长率、赔付支出增长率及赔付率的权重相对较小,但也是评价政策性农业保险发展水平不可或缺的一部分。

表3-4　　2012—2021年政策性农业保险发展水平指标权重

指标	2012	2013	2014	2015	2016	2017	2018	2019	2020	2021	均值
保费收入	0.11	0.06	0.08	0.09	0.14	0.10	0.11	0.10	0.10	0.09	0.10
保费收入增长率	0.06	0.06	0.05	0.08	0.07	0.01	0.06	0.02	0.03	0.04	0.05
收入深度	0.11	0.07	0.12	0.13	0.11	0.10	0.12	0.12	0.13	0.14	0.12
收入密度	0.12	0.07	0.15	0.15	0.14	0.12	0.12	0.12	0.12	0.12	0.12
农业保险市场份额	0.12	0.08	0.12	0.11	0.17	0.11	0.11	0.11	0.10	0.10	0.11
赔付支出	0.11	0.08	0.09	0.09	0.07	0.13	0.11	0.12	0.10	0.09	0.11
赔付支出增长率	0.04	0.38	0.08	0.04	0.04	0.10	0.02	0.06	0.05	0.05	0.08
赔付率	0.02	0.03	0.05	0.02	0.03	0.05	0.06	0.06	0.05	0.06	0.04
赔付深度	0.15	0.09	0.13	0.14	0.11	0.14	0.14	0.14	0.17	0.20	0.14
赔付密度	0.16	0.09	0.14	0.14	0.11	0.14	0.15	0.14	0.14	0.13	0.13

(2)政策性农业保险发展水平分析。在利用熵值法测算我国政策性农业保险发展水平的基础上,本书从省域和区域两个层面展开对我国政策性农业保险发展水平的分析:

其一,省域层面。表3-5展示了各省份2012—2021部分年份政策性农业保险发展水平综合得分及均值排名情况。据表3-5可知,考察期内我国政策性农业保险发展水平综合得分均值排名前十的省份依次为新疆、黑龙江、内蒙古、北京、西藏、上海、宁夏、青海、湖南和吉林。在这十个省份中,除西藏、宁夏、青海等个别省份外,其他省份每年基本处于全国前十行列,是当前我国农业保险发展较好的省份。此外,广西、云南、江西、陕西、广东、湖北、浙江、贵州、重庆和福建处于排名后十位。其中,广东、浙江和重庆属于经济相对发达省份,一定程度上体现了农业保险发展水平并不与其经济发达程度呈现正相关关系(吕开宇等,2016)。另外,从各省份政策性农业保险发展水平趋势看,政策性农业保险发展水平整体呈现出不断上升的趋势。

表3-5　2012—2021年各省份政策性农业保险发展水平综合得分及排名

省份	2012	2014	2016	2018	2019	2020	2021	均值	排名
新疆	0.1555	0.2470	0.2561	0.3215	0.4521	0.5251	0.5012	0.3512	1
黑龙江	0.1352	0.1566	0.4252	0.2222	0.3486	0.3712	0.3606	0.2885	2
内蒙古	0.1430	0.1990	0.2183	0.2568	0.2579	0.3413	0.3892	0.2579	3
北京	0.1400	0.1191	0.1739	0.2125	0.2524	0.3278	0.4258	0.2359	4
西藏	0.0598	0.0494	0.0993	0.2632	0.2959	0.4083	0.4980	0.2391	5
上海	0.1432	0.1600	0.1410	0.1807	0.2558	0.2551	0.3305	0.2095	6
宁夏	0.0558	0.0857	0.1167	0.1626	0.1809	0.1929	0.2555	0.1500	7
青海	0.0481	0.0438	0.1063	0.1485	0.2029	0.2363	0.2704	0.1509	8
湖南	0.0784	0.0910	0.1073	0.1355	0.1600	0.1829	0.2138	0.1384	9
吉林	0.0712	0.0691	0.1105	0.1327	0.1536	0.2008	0.2525	0.1415	10
安徽	0.0856	0.0815	0.1365	0.1266	0.1199	0.1831	0.1818	0.1307	11
四川	0.0778	0.0943	0.1059	0.1423	0.1336	0.1377	0.1828	0.1249	12
江苏	0.0264	0.0596	0.0743	0.0859	0.1385	0.1734	0.2147	0.1104	13
辽宁	0.0455	0.0977	0.0903	0.1042	0.1472	0.1971	0.1940	0.1252	14
河南	0.0487	0.0428	0.0967	0.1547	0.1680	0.1657	0.2235	0.1286	15
海南	0.0314	0.0973	0.0775	0.1213	0.1427	0.1817	0.2218	0.1248	16
河北	0.0544	0.0644	0.0882	0.0873	0.1298	0.1754	0.1982	0.1140	17
甘肃	0.0486	0.0592	0.0780	0.0939	0.1313	0.1601	0.1978	0.1098	18
山东	0.0558	0.0284	0.0616	0.1240	0.1306	0.1409	0.1805	0.1031	19
天津	0.0321	0.0433	0.0707	0.1184	0.1354	0.1437	0.1740	0.1025	20
山西	0.0247	0.0361	0.0496	0.0777	0.1023	0.1389	0.1534	0.0832	21
广西	0.0178	0.0423	0.0505	0.0765	0.1108	0.1050	0.1710	0.0820	22
云南	0.0453	0.0661	0.0628	0.0725	0.0786	0.0907	0.1010	0.0738	23
江西	0.0434	0.0469	0.0507	0.0722	0.0813	0.1059	0.1292	0.0756	24
陕西	0.0248	0.0317	0.0391	0.0627	0.0762	0.1125	0.1415	0.0698	25
广东	0.0282	0.0326	0.0368	0.0617	0.0741	0.0918	0.1556	0.0687	26
湖北	0.0355	0.0366	0.0389	0.0669	0.0788	0.0978	0.1247	0.0684	27
浙江	0.0271	0.0353	0.0448	0.0524	0.0846	0.0697	0.0976	0.0588	28
贵州	0.0182	0.0335	0.0371	0.0654	0.0769	0.0914	0.0976	0.0600	29
重庆	0.0216	0.0237	0.0303	0.0524	0.0654	0.0537	0.0904	0.0482	30
福建	0.0218	0.0250	0.0505	0.0422	0.0453	0.0466	0.0587	0.0414	31

其二，不同经济区域层面。考虑到不同经济发展水平可能会对政策性农业保险发展水平产生影响，因此本书依据国家统计局于2011年对我国经济区域的划分[①]，分别对东部、中部、西部和东北四大经济区域的政策性农业保险发展水平进行分析。图3-3展示了2012—2021年四大经济区域政策性农业保险发展水平状况，据此可知：一是尽管四大经济区域的政策性农业保险发展水平在不同时期会有所波动，但从整体来看，政策性农业保险发展水平在四大经济区域均呈现上升趋势。二是总体而言，东北部地区的政策性农业保险发展水平最高，其次是西部地区、东部地区，政策性农业保险发展水平最低的区域是中部地区。由政策性农业保险发展水平分经济区域分析可知，政策性农业保险发展水平并不与经济发达程度成正比，这一分析结论与吕开宇等（2016）、王韧等（2018）的研究结果相一致。

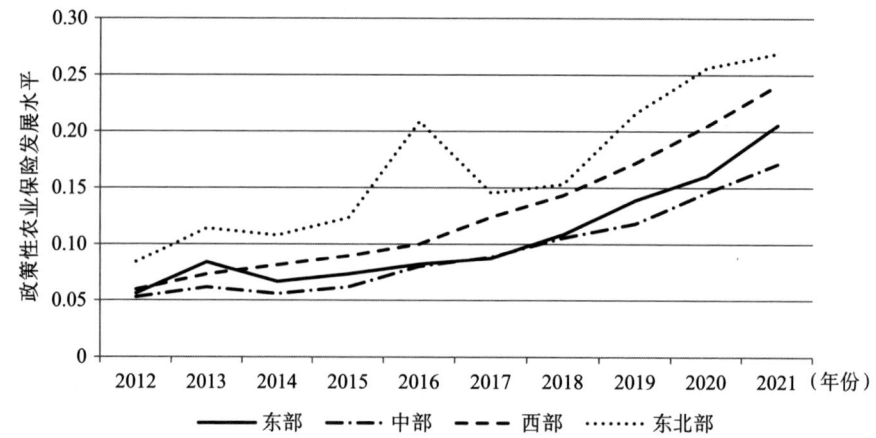

图3-3　2012—2021年不同经济区域的政策性农业保险发展水平趋势

其三，不同粮食产区层面。考虑到粮食作物保险在政策性农业保险中占有重要地位，为此，本书将从粮食主产区、产销平衡区和粮食主销区角

[①] 参见：中华人民共和国国家统计局官网：《东西中部和东北地区划分方法》。http：//www.stats.gov.cn/zt_18555/zthd/sjtjr/dejtjkfr/tjkp/202302/t20230216_1909741.htm. 其中，东部地区包括：北京、天津、河北、上海、江苏、浙江、福建、山东、广东和海南；中部地区包括：山西、安徽、江西、河南、湖北和湖南；西部地区包括：内蒙古、广西、重庆、四川、贵州、云南、西藏、陕西、甘肃、青海、宁夏和新疆；东北地区包括：辽宁、吉林和黑龙江。

度对政策性农业保险的区域发展水平进行分析①，2012—2021 年三大粮食产区的政策性农业保险发展状况如图 3-4 所示。据图 3-4 可知：一是粮食主产区、产销平衡区及粮食主销区的政策性农业保险发展水平整体呈现不断上升的趋势，且在 2019 年之后三个区域的政策性农业保险发展速度相较于 2019 年之前更快，可能的原因是 2019 年《关于加快农业保险高质量发展的指导意见》（财金〔2019〕102 号）印发，有效提高了农业保险服务能力，助力农业保险发展水平迅速提升。二是粮食主产区、产销平衡区及粮食主销区的政策性农业保险发展水平在样本考察期内呈现交错发展态势。在 2012—2016 年，政策性农业保险发展水平呈现：粮食主产区>粮食主销区>产销平衡区。在 2016—2019 年，产销平衡区政策性农业保险发展水平超过粮食主销区，呈现：粮食主产区>产销平衡区>粮食主销区。在 2019—2021 年，产销平衡区政策性农业保险发展水平持续提升，超过粮食主产区，呈现：产销平衡区>粮食主产区>粮食主销区。

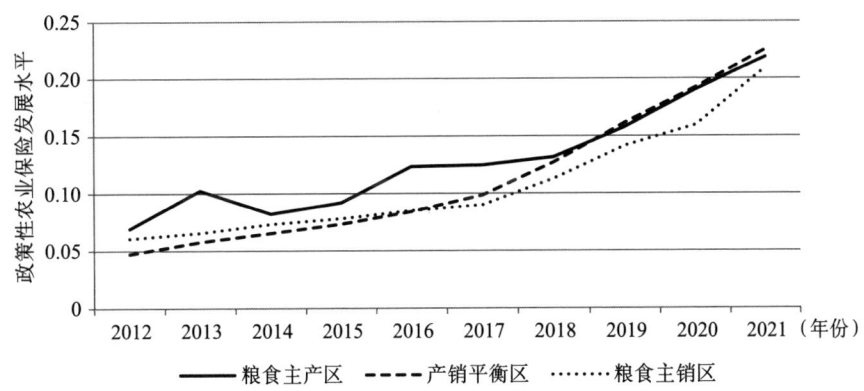

图 3-4　2012—2021 年粮食主产区、产销平衡区及粮食主销区政策性农业保险发展水平趋势

---

① 以粮食产量、人均占有量、商品粮库存等为指标，将河北、内蒙古、吉林、黑龙江、辽宁、江苏、安徽、江西、山东、河南、湖北、湖南、四川 13 个省（自治区）确定为主产区；粮食调入量较大的北京、天津、上海、浙江、福建、广东、海南 7 个省（直辖市）为主销区；山西、广西、贵州、云南、重庆、西藏、陕西、甘肃、青海、宁夏、新疆 11 个省（自治区、直辖市）为产销平衡区。https://www.moa.gov.cn/ztzl/ymksn/jjrbbd/202308/t20230803_6433429.htm。

第二节　农业信贷规模和效率的界定及特征评价

一、农业信贷规模的界定及特征评价

（一）农业信贷规模的界定

有别于涉农信贷、农村信贷和农户信贷，本书遵循农业保险标的物与农业信贷活动一致性原则，将农业信贷界定为农林牧渔贷款，并以农林牧渔贷款余额进行测度。主要原因是：考虑到本书探究的主题是农业保险与农业信贷规模及效率的关系，农业保险的目的是对农业生产风险进行管理，并不涉及农户消费行为，而农村信贷、涉农信贷及农户信贷包含农户消费信贷，如果采用农村信贷、涉农信贷或农户信贷作为研究对象，会影响评估结果的精准性。而农林牧渔业贷款是针对农业、林业、牧业及渔业生产经营活动的贷款，与农业保险服务目标匹配（叶明华和陈康，2022；陈康等，2024）。

基于数据可得性，本部分仅对我国 2012—2021 年大陆 31 个省份的农业信贷规模特征情况进行分析。其中，测度农业信贷规模的农林牧渔贷款余额的数据主要来源于《中国金融统计年鉴》《中国农村金融服务报告》、原中国银保监会。另外，为了剔除价格因素对贷款的影响，使不同年份的农林牧渔贷款余额具有可比性，进一步以农村居民消费价格指数平减农林牧渔贷款余额。考虑到农村人口因素的影响，本书最终选取农村人均农林牧渔贷款余额测度农业信贷规模状况。

（二）农业信贷规模的时空特征分析

本书基于 Python 调用 pyecharts.Map 库对我国农业信贷规模的时空分布特征进行可视化分析。图 3-5 为农业信贷规模的时空分布可视化展示结果。由图 3-5 可知，从纵向来看，在 2012—2021 年，尽管有少数省份的农业信贷规模出现了不同程度的减少,但是对于绝大省份而言,我国农业信贷规模保持了稳定上升趋势。从横向来看,农业信贷规模较高的省份主要包括内蒙古、新疆、甘肃、黑龙江、吉林、辽宁、北京、江苏、浙江、福建等省(区、市),而农业信贷规模较低的省份主要集中在湖北、湖南、四川、山东、安徽、河北等粮食主产区域。由此可知,我国农业信贷规模呈现了较为明显的区域差异,并且需要重点关注粮食主产区域的农业信贷规模排斥问题。

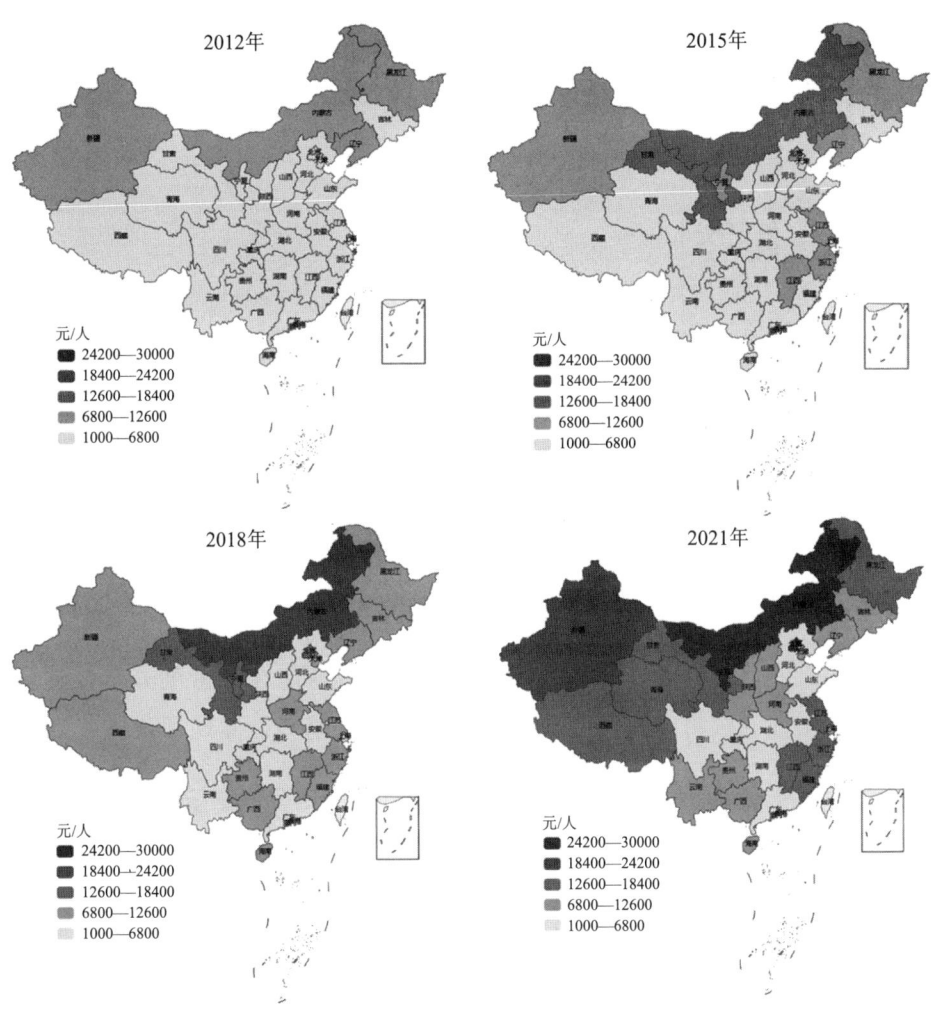

图 3-5 农业信贷规模的时空分布总体特征

注:中国台湾、香港和澳门数据缺失。

基于上述对我国农业信贷规模纵向增长及横向差异的时空特征分析，本部分进一步利用核密度估计方法对我国整体区域、不同经济区域及粮食产区内农业信贷规模的区域分布位置、形态、极化现象及延展性等情况进行分析。由于篇幅限制，本部分选取的样本考察时间为 2012 年、2014 年、2016 年、2018 年及 2021 年。其中，图 3 – 6 展示了全国农业信贷规模的核密度分布、图 3 – 7 展示了不同经济区域农业信贷规模的核密度分布、图 3 – 8 展示了不同粮食产区农业信贷规模的核密度分布。具体而言：

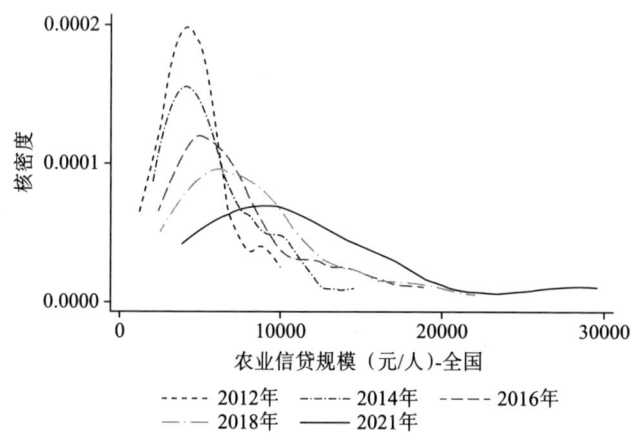

图 3 – 6　全国农业信贷规模的核密度分布

注：采用的核密度函数为 Epanechnikov。

其一，农业信贷规模的全国区域分布特征。一是在核密度分布位置层面，全国层面的核密度曲线中心呈现明显的右移趋势，体现了我国农业信贷规模总体上呈现增加态势，这与前文对农业信贷规模演变趋势的分析一致。二是在分布形态层面，可以发现分布曲线的主峰高度持续下降、曲线宽度不断变大，这表明在全国层面，农业信贷规模的区域差异日益凸显。三是在分布延展性层面，可以发现分布曲线右拖尾现象明显，并不断向右扩展，说明诸如内蒙古、新疆、浙江、福建等农业信贷规模较高的省份与其他省份的农业信贷规模的差异在不断变大。从极化现象来看，全国层面分布曲线在考察期内呈现"单峰"状态，并不存在多极化现象。

第三章 政策性农业保险与农业信贷的特征事实及评价

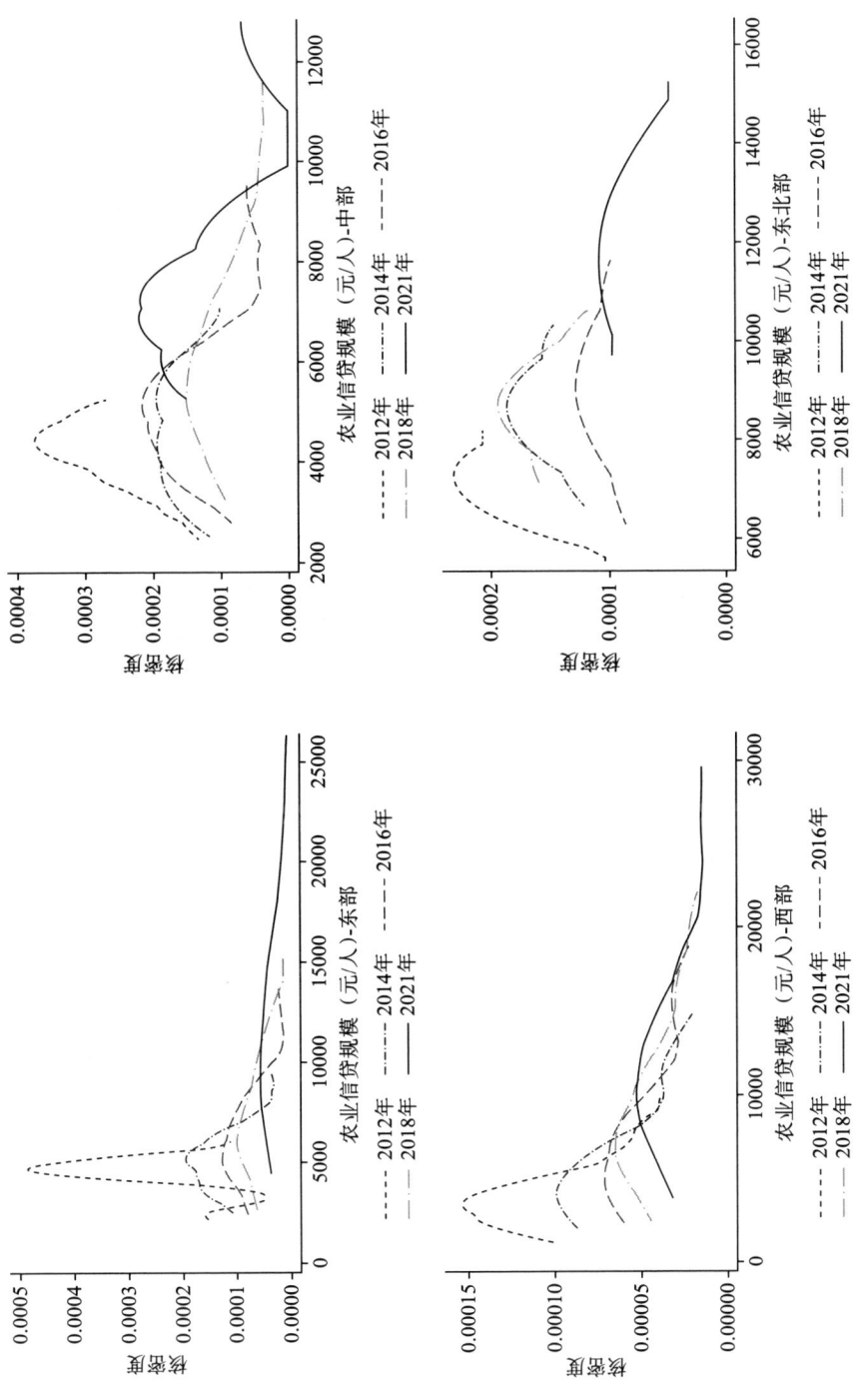

图 3-7 不同经济区域农业信贷规模的核密度分布

注：采用的核密度函数为 Epanechnikov。

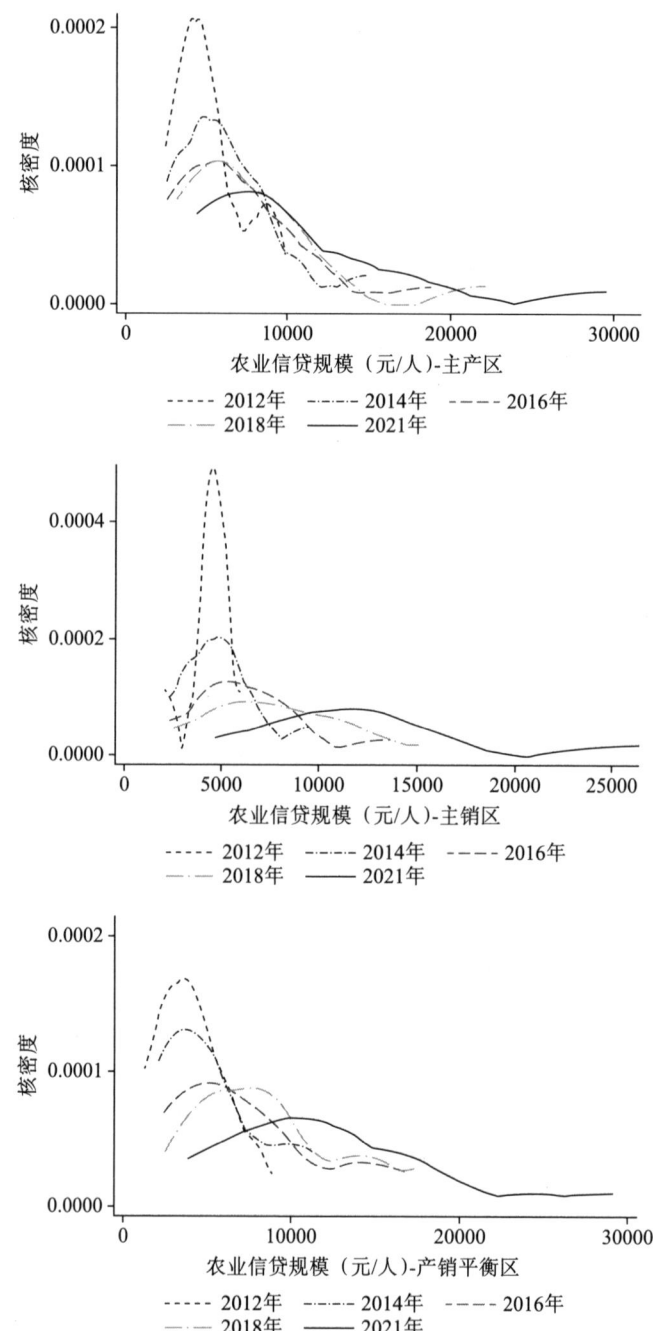

图 3-8 不同粮食产区农业信贷规模的核密度分布

注：采用的核密度函数为 Epanechnikov。

其二，农业信贷规模的不同经济区域分布特征。一是在分布位置层面，可以发现曲线中心右移趋势明显，意味着农业信贷规模在四个经济区域层面表现上升态势，这与全国层面的趋势基本一致。二是在分布形态层面，四个经济区域的主峰整体呈现下降趋势，并且曲线宽度持续变大，意味着四个经济区域内的农业信贷规模的差异不断变大，这与全国层面的农业信贷规模特征一致。三是在分布延展性层面，可以发现分布曲线在东、中、西部具有右拖尾，相比之下，东北部地区的分布曲线尽管有右拖尾趋势，但并不明显。说明在四个经济区域中，农业信贷规模在东、中、西部区域内的差距要高于东北部地区。四是在极化现象层面，东部地区由最初2012年的"一主一侧"逐渐演变为"单峰"状态，这意味着随着时间推移，东部地区的农业信贷规模差异不存在多极化现象。中部地区的分布曲线在样本考察期内经历了由"单峰"到"一主一侧"的演变。其中，2012年为"单峰"，2014年和2016年处于"侧峰"显现初期，2021年的分布曲线"侧峰"逐渐显现。意味着中部区域的农业信贷规模聚集呈现出一定的梯度效应，并随着时间推移这种梯度效应逐渐凸显。西部地区2012年的曲线分布呈现"单峰"状态，并且在2014年、2016年及2018年呈现了"一主一侧"的初期阶段，然而在2021年这种"侧峰"势头消失，演变为最初的"单峰"状态。说明在样本考察的中前期，西部地区的农业信贷规模有两极化聚集趋势，但是在样本考察后期，这种两极化趋势逐渐消失。东北部地区的分布曲线的极化现象比较单一，呈现显著的"单峰"状态，这也说明了东北部地区的农业信贷规模聚集并未呈现两极或者多极趋势。

其三，农业信贷规模的不同粮食产区分布特征。一是在分布位置层面，可以发现分布曲线中心均具有随着时间推移而右移的态势，说明三个粮食产区的农业信贷规模在样本考察期内均呈现逐步提高趋势。二是在分布形态层面，三个粮食产区的主峰整体呈现下降趋势，并且曲线宽度持续变大，说明三个粮食产区农业信贷规模的差异不断变大，这同样与全国层面的农业信贷规模特征一致。三是在分布延展性层面，分布曲线在样本期内均呈现了显著的右拖尾态势，并且这种右拖尾现象随着时间演进有进一步拓宽趋势。说明省域间农业信贷规模差异在三个粮食产区均呈现出不断扩大的趋势。最后，从极化现象来看，粮食主产区和粮食主销区两个区域的曲线分布由最初较为显著的"一主一侧"逐渐演变为"单峰"状态，但这种"单峰"不能称为完全意义上的"单峰"，还有进一步发展为"一主一侧"的征兆。说明随着时间推移，粮食主产区和粮食主销区的农业信贷规模的两极化趋势逐渐消减，但并未完全消失。粮食产销平衡区的曲线分布由2012年的"单峰"逐渐演变为2014年、2016年及2018年的"一主一侧"态势，而此时的"侧峰"高度显著低于"主峰"高度，并于2021年"侧峰"消失。说明粮食产销平衡区的农业信贷规模聚集经历了"单极—两极—单极"的过程，最终并未呈现出多极化趋势。

二、农业信贷效率的界定及特征评价

（一）农业信贷效率的界定及数据来源

1. 农业信贷效率的界定

在推进乡村振兴战略实施背景下，党中央高度重视农业信贷资金在服务建设农业强国的重要作用，并出台一系列政策文件支持信贷资金向农业领域投放。然而，随着近年来我国农业信贷资金的规模不断提升，如何提高农业信贷资金使用效率成为农业信贷资金支撑农业经济发展的关键，也日益受到政策制定者及相关学者的重视。通过对农业信贷效率内涵界定相关研究的系统梳理发现（可参见第二章中农业信贷效率相关研究部分），目前，理论界主要从资源配置效率、投入产出成效及金融可持续发展等角度对农业信贷效率的含义进行了界定（朱喜和李子奈，2006；热依拉·依里木和刘明，2017；李广子和刘力，2020；Dia等，2020；杨彩林和李雯雅，2021）。其中，信贷资源配置效率强调了信贷资金在不同主体间的利益均衡，但该均衡含义量化较为困难，从而阻碍了进一步因果关系的探究；金融可持续发展强调了信贷资金与经济发展的协调性，尽管能够体现信贷资金的适配状况，但该界定较为宽泛，未能考虑经济系统深层运行机制。

相对而言，投入产出成效在罗宾斯和库尔特（2017）指出的效率（若给定输入指标所获得输出水平越高，该经济体效率越高；若给定输出水平所需要输入指标越少,则该经济体效率越高)框架下,不仅符合萨缪尔森和诺德豪斯(2012)认为的"在资源稀缺的条件下,效率是指最有效地使用社会资源以满足人类的愿望和需要"及曼昆(2020)指出的"效率是指社会能从其稀缺资源中得到的最大利益"的具体含义,而且考虑了信贷资金作为经济系统重要的生产投入要素,更能体现经济系统运行的深层逻辑,且较为容易测度,这也使得投入产出成效成为农业信贷效率研究中采用较为广泛的视角之一。为此,借鉴前人相关研究,Dia 等(2020)、杨彩林和李雯雅(2021)认为,对于农业信贷效率的考量需要重视信贷资金能否以较低成本投入农业生产领域,并获得良好收益。本书也从投入产出成效视角,立足我国省域层面,将农业信贷效率界定为:各省份农业信贷资金是否得到充分利用以有效推进农业经济发展、提高农户收入。

2. 农业信贷效率的测度

在对农业信贷效率界定的基础上,本书进一步采用 DEA 模型对我国农业信贷效率进行测度。主要是因为本书所界定的农业信贷效率具有"投入—产出"逻辑内涵,而 DEA 模型主要是针对投入产出问题发展而来的线性规划模型,在测度"投入—产出"效率上具有较为明显的比较优势(赵楠和李江华,2015;杨彩林和李雯雅,2021),能够较好地测度在给定农业信贷资金投入情况下最大限度提升农业经济发展及农户收入的能力,与本书所界定的农业信贷效率具有高度契合性,能够满足本书开展农业信贷效率研究的需要。然而,DEA 模型已经衍生出多种规划形式,如何选取合适的 DEA 模型类型成为有效测度农业信贷效率的关键。在综合考量现有 DEA 模型诸多形式优缺点的基础上,本书借鉴 Tone(2001)的研究,选取产出导向 SBM(Slack-Based Measure,SBM)模型对我国农业信贷效率进行测度。主要原因是:其一,与传统 BCC 和 CCR 模型相比,SBM 模型提升了农业信贷效率测算的精确性,主要是因为该模型能够考虑到在农业信贷效率测算中投入和产出指标非零松弛变量的影响(成刚,2021)。其二,考虑到我国农业经济发展还面临农业信贷约束、农业信贷资金缺口日趋扩大等问题,选取产出导向的 SBM 模型将增加产出视为提高农业信贷效率的主要途径更加符合现实状况(成刚,2021)。另外,考虑到在常规 SBM 模型下，当诸多省域内农业信贷处于前沿有效时，不能对这些前沿有效省域农业信贷效率的大小进行比较。为此，本书进一步引入超效率DEA（Super Efficiency DEA）模型，以弥补不能比较前沿有效省域效率值的缺陷（Andersen和Petersen，1993）。最终，本书选用了产出导向超效率SBM模型（SE-SBM）测算我国不同省域农业信贷效率值。另外，基于数据可得性，本书并未选取非期望产出纳入模型（孙才志和张少芳，2023）。具体测算公式如下：

$$\theta_{SE}^* = \min \frac{1}{1 - \frac{1}{q}\sum_{r=1}^{q} s_r^+ / y_{rk}} \quad (3-6)$$

$$\text{s.t.} \begin{cases} \sum_{j=1, j \neq k}^{m} x_{ij} \gamma_j \leqslant x_{ik} \\ \sum_{j=1, j \neq k}^{m} y_{rj} \gamma_j + s_r^+ \geqslant y_{rk} \end{cases} \quad (3-7)$$

其中，γ、s^-和s^+均大于等于0；$i = 1, 2, \cdots, n$；$r = 1, 2, \cdots, q$；$j = 1, 2, \cdots, m (j \neq k)$。另外，$\theta_{SE}^*$为SE-SBM模型的最优效率值，测度了农业信贷效率状况，其数值越大，说明农业信贷效率越高。x为投入要素、y为期望产出要素，n和q分别为投入要素和期望产出的种类，m为决策单元数量，s_r^+为期望产出的松弛变量。

3. 农业信贷效率的测度指标选取及来源

基于SE-SBM模型测度农业信贷效率，还需进一步选取模型所需的投入要素指标和期望产出要素指标。然而，目前在基于DEA模型测度信贷效率的相关研究中，投入与产出要素指标的选取并未形成统一定式。在投入要素指标的选取层面，仅投入指标的数量层面就存在诸多分歧。温涛和熊德平（2008）、赵楠和李江华（2015）、杨彩林和李雯雅（2021）倾向于使用包含农业贷款在内的多投入指标，但有学者却反对上述做法，认为过多的投入指标会混淆农业信贷效率（张仲芳，2013；朱德云等，2020；俞佳立等，2023）。为提升信贷效率测度的精确性，周一鹿（2010）、朱宁和赖晓璇（2020）等选择单一信贷指标作为投入变量。本书则遵循周一鹿（2010）、朱宁和赖晓璇（2020）等选取单一指标的测度逻辑，选取农业信贷规模作为 SE-SBM 投入指标①，并以农林牧渔贷款余额进行测度（农业信贷规模的内涵可参见前文对农业信贷规模的界定部分，在此不再赘述）。农林牧渔贷款余额数据主要来源于《中国金融统计年鉴》《中国农村金融服务报告》、原中国银保监会。

在期望产出要素的指标选取层面，相关研究根据研究目的的差异所选取的产出指标也不尽相同。例如，董竹和覃基广（2012）在测算农村信贷效率时，选取农业 GDP 和农户收入作为产出指标。赵楠和李江华（2015）在研究农业信贷效率时，将产出指标设定为第一产业增加值及农业机械总动力。由于本书是在金融支农的框架下探究的农业信贷效率，提高农户收入水平及促进农业经济发展是信贷资金支农的重要目标，为此，本书进一步借鉴董竹和覃基广（2012）、李光峰（2017）的思路，选取农业经济发展水平和农户农业收入两个指标作为 SE-SBM 模型的产出要素。其中，以农户人均农林牧渔总产值测度农业经济发展状况，以农户人均经营净收入作为农户农业收入的测度指标。选择农户人均经营净收入测度农户农业收入的主要考量是，农民人均经营净收入主要是其进行包括农业生产在内的生产经营活动所获得的净收入，并且该生产经营活动收入的 80% 以上为农业经营收入。另外，农户人均农林牧渔总产值及农民人均经营净收入数据主要来源于《中国农村统计年鉴》。投入与产出指标的具体含义如表 3-6 所示。

表 3-6　　　　　　　　　农业信贷效率测算指标

指标类型	指标名称	测度方式
投入指标	农业信贷规模	农林牧渔贷款余额/农村人口（元/人）
产出指标	农业经济发展	农林牧渔总产值/农村人口（元/人）
	农户农业收入	农民人均经营净收入（元/人）

（二）农业信贷效率的时空特征分析

图 3-9 为农业信贷效率的时空分布可视化展示结果。由图 3-9 可知，从时间演变角度来看，在 2012—2021 年，我国农业信贷效率总体呈现了上

---

① 在后文分析中，本书进一步选取了农业信贷余额、新型农村金融机构从业人数和新型农村金融机构数量等多投入指标纳入模型进行实证分析，结果依然稳健。

升趋势，但也存在少数省份的农业信贷效率在样本期间出现下降态势，比如云南、陕西等省份。从省域横向来看，农业信贷效率较高的省份主要集中在中东部区域，具体包括内蒙古、吉林、河北、宁夏、江苏、浙江、湖南、湖北及广东等省（区），另外，西部地区的四川和西藏的农业信贷效率也相对较高。农业信贷效率较低的省份主要包括陕西、重庆、贵州、安徽及青海等省（市）。由此可知，我国农业信贷效率呈现了较为明显的区域差异。

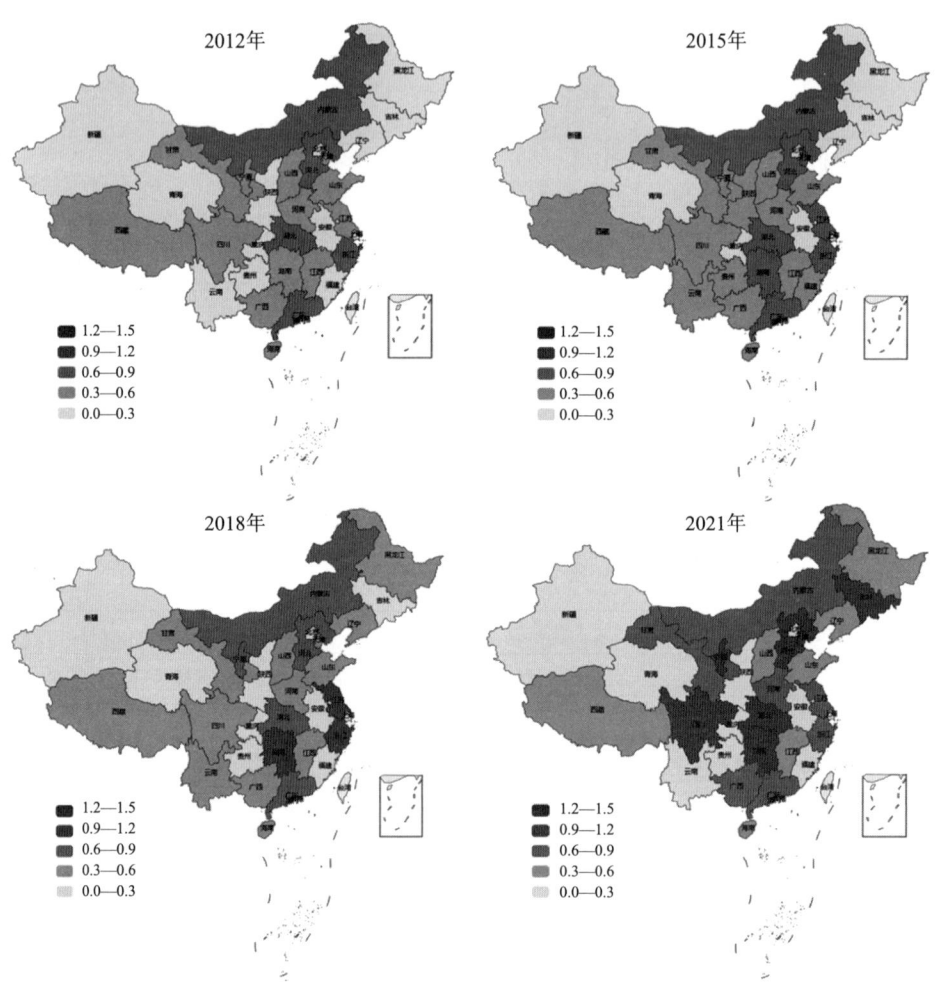

图3-9　农业信贷效率的时空分布总体特征

注：中国台湾、香港和澳门数据缺失。

本部分进一步利用核密度估计方法对我国整体区域、不同经济区域及粮食产区内农业信贷效率的区域分布位置、形态、极化现象及延展性等情况进行分析。选取的样本考察期依旧为 2012 年、2014 年、2016 年、2018 年及 2021 年。其中，图 3-10 展示了全国农业信贷效率的核密度分布、图 3-11 展示了不同经济区域农业信贷效率的核密度分布、图 3-12 展示了不同粮食产区农业信贷效率的核密度分布。具体而言：

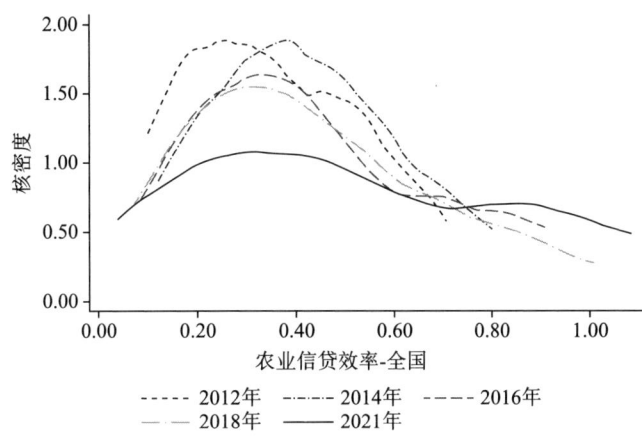

图 3-10　全国农业信贷效率的核密度分布

注：采用的核密度函数为 Epanechnikov。

其一，农业信贷效率的全国区域分布特征。一是在分布位置层面，全国层面的核密度曲线中心呈现"右移—左移—右移"的趋势，意味着我国农业信贷效率在 2012—2014 年处于提高态势，而在 2014—2018 年略微下降，但是在 2018—2021 年继续保持了先前的上升态势。总体而言，农业信贷效率在全国层面呈现出波动提高态势，这与前文对农业信贷效率时间演变趋势的分析一致。二是在分布形态层面，可以发现分布曲线的主峰高度呈现下降趋势，并且主峰宽度也不断变大，说明全国层面的农业信贷效率的区域差异不断扩大。三是在分布延展性层面，可以发现分布曲线右拖尾趋势明显，并具有右拓宽趋势，说明诸如内蒙古、吉林、河北、宁夏、江苏、浙江、湖南等农业信贷效率较高的省份农业信贷效率持续提升，不断扩大了与其他省份农业信贷效率的差异。四是在极化现象层面，分布曲线

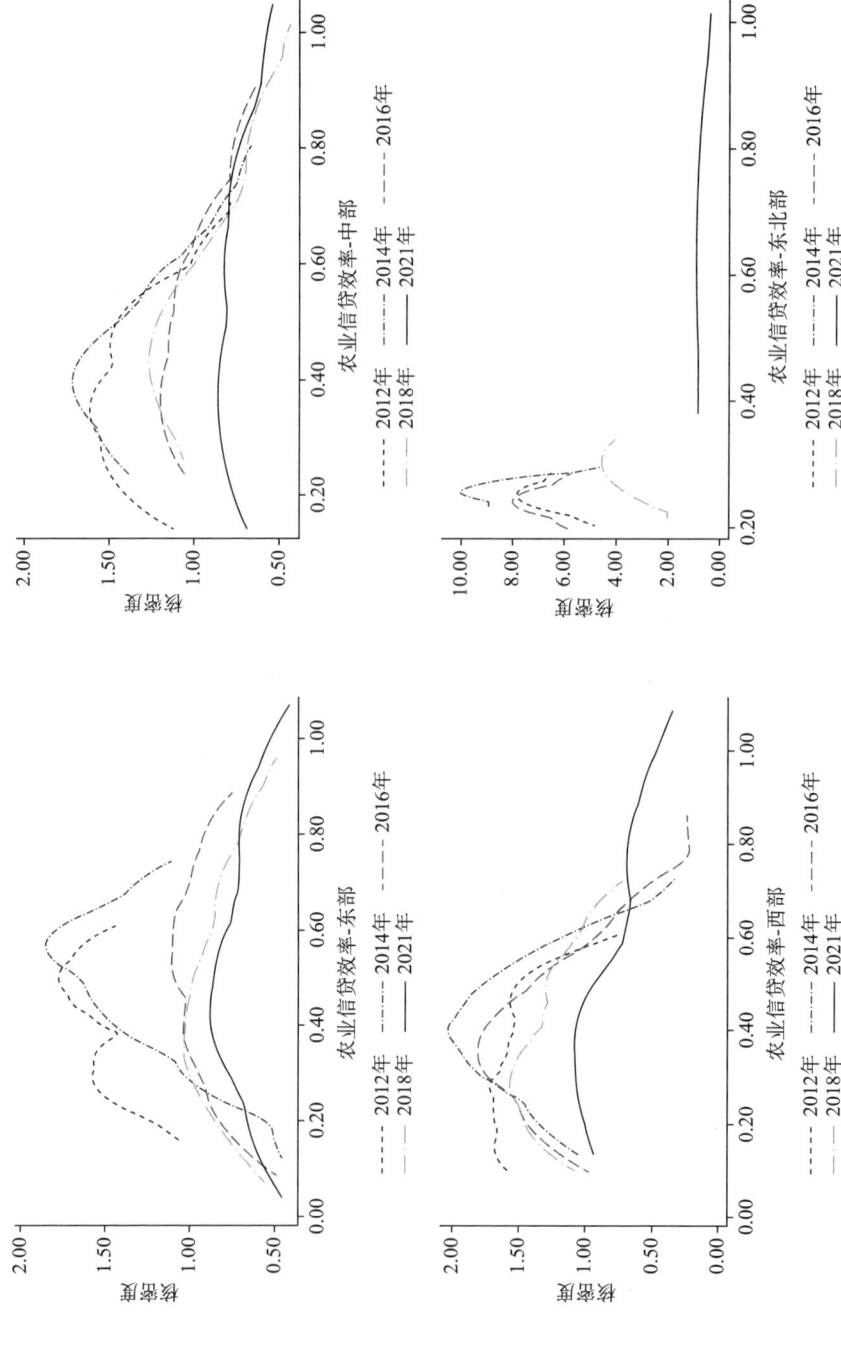

图 3-11 不同经济区域农业信贷效率的核密度分布

注：采用的核密度函数为 Epanechnikov。

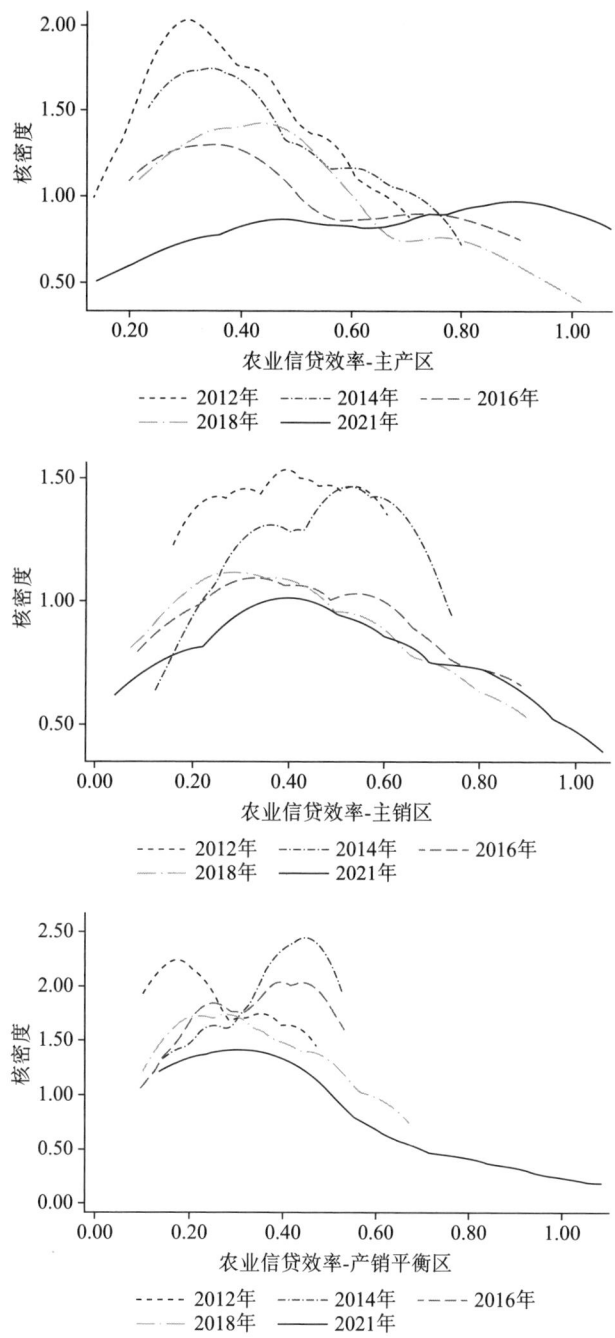

图 3-12　不同粮食产区农业信贷效率的核密度分布

注：采用的核密度函数为 Epanechnikov。

由"一主一侧"双峰向"单峰"状态演变,进一步向"一主一侧"双峰态势回归。这意味着我国农业信贷效率分布具有两极分化趋势。

其二,农业信贷效率的不同经济区域分布特征。一是在分布位置层面,四个经济区域的核密度曲线中心基本上呈现出"右移—左移—右移"的趋势,与全国层面的曲线分布中心演变一致,意味着农业信贷效率在四个经济区域内总体呈现出波动上升态势。二是在分布形态层面,四个经济区域的主峰先上升后下降,并且随着时间的推移其主峰宽度逐步变大,尤其是东北地区在2021年的主峰宽度相较于2018年急剧变宽,呈现扁平化趋势。说明四个经济区域的农业信贷效率差异呈现扩大趋势,并且东北地区在2021年的农业信贷效率差异较为显著。三是在分布延展性层面,可以发现东、中、西部的分布曲线右拖尾态势明显,然而,东部地区在2012年、2014年及2016年出现了左拖尾现象,并且这种左拖尾从2018年转变为右拖尾。另外,三个经济区域的拖尾长度随时间演变有扩大趋势,说明农业信贷效率差异在东、中、西三个经济区域内进一步扩大,这种差异是农业信贷效率进一步提升导致的。另外,东北地区的分布曲线在2012—2018年的右拖尾现象并不明显,且延展性呈现收敛态势,然而在2021年延展性迅速扩大。说明东北地区在2012—2018年的农业信贷效率差异并不大,但是在2021年农业信贷效率差异迅速增大。四是在极化现象层面,东、中、西三个经济区域的曲线分布大致经历了由最初的"一主一侧"双峰向"单峰"转变,并且有进一步演变为"一主一侧"双峰的势头。其中,东部和中部地区在2012年的"一主一侧"双峰现象较为明显,西部地区的曲线分布相对呈现了双峰的"形",并且东部、中部和西部的"侧峰"均低于"主峰"。2014年,东、中、西区域由"一主一侧"演变为"单峰"状态,并且在2016年、2018年、2021年,这种"单峰"状态有转变为"一主一侧"状态开始显现。说明东、中、西区域的农业信贷效率差异随着时间演进有两极化聚集趋势。另外,东北地区的分布曲线在2012年、2014年、2016年及2018年呈现"单峰"状态,并且这种"单峰"状态在2021年趋于消失,说明东北地区的农业信贷效率未出现多极趋势现象。

其三，农业信贷效率的不同粮食产区分布特征。一是在分布位置层面，可以发现粮食主产区的曲线分布中心总体右移，意味着粮食主产区的农业信贷效率在样本考察期内呈现逐步提高趋势。粮食主销区和产销平衡区的曲线分布中心与全国层面的曲线分布中心移动大致一致，表现为"右移—左移—右移"的趋势，意味着粮食主销区和产销平衡区的农业信贷效率呈现波动上升状态。二是在分布形态层面，粮食主产区和主销区的主峰高度经历了"下降—上升—下降"的演变，粮食产销平衡区的主峰高度经历了"上升—下降"的变化过程。总体而言，三个粮食产区的主峰高度总体呈现下降趋势，并且主峰的宽度均有随时间演进不断扩大的态势，说明农业信贷效率差异在三个粮食产区总体趋于扩大趋势。三是在分布延展性层面，粮食主产区和产销平衡区的分布曲线在考察期内总体呈现右拖尾态势，并且有进一步拓宽趋势。粮食主销区的曲线分布尽管也呈现右拖尾态势，但经历了"小幅收敛—明显扩宽"变化过程。总体而言，三个粮食产区的分布曲线在样本考察期内具有右拖尾特征，且拖尾逐步拓宽。这意味着农业信贷效率差异在三个粮食产区内均具有扩大趋势。四是在极化现象层面，粮食主产区的曲线分布呈现"一主一侧"双峰现象，但是2012年和2014年的"双峰"并不是很显著，并且"侧峰"的高度均低于"主峰"高度。说明农业信贷效率在粮食主产区存在两极化现象。粮食主销区和产销平衡区的曲线分布由最初的"一主一侧"双峰状态逐步演变为"单峰"态势。2012年、2014年、2016年，粮食主销区和产销平衡区处于"一主一侧"双峰状态，随后"侧峰"逐渐消失，最终演变为2018年、2021年"单峰"状态，说明随着时间推进，粮食主销区和产销平衡区的农业信贷效率最终并未出现两极或者多极化状态。

第三节　中国农业信贷市场存在的问题及破解的保险路径

一、中国农业信贷市场存在的问题分析

（一）农业信贷资金缺口日趋扩大

农业信贷资金缺口是支持农业经济发展所需的理论农业信贷资金与实际农业信贷资金的差额（李德荃，2017；张华志和黄全祥，2022）。其中，实际农业信贷资金即年末农林牧渔贷款余额的实际规模（AL）。在测算农业信贷资金缺口过程中的重难点是对理论农业信贷规模的测算。Goldsmith（1969）提出的金融相关比率（Financial Interrelations Ratio，FIR）为测算理论农业信贷规模提供了可行路径。FIR 是衡量金融发展与经济增长关系的重要指标，可以用于一个国家在一定经济条件下金融规模的测算。FIR 的具体公式为：$FIR_t = F_t / W_t$，其中，F_t 为金融资产价值，W_t 为实物资产价值。一般而言，国内生产总值（$GDP1$）是测量 W_t 最为适合的指标（Goldsmith，1969；张华志和黄全祥，2022）。金融资产价值一般包括货币现金、贷款、债券等。但是由于本书的主要目的是测算理论的农业信贷资金规模，因此，本书借鉴李德荃（2017）、张华志和黄全祥（2022）的度量思路，选用贷款总额（$L1$）测算金融资产价值。另外，张华志和黄全祥（2022）认为，由于农业贷款主要用于农业生产经营，而房地产开发贷款和个人购房贷款不具有生产经营属性，应在测算贷款规模和国内生产总值中予以扣除。因此，为增强测算结果的可信度，本书在测算信贷规模和国内生产总值中也将房地产因素进行扣除，分别得到信贷总额和国内生产总值表示为：$L2 = L1 -$（房地产开发贷款和个人购房贷款）、$GDP2 = GDP1 -$ 房地产增加值。在得到 FIR 的基础上，进一步测算得到理论农业信贷资金

规模 [$TL1 = (L1/GDP1) \times GDPA$、$TL2 = (L2/GDP2) \times GDPA$]。其中，$GDPA$ 为农林牧渔增加值。那么，农业信贷资金缺口可表示为：$GAP1 = TL1 - AL$、$GAP2 = TL2 - AL$。图 3-13 呈现了农业信贷资金缺口状况，据此可知：

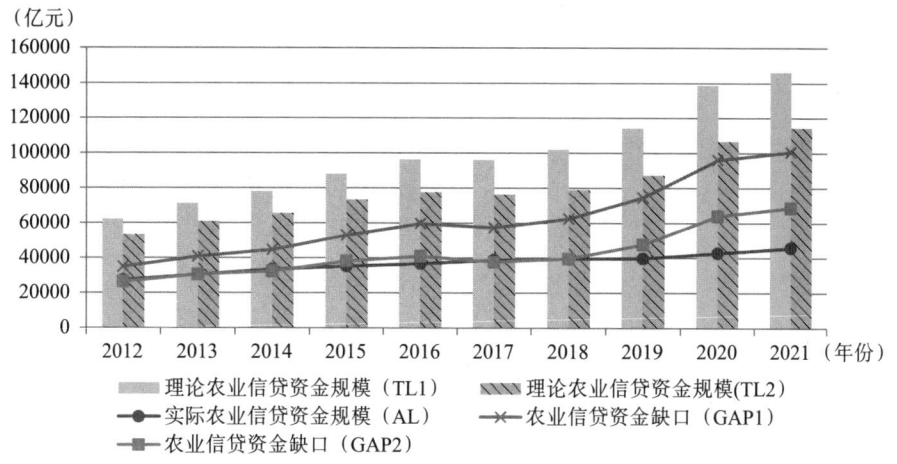

图 3-13 农业信贷资金缺口趋势

注：数据主要来源于《中国统计年鉴》《中国金融统计年鉴》《中国农村统计年鉴》。

其一，总体来看，无论是否在扣除房地产业贷款及其增加值的基础上测算金融相关比率，进而得到两个不同的农业信贷资金缺口（$GAP1$、$GAP2$），$GAP1$ 和 $GAP2$ 在样本考察期内具有相同的变化趋势，除了在个别年份出现下降外，多数年份均呈现上升趋势，意味着我国在推进农业现代化及高质量发展进程中，农业信贷资金在体量层面一直未能得到有效满足。其中，$GAP1$ 从 2012 年的 34898.98 亿元扩大至 2021 年的 100501.92 亿元，年均增长率为 12.83%。$GAP2$ 从 2012 年的 26257.67 亿元扩大至 2021 年的 68675.01 亿元，年均增长率为 11.85%。

其二，分阶段来看，2012—2016 年我国农业信贷资金缺口呈现稳步扩大趋势，在此期间的 $GAP1$ 年均增速为 14.38%，$GAP2$ 年均增速为 11.84%。2016—2017 年，我国农业信贷资金缺口出现了小幅下降，$GAP1$ 从 2016 年的 59623.10 亿元下降至 2017 年的 57410.81 亿元，$GAP2$ 由 2016 年的 40980.56 亿元下降至 2017 年的 37624.76 亿元。2017—2020 年，农业信贷资金缺口扩速较快，在此期间的 GAP1 年均增速为 18.99%，GAP2 年均增速为 19.94%。随后，在 2020—2021 年，农业信贷资金缺口趋于平缓。

为进一步探析我国农业信贷资金缺口的未来演变趋势，本书基于灰色预测模型对 2022—2026 年的农业信贷资金缺口进行预测分析。选取灰色预测模型的主要考量是，本书仅使用了 2012—2021 年的相关数据分析我国农业信贷资金缺口问题，而 10 年的数据相对较少。灰色预测模型对样本数据体量的要求不高，能利用较少一部分甚至不完全的信息来构建模型进行预测，而且建模精度也相对较高（张利库等，2023）。为此，本书选取灰色预测模型中的 GM（1，1）对未来五年我国农业信贷资金缺口进行预测，图 3-14 展示了预测结果。据此可知：

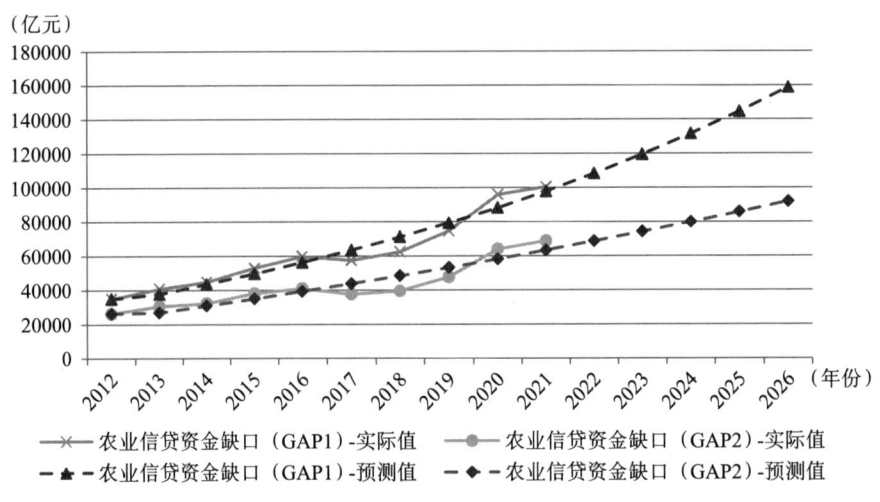

图 3-14　农业信贷资金缺口未来趋势

注：数据来源于《中国金融统计年鉴》《中国统计年鉴》《中国农村统计年鉴》。

其一，在 2012—2021 年，基于 GM（1，1）的农业信贷资金缺口预测值曲线与农业信贷资金缺口的实际值曲线演进趋势一致，并且预测值曲线和实际值曲线处于交叠状态，说明利用 GM（1，1）预测的农业信贷资金缺口结果较为稳健，可以精准预测未来我国农业信贷资金缺口演变趋势。

其二，在 2022—2026 年，我国农业信贷资金缺口有进一步扩大趋势。其中，GAP1 预计将从 2022 年的 108295 亿元增加至 2026 年的 158644 亿元，年均增长10.02%。GAP2预计将从2022年的68576亿元增加至2026年的92001亿元，年均增长7.62%。通过上述分析可知，现阶段我国农业信贷资金未能有效满足农业经济发展的需要，在资金规模层面仍存在一定缺口，并且农业信贷资金缺口在未来呈现进一步扩大趋势。因此，在推进农业高质量发展、实施乡村振兴战略的过程中，政府部门应采取有效措施完善农村金融体系，促进农业信贷资金规模有效增加。

（二）农业信贷规模与农业经济发展及农业收入的协调度不高

基于农业信贷效率的时空特征分析可知，尽管我国农业信贷效率整体呈现提高趋势，但是也有云南、陕西等部分省份的农业信贷效率出现减少。另外，全国层面的核密度曲线中心呈现"右移—左移—右移"的趋势，意味着我国农业信贷效率在全国层面呈现出波动提高态势，这也体现了农业信贷资金支农效应的发挥并不稳定，并且在全国范围内呈现明显的区域差异。为此，有必要分析农业信贷规模与农业经济发展及农户农业收入是否协调，以进一步证实上述农业信贷资金支农成效并不稳定的观点。

耦合系数、离差系数、三角函数及势函数等协调度模型是目前较为重要的几种测度协调度的模型。其中，离差系数协调度模型由于对系统应具备的特征要求、数据结构类型及序参量要求较低，而成为较为常见且好用的协调度模型（任栋等，2021；王满银等，2022）。考虑到本书所使用的数据具有面板属性，且需要跨期进行比较协调系数大小，本书选取离差系数协调度模型对农业信贷规模与农业经济发展及农业收入的协调度进行测算分析。离差系数是一组数的标准差与其平均数的比值，是测算离散趋势的一种数学模型，学者们也正是基于这种离差系数最小类比原理，逐步推导出了基于离差系数的两系统甚至多系统的协调度模型。一般而言，离差系数反映了系统的协调程度，随着离差系数数值的增大，系统间距离不断扩大，系统协调同步性越差。本书主要借鉴范柏乃等（2013）、任栋等（2021）的研究，基于离差系数协调度模型对农业信贷规模与农业经济发展程度及农业收入的协调度进行测算分析。离差系数CV_{AL-i}的公式为：

$$CV_{AL-i} = \frac{\sigma}{(U_{AL}+U_i)/2} \quad (3-8)$$

其中，σ 为 U_{AL} 和 U_i 两者的标准差。AL 表示农业贷款规模，用农户人均农林牧渔贷款余额表示。当探究农业信贷规模与农业经济发展协调度时，i 为农业经济发展（AE），用农户人均农林牧渔总产值表示。当探究农业信贷规模与农户农业收入时，i 为农户农业收入（AIC），用农户人均经营收入表示。对离差系数进一步变形可得式（3-9）：

$$CV_{AL-i} = \sqrt{\frac{2(U_{AL}^2 + U_i^2)}{(U_{AL} + U_i)^2} - 1} \qquad (3-9)$$

从式（3-9）可以看出，当 $\frac{(U_{AL}^2 + U_i^2)}{(U_{AL} + U_i)^2}$ 越小时，CV_{AL-i} 越小，也即 AL 与 i 的协调程度越好。因此，离差系数协调度模型的协调度系数可表示为：

$$CO\_CV_{AL-i} = \frac{(U_{AL}^2 + U_i^2)}{(U_{AL} + U_i)^2} \qquad (3-10)$$

在基于式（3-10）测算协调度系数之前，本书将农业信贷规模、农业经济发展及农业收入数据进行价格平减，并采用极差法做标准化处理。另外，本书进一步借鉴 Li 等（2012）、王满银等（2022）的研究，结合聚类法将协调等级划分为高级协调、基本协调、基本不协调和严重不协调四个等级，分别对应的区间为（0, 0.3]、(0.3, 0.5]、(0.5, 0.8]、(0.8, 1]。本书首先测算了全国层面农业信贷规模与农业经济发展（AL-AE）、农业信贷规模与农业收入（AL-AIC）协调度系数在样本考察期内的时间演变趋势，测算结果如图 3-15 所示。据此可知，在 2012—2021 年，无论是农业信贷规模与农业经济发展（AL-AE）的协调度系数还是农业信贷规模与农业收入（AL-AIC）协调度系数，均大致处于 0.5—0.6，说明农业信贷规模与农业经济发展及农业收入基本上处于基本不协调阶段。另外，农业信贷规模与农业经济发展的协调度系数明显低于农业信贷规模与农业收入的协调度系数，意味着相较于农业信贷规模与农业经济发展，农业信贷规模与农业收入的协调性更低。

其次，本书进一步利用核密度估计方法对我国整体区域内农业信贷规模与农业经济发展及农业收入的协调度系数分布情况进行分析。选取的样本考察期依旧为 2012 年、2014 年、2016 年、2018 年及 2021 年。其中，

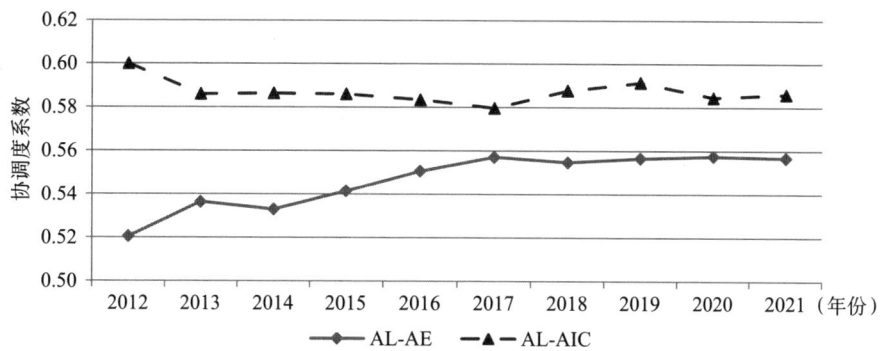

图 3-15　农业信贷规模与农业经济发展及农业收入协调度系数的演进趋势

图 3-16（a）展示了全国层面农业信贷规模与农业经济发展协调度系数（$AL-AE$）的核密度分布、图 3-16（b）展示了全国层面农业信贷规模与农业收入协调度系数（$AL-AIC$）的核密度分布。具体而言：

其一，在农业信贷规模与农业经济发展协调度的核密度分布层面。从核密度分布位置来看，2012—2021 年，核密度曲线中心未出现明显的右移趋势，并且曲线中心多集中在 0.52 附近，意味着我国多数省份在样本考察期内的农业信贷规模与农业经济发展多处于基本不协调阶段，这与前文对其协调度系数时间演变趋势的分析一致。另外，核密度分布曲线在观察期内呈现明显的右拖尾现象，并具有进一步拓宽趋势，说明随着时间推移，全国层面的农业信贷规模与农业经济发展协调性差异有进一步扩大趋势。

其二，在农业信贷规模与农业收入协调度的核密度分布层面。在样本考察期内，农业信贷规模与农户农业收入协调度的核密度分布基本上与农业信贷规模与农业经济发展协调度的核密度分布一致，核密度曲线中心大致稳定在 0.52 附近，并且具有明显的右拖尾现象，只是这种右拖尾随着时间推移有进一步收敛趋势。这同样体现了我国多数省份在样本考察期内的农业信贷规模与农业收入多处于基本不协调阶段，并且全国层面的农业信贷规模与农业收入协调性的差异有进一步缩小趋势。另外，从极化现象来看，全国层面农业信贷规模与农业经济发展协调度系数的核密度分布及农业信贷规模与农业收入协调度系数核密度分布均未出现明显的双峰状态，这意味着我国农业信贷规模与农业经济发展及农业收入的协调度系数未出现两极分化或多极化趋势。

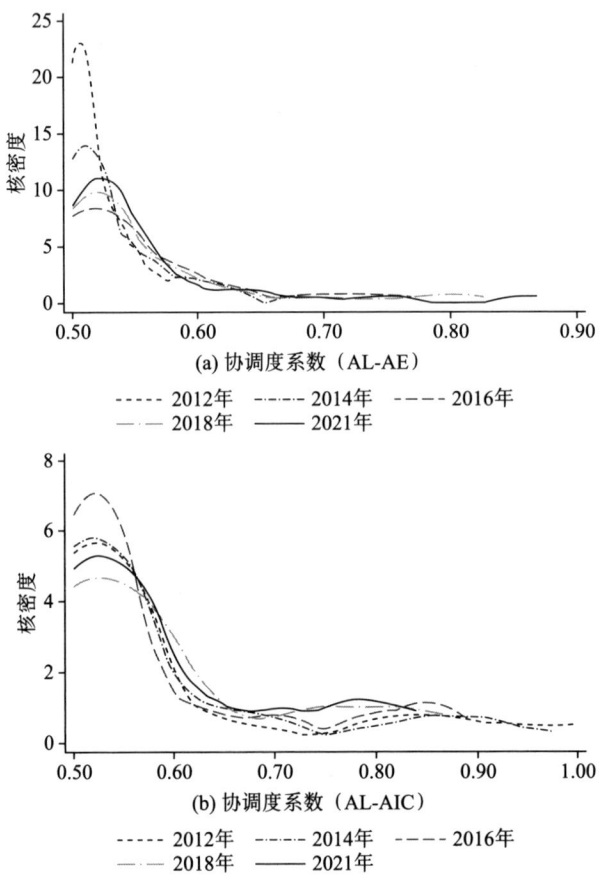

图3-16 农业信贷规模与农业经济发展及农业收入协调度系数的核密度分布

二、农业信贷面临问题破解的保险路径分析

对于上述问题解决路径的讨论,多数学者主要关注的是如何缓解农业信贷约束问题,并从抵押品、关系型借贷、信用评级、担保及"银保互联"等诸多方式给出了缓解借贷双方信息不对称、提升农业信贷供给的可行办法(Ascui 和 Cojoianu,2019;Zheng 和 Zhang,2021;Shee 等,2021;Murro 和 Peruzzi,2022)。然而,农业生产具有弱质属性,抵押品、关系型借贷及担保等路径未能有效化解农业生产经营风险,一定程度上会影响农户履约还款成效。另外,近年来农业农村部着力打造"主体直报需求、农

担公司提供担保、银行信贷支持"的信贷直通车体系,尽管有助于缓解农户"融资难、融资贵"困境,但也面临对外部客观风险管理有限的难题,并且无法通过多元化的担保业务来分散自身经营风险(叶明华和陈康,2021)。相较而言,在农业贷款借贷关系中引入农业保险,不仅能够对农业生产风险进行管理,而且保险公司自身能通过市场化渠道分散自身经营风险,从而在增加农户农业贷款可得性、提升农业信贷资金使用成效等方面具有一定的优势。为此,本部分在总结农业保险破解农业信贷面临难题典型案例的基础上,进一步基于前文测算数据,对农业保险与农业信贷规模及效率的相关性进行分析,为后文农业保险对农业信贷规模及效率的影响提供一定的基础论据。

(一)农业保险破解农业信贷面临难题的典型案例及经验启示

1. 农业保险破解农业信贷面临难题的典型案例

(1)安徽省"农业保险+政信贷"模式。2022年,在《安徽省"农业保险+一揽子金融产品"行动计划试点方案》指导下,合肥市财政局带头引领,积极联合国元保险公司及中国建设银行创新开发了支持农户增获信用贷款的"农业保险+政信贷"产品,实施"险贷联动"。"农业保险+政信贷"产品以农业保险为"黏合剂",基于农业保险APP系统开发"农业保险+"模块,实现参保农户相关信息在银行、担保等金融服务机构之间的共享共通。安徽省"农业保险+政信贷"模式具有"见保即贷、见保增贷"双重成效。具体而言,一旦农业经营主体具有贷款需求,可以凭借其参加政策性农业保险的资质向银行提出贷款申请,银行会根据其参保状况进行放贷,从而获得"政信贷"纯信用授信。在此过程中,如果农业生产经营者已经具有授信资质,那么农业保险保单可以增加银行对其的授信额度。并且,在上述"见保即贷、见保增贷"的过程中,参保的农业经营主体贷款可享受最高50%贴息。此外,对于放贷金融机构而言,政府会对其提供"政信贷"风险补偿资金池支持。截至2023年7月,"农业保险+政信贷"已为760户农业经营主体授信13.7亿元[①]。

[①] 数据来源:安徽省财政厅官网。https://czt.ah.gov.cn/czdt/sxcz/148554081.html。

（2）江西"农保贷"全线上无抵押信贷模式。为深入挖掘农业保险保单的增信融资功能，2022年7月20日，江西省财政厅、原中国银行保险监督管理委员会、江西监管局联合印发《开展江西省"农保贷"业务指导意见（试行）》的通知，要求地方各财政、金融相关机构贯彻中央经济工作会议精神，创新推广"农保贷"业务。2023年10月，全国首个线上"农保贷"业务平台在江西省普惠金融综合服务平台上线。该业务平台运行模式如下：第一，平台由江西省财政厅搭建，并对接银行系统和担保系统，线上合作共享应用政策性农业保险数据、涉农补贴数据，实现多维度数据交叉核验，最大限度确保贷款主体是真农户、真经营、真贷款。第二，贷款农户线上申请、银行线上审批，但贷款农户需满足的条件包括：贷款人拥有农业政策性保险保单；借款人和拟增信融资的农业保险被保险人须为同一主体；同一保单在同一贷款周期内只能增信融资一次；获取的贷款资金必须投入农业生产经营使用等。截至2024年1月15日，参与的四家银行机构（中国建设银行、农村商业银行、九江银行和江西银行）已推出了"农保贷—裕农快贷""农保贷—百福·惠农易贷""农保贷—乡村能人贷"以及"农保贷和农保贷—企业"等多种形式的"农保贷"产品，累计授信金额已达2.03亿元，接收到1135笔贷款申请，服务客户数1090个，累计发放金额1.59亿元[①]。

2. 农业保险破解农业信贷面临难题实践的经验启示

安徽省"农业保险+政信贷"模式和江西省"农保贷"模式为农业保险与农业信贷联结缓解农业信贷约束及提升农业信贷成效提供了一定借鉴，具体经验启示包括：其一，农业保险支持农业信贷增量提效的制度保障是财政双向补贴，中央及各级政府出台补贴政策文件，指导财政资金不仅对农业保险保费进行补贴，而且对农林牧渔业贷款进行利息补贴，并为信贷机构提供风险补偿资金。其二，农业保险与农业信贷联动的前提条件是申请贷款的农业经营主体参加农业保险，并且农业保险标的物需与农业信贷资金使用范围具有相关性或一致性，从而使得农业信贷资金在使用中遇到

---

① 数据来源：江西省普惠金融综合服务平台。https://www.jxfinser.com/policy-product/ag-insurance-loan.

的风险能够被农业保险转移或补偿。其三,农业保险与农业信贷联动的技术保障是数字化信息共享平台建设。政府部门结合大数据应用技术的开发,牵头建立规范的、集约型的数据共享机制和平台,以农业保险数据为核心,联合其他涉农关键数据,对接保险公司、银行及担保系统,深入挖掘数据要素在提升农业保险与农业信贷联结中的潜力。

(二) 农业保险发展水平与农业信贷规模及效率的相关性分析

基于上述典型案例可以看出,农业保险在缓解农业信贷总量不足、成效不显著等问题中发挥着重要作用。为初步验证农业保险发展水平对农业信贷规模及效率的影响,本书基于灰色关联理论分析农业保险发展水平对农业信贷规模及效率的相关性。灰色关联对参数相关的测度依据关联度形式,判断相关关系的密切性的标准是系统中序列的几何相似度(邓聚龙,2005)。相较于Pearson相关系数,灰色关联分析对样本容量和分布规律没有特定要求,并且易于不同比较序列与参考序列相关性的比较(马苗等,2011)。诸多学者也正是基于灰色关联分析的上述优点,在对变量进行因果分析之前,均采用了灰色关联分析方法对变量的相关情况进行探析。比如,徐胜等(2018)在实证检验绿色信贷对产业结构升级的影响之前,利用灰色关联分析法分析了绿色信贷的发展与产业结构升级的相关性。胡慧芳等(2022)在利用面板回归模型分析财税政策对企业研发的影响之前,同样采用了灰色关联分析法从研发投入和研发绩效两个角度对财税政策与企业研发的相关性进行了测算。

1. 农业保险发展水平与农业信贷规模及效率的灰色关联度测算步骤

本部分基于本章第一节和第二节所测算的 2012—2021 年农业保险发展水平、农业信贷规模及农业信贷效率等数据信息,采用灰色关联分析法测度三者间的相关度[①]。具体步骤为:其一,设定参考序列 $A_0 = \{A_0(1), A_0(2), \cdots, A_0(n)\}$ 和比较序列 $A_i = \{A_i(1), A_i(2), \cdots, A_i(n)\}$。其中,$n = 1$,

---

① 需要说明的是,考虑到后文在农业保险发展水平对农业信贷规模影响的回归分析,为了减少异方差对估计结果的影响,本书采用了农业信贷规模的对数作为模型的被解释变量。因此,为保持前后选用数据的一致性,在灰色关联分析中,本书仍采用了农业信贷规模的对数形式,农业保险发展水平和农业信贷效率并未做相应处理。

$2,\cdots,k; i=1,2,\cdots,m$。本书在分别比较农业保险与农业信贷规模及效率关联度大小时,选择农业保险发展水平作为参考序列,以农业信贷规模及农业信贷效率为比较序列[①]。其二,对数据进行无量纲化处理。本书采用了均值化处理:$B_i(n)=A_i(n)/\overline{A_i}$。其中,$\overline{A_i}$为$A_i(n)$的均值,$i=0,1,2,\cdots,m$。其三,计算差值序列,并得到两极最小差和两极最大差。差值序列表示为:$D_i(n)=|B_i(n)-B_0(n)|$,$i=1,2,\cdots,m$。两极最小差为:$D_{i(\min)}=\min[D_i(n)]$;两极最大差为:$D_{i(\max)}=\max[D_i(n)]$。其四,测算关联系数和关联度。各关联系数表示为:$r[B_0(n),B_i(n)]=[D_{i(\min)}+\omega D_{i(\max)}]/[D_i(n)+\omega D_{i(\max)}]$,其中,$\omega$为分辨系数,本书取$\omega=0.5$,以便使关联度具有最大信息分辨率(邓聚龙,2005)。关联度为:$\gamma_{0i}=\frac{1}{k}\sum_{n=1}^{k}r[B_0(n),B_i(n)]$。

2. 农业保险发展水平与农业信贷规模及效率的灰色关联度测算结果分析

选择不同维度农业保险发展水平作为参考序列,以农业信贷规模及农业信贷效率为比较序列,测度比较分析不同维度农业保险发展水平分别与农业信贷规模及效率关联度大小,测度结果如表3-7所示。据表3-7可知:

其一,整体而言,农业保险与农业信贷规模及农业信贷效率相关性较强。具体而言,在以农业保险发展水平作为参考序列测度的灰色关联度数值均位于0.7—0.9,意味着不同维度农业保险发展水平与农业信贷规模及农业信贷效率具有较高的相关性。

其二,农业保险与农业信贷规模的相关性整体上高于农业保险与农业信贷效率的相关性,但也存在区域差异。具体而言,在全国层面,不同维度农业保险发展水平与农业信贷规模的灰色关联度均大于与农业信贷效率的灰色关联度。然而,在经济区域层面,上述现象仅存在于东部、中部及东北部地区,在西部地区则表现为不同维度农业保险发展水平与农业信贷

[①] 本书进一步分别以农业信贷规模及效率作为参考序列,以不同维度农业保险发展水平作为比较序列,测得的不同农业保险发展维度间与农业信贷规模及效率相关性结果,与以农业信贷规模及效率作为参考序列测得的结果一致,详见附录。

表3-7 灰色关联度测算结果——以不同维度农业保险发展水平为参考序列

区域		比较序 参考序	农业信贷规模 (γ_{01})	农业信贷效率 (γ_{02})	灰色关联序
全国		农业保险发展总水平	0.8024	0.7659	$\gamma_{01} > \gamma_{02}$
		保费收入维度	0.8371	0.8038	$\gamma_{01} > \gamma_{02}$
		赔付支出维度	0.8098	0.7720	$\gamma_{01} > \gamma_{02}$
经济区域	东部	农业保险发展总水平	0.8060	0.7174	$\gamma_{01} > \gamma_{02}$
		保费收入维度	0.8425	0.7646	$\gamma_{01} > \gamma_{02}$
		赔付支出维度	0.8113	0.7276	$\gamma_{01} > \gamma_{02}$
	中部及东北部	农业保险发展总水平	0.8241	0.7812	$\gamma_{01} > \gamma_{02}$
		保费收入维度	0.8554	0.8156	$\gamma_{01} > \gamma_{02}$
		赔付支出维度	0.8308	0.7913	$\gamma_{01} > \gamma_{02}$
	西部	农业保险发展总水平	0.7832	0.7947	$\gamma_{01} < \gamma_{02}$
		保费收入维度	0.8188	0.8277	$\gamma_{01} < \gamma_{02}$
		赔付支出维度	0.7928	0.7944	$\gamma_{01} < \gamma_{02}$
粮食产区	粮食主产区	农业保险发展总水平	0.8218	0.7806	$\gamma_{01} > \gamma_{02}$
		保费收入维度	0.8550	0.8137	$\gamma_{01} > \gamma_{02}$
		赔付支出维度	0.8269	0.7848	$\gamma_{01} > \gamma_{02}$
	粮食主销区	农业保险发展总水平	0.7952	0.7042	$\gamma_{01} > \gamma_{02}$
		保费收入维度	0.8297	0.7481	$\gamma_{01} > \gamma_{02}$
		赔付支出维度	0.8052	0.7211	$\gamma_{01} > \gamma_{02}$
	产销平衡区	农业保险发展总水平	0.7842	0.7876	$\gamma_{01} < \gamma_{02}$
		保费收入维度	0.8205	0.8277	$\gamma_{01} < \gamma_{02}$
		赔付支出维度	0.7926	0.7892	$\gamma_{01} < \gamma_{02}$

效率的灰色关联度均大于与农业信贷规模的灰色关联度。同样,上述现象在粮食产区层面也出现了差异,在粮食主产区和粮食主销区,不同维度农业保险发展水平与农业信贷规模的灰色关联度均大于与农业信贷效率的灰色关联度,而在产销平衡区则出现了不同维度农业保险发展水平与农业信贷规模的灰色关联度整体小于与农业信贷效率的灰色关联度。

其三,农业保险与农业信贷规模的相关度在中部及东北部地区、粮食主产区内最高,农业保险与农业信贷效率的相关度在西部地区及产销平衡区内最高。具体而言,无论是农业保险发展总水平,还是保费收入维度与赔付支出维度的农业保险发展水平，其与农业信贷规模的灰色关联度在中部及东北部地区的数值分别为 0.8241、0.8554 及 0.8308，均高于全国平均、东部及西部的灰色关联度数值。在粮食主产区的灰色关联度数值分别为 0.8218、0.8550 及 0.8269，同样高于粮食主销区及产销平衡区数值。另外，三个维度的农业保险发展水平与农业信贷效率的灰色关联度在西部地区的数值依次为 0.7947、0.8277、0.7944，在产销平衡区的数值分别为 0.7876、0.8277、0.7892，均相应高于全国平均、东部地区、中部及东北部地区、粮食主产区及粮食主销区的灰色关联度数值。

综上分析可知，农业保险与农业信贷规模及农业信贷效率具有较高的相关性，并且农业保险与农业信贷规模的相关性要高于其与农业信贷效率的相关性。在不同维度农业保险发展水平中，保费收入维度农业保险发展水平与农业信贷规模及效率的相关性要高于其他维度。另外，农业保险与农业信贷规模及农业信贷效率的相关性具有区域差异性，比如农业保险与农业信贷规模的相关度在中部及东北部地区、粮食主产区内最高，农业保险与农业信贷效率的相关度在西部地区及产销平衡区内最高。这不仅一定程度上初步验证了提高农业保险发展水平可以作为缓解农业信贷面临问题的一项重要路径，也为后文对农业保险与农业信贷规模及效率进行较为严谨的因果分析提供了基础。

第四节　本章小结

本章基于经验数据，在利用熵值法及数据包络法分别测算 2012—2021 年我国省级政策性农业保险发展水平、农业信贷规模及效率的基础上，借助 Excel、Stata、Python 等软件通过图表等展示方式对三者的时空演变特征进行多维度刻画，并利用典型案例和相关分析阐释了农业保险与农业信贷规模及效率的联系。得到的主要研究结论如下：

其一，在政策性农业保险发展水平的特征事实层面。依据全面性、代表性、可操作性的原则，本章从保费收入和赔付支出两个维度构建了政策性农业保险发展水平评价指标体系，并利用熵值法测算了我国各地区政策性农业保险发展水平。通过对政策性农业保险发展水平的演化特征进行刻画可知：一是无论是从省域、经济地区，还是从粮食产区来看，我国政策性农业保险发展水平整体呈现不断上升的趋势；二是分省域来看，我国政策性农业保险发展水平并不与其经济发达程度呈现正相关关系；三是分经济区域来看，东北部地区的政策性农业保险发展水平最高，西部地区、东部地区紧跟其后，政策性农业保险发展水平最低的区域是中部地区；四是分粮食产区来看，粮食主产区、产销平衡区及粮食主销区的政策性农业保险发展水平在样本考察期内呈现交错发展态势。

其二，在农业信贷规模及效率的特征事实层面。基于贷款活动与农业保险保障目标一致原则，本章将农业信贷界定为农林牧渔贷款，并以农林牧渔贷款余额测度农业信贷规模，在此基础上，进一步利用 SE – SBM 测算农业信贷效率。通过对农业信贷规模及效率的演化特征进行刻画可知：一是我国农业信贷规模总体保持了稳定上升趋势，但湖北、湖南、四川、山东、安徽、河北等粮食主产区域省份的农业信贷规模相对较低。进一步的核密度分析表明，全国整体和分经济区域、分粮食产区的农业信贷规模核密度图在样本考察期内基本上呈现了中心轴向右移动趋势，且表现出扁平化趋势，表明我国农业信贷规模无论是整体还是分地区层面均呈现了明显增加态势，但是地区间的差异却不断变大。二是我国农业信贷效率在样本考察期内处于整体上升趋势，但也存在云南、陕西等省份的农业信贷效率出现了不同程度下降。另外，我国农业信贷效率较高的省份主要集中在中东部区域。农业信贷效率的核密度图整体趋势与农业信贷规模基本类似，表现出中心轴整体向右缓慢移动，且分布图的延展性不断扩大，表明我国农业信贷效率总体处于增加态势，但是地区间的差距却有扩大的趋势。

其三，在我国农业信贷市场存在的问题及破解的保险路径层面。一是对于我国农业信贷市场存在的问题进行分析发现，我国农业信贷资金缺口呈现日益扩大态势，并且农业信贷资金与农业经济发展及农户农业收入的协调度不高。二是安徽省"农业保险 + 政信贷"模式和江西"农保贷"模式为农业保险与农业信贷联结缓解农业信贷约束及提升农业信贷成效提供了一定借鉴,进一步基于灰色关联理论分析农业保险发展水平对农业信贷规模及效率的相关性,结果显示,农业保险与农业信贷规模及农业信贷效率均具有较高的相关性,这一结论在不同维度农业保险发展水平也成立。另外,农业保险与农业信贷规模及农业信贷效率的相关性具有区域差异性:农业保险与农业信贷规模的相关度在中部及东北部地区、粮食主产区内最高,农业保险与农业信贷效率的相关度在西部地区及产销平衡区内最高。

第四章 政策性农业保险影响农业信贷规模及效率的理论分析

本章旨在从理论分析层面,厘清政策性农业保险对农业信贷规模及效率的影响机制。为此,本章主要从以下两个层面展开分析:一是在对家庭生产部门和金融信贷部门行为决策进行设定的基础上,通过比较有无农业保险情况下农业信贷规模变化,分析政策性农业保险对农业信贷规模的影响如何。在此基础上,进一步从农业风险管理、农业稳收增收层面分析政策性农业保险影响农业信贷规模的具体机制。二是结合新古典经济增长模型,分别构建无风险冲击下仅包含农业信贷的基准模型、风险冲击下仅包含农业信贷的风险模型和风险冲击下同时包含农业信贷与农业保险的保险模型,进一步比较上述三种情形下农业信贷产出成效状况,以明晰政策性农业保险对农业信贷效率的影响成效。并在此基础上,进一步从农业风险管理、农业经营技术和农业规模化经营分析政策性农业保险影响农业信贷效率的作用机制。

第一节 政策性农业保险影响农业信贷规模的理论分析

在信贷市场,为了提升信贷合约的可执行性,信贷机构一般会在合约中加入利率这一价格机制及抵押、质押等非价格机制,使信贷市场达到均衡并得以出清（Jaffee 和 Stiglitz，1990）。然而，农村金融市场内的借款者往往是收入水平相对较低且缺乏抵押品的农业经营者，过高的利率设定及抵押品要求会将具有较高偿付能力的借款者排斥在外，不利于农村金融市场健康发展。近年来，社会资本、小组联保和声誉等具有抵押品替代功能的因素逐渐进入研究者视野，但任乐等（2017）认为，上述因素仅是农户偿还能力的一种信号，并不能有效降低农业经营风险。而农户的还款能力归根需要提升农业生产的稳定性及提高农业经营收入。农业保险具有稳定及提升农业经营收入的功能，能够成为兼具传递及提升农户还款能力的有益尝试，可以部分替代抵押物（Binswanger，1986；刘祚祥等，2010；刘祚祥和黄权国，2012）。基于此，本部分借鉴 Stiglitz 和 Weiss（1981）、刘祚祥和黄权国（2012）及 Ifft 等（2023）的研究思路，尝试构建农业保险与农业信贷规模的理论模型，对农业保险对农业信贷规模的作用机制进行理论分析。

一、理论模型构建

为了便于分析政策性农业保险对农业信贷规模的影响，本书假设经济运行仅包含家庭生产部门和金融信贷部门，且两个部门的借贷关系仅发生一次，不存在时间上的延续性。具体模型设定如下：

（一）家庭生产部门的理论模型设定

（1）农户类型假设：本书所研究的家庭生产部门主要指的是从事农业生产经营活动的农户家庭。农户的产出水平具有高与低的差别，分别表示为 $\{H, L\}$，并且农户的产出水平为 H 的概率为 $\theta_H \in (0,1)$，本书称该农户为"H 类型农户"，产出水平为 L 的概率为 θ_L，称该农户为"L 类型农户"。θ_H、θ_L 满足条件 $\theta_H + \theta_L = 1$。农户的产出水平类型反映了农户未来的经营收入能力，一定程度上也体现了农户风险特征，低产出农户一般会面临自然灾害的概率较大、风险管理水平较低等。与此相反，产出水平高的农户则面临的生产经营风险相对较小。

（2）不同类型农户农业经营收入假设：H 类型农户在农业经营周期结

束时所能得到的农业收入为R_H，R_H取值为r_H的概率为$p \in (0,1)$，$1-p$的概率取值为$r_H + \Delta$，$\Delta > 0$。同样地，L类型农户在农业经营周期结束时所能得到的农业收入为R_L，R_L有$p \in (0,1)$的概率取值为r_L，有$1-p$的概率取值为$r_L + \Delta$，$\Delta > 0$。H、L两类型农户的收入存在如下关系：$0 < r_L < r_H < r_L + \Delta$。在此条件下，可知H类型农户的期望收入要大于L类型农户的收入。

（3）农户借贷行为假设：依据刘祚祥和黄权国（2012）对农业经营活动资金来源的假定，本书假设农户所需农业生产资金K主要来源于金融信贷部门借款，贷款利率为τ，$\tau > 0$，贷款方式为到期一次还本付息，需要还款的额度为：$K(1+\tau)$。另外，假设农户不存在故意违约情况，这意味着当农户期末的农业经营收入足以还本付息时，即$R_i \geq K(1+\tau)$，其中，$i = H, L$，农户则按时还本付息给信贷机构。如果$R_i < K(1+\tau)$，农户将所得全部收入R_i归还信贷机构。

（4）农户购买农业保险行为假设：农户在生产经营过程中可以选择购买农业保险，支付保费为C，$C > 0$。保险金额或保障收入为M。为便于分析，本书将以农业收入保险产品探究农业保险的具体赔付方式①。具体而言，当农户农业经营收入小于保障收入时，即$R_i < M$时，保险公司将赔付农户$M - R_i$。考虑到道德风险发生的可能性，保险金额一般不超过保险标的的保险价值。为此，本书设定M的上限为$r_L + \Delta$。另外，为体现农业保险的损失补偿功能，本书将M的下限设定为r_L。据此可知，M的范围为：$M \in [r_L, r_L + \Delta)$。

（二）金融信贷部门的理论模型设定

（1）银行类型假定：本书所研究的金融信贷部门主要指的是能够为农业生产经营提供贷款的银行②。本书假设农村金融市场存在两种类型向农业生产经营提供贷款的银行，一类是具有完全信息的银行（S类型），这类银行能够通过与借款者的关系等"软信息（Soft Information）"及信用等

---

① 在国外，收入保险已成为农业保险主要产品类型。我国于2018年在4个产粮大县开展收入保险试点，2021年将试点范围扩展至全国所有产粮大县。因此，本书选取收入保险为例符合我国农业保险发展现状。

② 在实践中具体包括中国农业发展银行、邮政储蓄银行、农村信用合作社、农村商业银行等。

级、财务报表等"硬信息(Hard Information)"有效识别申请贷款的农户是"H类型"还是"L类型";① 另一类是具有不完全信息的银行(AS类型),这类银行由于缺乏获得"软信息"及"硬信息"途径而不能有效识别农户类型。显然,具有不完全信息的银行(AS类型)更符合实际,因为农村金融市场是一个信息不完全的市场,而完全信息情景仅处于比较理想的状态。但是,为了对比分析的需要,有必要以完全信息情境下银行放贷行为作为基准进行比较,以明确不完全信息类型银行放贷行为与理想情况下的差异。

(2)银行放贷行为假定:首先,本书假设银行放款给贷款申请农户额度为K,相应的贷款利率为τ。其次,银行放贷行为取决于其期望收回的贷款额度至少不小于放款额度K。S类型银行面临未参保农户和参保农户申请贷款的放款行为需满足如下条件②:

对于未参保农户而言:

$$\mathbb{E}\min\{R_i, K(1+\tau)\} \geq K \tag{4-1}$$

对于参保农户而言:

$$\mathbb{E}\min\{(R_i \cup M) - C, K(1+\tau)\} \geq K \tag{4-2}$$

AS类型银行面临未参保农户和参保农户申请贷款的放款行为需满足如下条件:

对于未参保农户而言:

$$\theta_L \mathbb{E}\min\{R_L, K(1+\tau)\} + \theta_H \mathbb{E}\min\{R_H, K(1+\tau)\} \geq K \tag{4-3}$$

对于参保农户而言:

$$\theta_L \mathbb{E}\min\{(R_L \cup M) - C, K(1+\tau)\} + \theta_H \mathbb{E}\min\{(R_H \cup M) - C, K(1+\tau)\} \geq K \tag{4-4}$$

---

① 实践中,农业农村部组织开展的新型农业经营主体信贷直通车活动搜集了申请贷款主体经营状况基本信息,有效提升了借贷双方间的信息透明度。但随着数字化程度提升,完全信息依旧是银行的理想状态。

② 需要说明的是,在本章所列公式中,$\mathbb{E}$为期望因子,$\cup$可理解为"并""或"的含义。

二、模型求解与分析

(一) 基于有无农业保险情况下农业信贷规模的对比分析

1. 银行放贷额度最大化方程构建

基于前文模型假设条件,本书进一步分析在式 (4-1)、式 (4-2)、式 (4-3)、式 (4-4) 约束下,不同类型银行分别在面临未参保农户与参保农户申请贷款时,所愿意放贷的最大规模,进而比较在有无农业保险情况下银行农业贷款规模的差异。具体而言:

S 类型银行对于未参保农户愿意放贷的最高额度为:

$$K_i^{S0} = \max K$$
$$\text{s. t. } \mathbb{E}\min\{R_i, K(1+\tau)\} \geqslant K \quad (4-5)$$

其中,$i = H, L$。因此,S 类型银行对于未参保农户愿意放贷的最高期望额度为:$K^{S0} = \theta_L K_L^{S0} + \theta_H K_H^{S0}$。

S 类型银行对于参保农户愿意放贷的最高额度为:

$$K_i^{S1} = \max K$$
$$\text{s. t. } \mathbb{E}\min\{(R_i \cup M) - C, K(1+\tau)\} \geqslant K \quad (4-6)$$

其中,$i = H, L$。因此,S 类型银行对于参保农户愿意放贷的最高期望额度为:$K^{S1} = \theta_L K_L^{S1} + \theta_H K_H^{S1}$。

AS 类型银行对于未参保农户愿意放贷的最高期望额度为:

$$K^{AS0} = \max K$$
$$\text{s. t. } \theta_L \mathbb{E}\min\{R_L, K(1+\tau)\} + \theta_H \mathbb{E}\min\{R_H, K(1+\tau)\} \geqslant K \quad (4-7)$$

AS 类型银行对于参保农户愿意放贷的最高期望额度为:

$$K^{AS1} = \max K$$
$$\text{s. t. } \theta_L \mathbb{E}\min\{(R_L \cup M) - C, K(1+\tau)\} + \theta_H \mathbb{E}\min\{(R_H \cup M) - C, K(1+\tau)\} \geqslant K$$
$$(4-8)$$

2. 银行放贷额度最大化方程求解与分析

通过求解方程 (4-5),可以得到 S 类型银行在面临未参保农户贷款申请时所期望发放的最高贷款规模 K^{S0}:

$$\begin{cases} K_L^{S0} = (1-p)r_L + pK_L^{S0}(1+\tau) \\ K_L^{S0} = \dfrac{(1-p)r_L}{1-p(1+\tau)} \end{cases} \quad (4-9)$$

$$\begin{cases} K_H^{S0} = (1-p)r_H + pK_H^{S0}(1+\tau) \\ K_H^{S0} = \dfrac{(1-p)r_H}{1-p(1+\tau)} \end{cases} \quad (4-10)$$

据此可以得到：

$$K^{S0} = \theta_L K_L^{S0} + \theta_H K_H^{S0} = \dfrac{(1-p)(\theta_L r_L + \theta_H r_H)}{1-p(1+\tau)} \quad (4-11)$$

通过求解方程（4-6），可以得到 S 类型银行在面临参保农户贷款申请时所期望发放的最高贷款规模 K^{S1}：

$$\begin{cases} K_L^{S1} = (1-p)(M-C) + pK_L^{S1}(1+\tau) \\ K_L^{S1} = \dfrac{(1-p)(M-C)}{1-p(1+\tau)} \end{cases} \quad (4-12)$$

$$\begin{cases} K_H^{S1} = (1-p)[(r_H \cup M) - C] + pK_H^{S1}(1+\tau) \\ K_H^{S1} = \dfrac{(1-p)[(r_H \cup M) - C]}{1-p(1+\tau)} \end{cases} \quad (4-13)$$

据此可以得到：

$$K^{S1} = \theta_L K_L^{S1} + \theta_H K_H^{S1} = \dfrac{(1-p)\{\theta_L(M-C) + \theta_H[(r_H \cup M) - C]\}}{1-p(1+\tau)}$$

$$(4-14)$$

基于式（4-11）和式（4-14），可以进一步得到：

$$K^{S1} - K^{S0} = \dfrac{(1-p)\{\theta_L(M-r_L-C) + \theta_H[(r_H \cup M) - r_H - C]\}}{1-p(1+\tau)}$$

$$(4-15)$$

由此可知，由于 r_L、r_H 为固定常数，当农业保险保费较小，且保险金额较大的情况下，会使得 $M - r_L - C > 0$，并且 $(r_H \cup M) - r_H - C > 0$，进而得到 $K^{S1} - K^{S0} > 0$。这意味着参加农业保险能够提升完全信息银行（S 类型）愿意发放的最大贷款额度。

AS 类型银行所愿意发放的最大贷款额度需要求解方程（4-7）、方程

(4-8) 得到。并且在求解过程中需要分两种情况进行分别讨论。具体而言，AS 类型银行面临未参保农户所愿意发放的最大贷款额度的求解分如下两种情况：

其一，当 $K^{AS0}(1+\tau) \geqslant r_H - C$ 时，求解方程（4-7）可以得到：

$$K^{AS0} = \theta_L[(1-p)r_L + pK^{AS0}(1+\tau)] + \theta_H[(1-p)r_H + pK^{AS0}(1+\tau)] \tag{4-16}$$

进一步可以得到：

$$K^{AS0} = \frac{(1-p)(\theta_L r_L + \theta_H r_H)}{1-p(1+\tau)} \tag{4-17}$$

此时，M 需满足的条件是：$M \geqslant \dfrac{(r_H - C) \times \left[\dfrac{1-p(1+\tau)}{(1-p)(1+\tau)} - \theta_H\right]}{\theta_L}$。

其二，当 $K^{AS0}(1+\tau) < r_H - C$ 时，求解方程（4-7）可以得到：

$$K^{AS0} = \theta_L[(1-p)r_L + pK^{AS0}(1+\tau)] + \theta_H pK^{AS0}(1+\tau) \tag{4-18}$$

进一步得到：

$$K^{AS0} = \frac{\theta_L(1-p)r_L}{1 - \theta_L p(1+\tau) - \theta_H(1+\tau)} \tag{4-19}$$

同样地，AS 类型银行面临参保农户所愿意发放的最大贷款额度的求解仍需分如下两种情况进行讨论：

其一，当 $K^{AS1}(1+\tau) \geqslant r_H - C$ 时，求解方程（4-8）可以得到：

$$K^{AS1} = \theta_L[(1-p)(M-C) + pK^{AS1}(1+\tau)] + \theta_H\{(1-p)[(r_H \cup M) - C] + pK^{AS1}(1+\tau)\} \tag{4-20}$$

进一步可以得到：

$$K^{AS1} = \frac{(1-p)\{\theta_L(M-C) + \theta_H[(r_H \cup M) - C]\}}{1-p(1+\tau)} \tag{4-21}$$

其二，当 $K^{AS}(1+\tau) < r_H - C$ 时，求解方程（4-8）可以得到：

$$K^{AS1} = \theta_L[(1-p)(M-C) + pK^{AS1}(1+\tau)] + \theta_H pK^{AS1}(1+\tau) \tag{4-22}$$

进一步得到：

$$K^{AS1} = \frac{\theta_L(1-p)(M-C)}{1 - \theta_L p(1+\tau) - \theta_H(1+\tau)} \tag{4-23}$$

当 $\dfrac{(r_H - C) \times \left[\dfrac{1-p(1+\tau)}{(1-p)(1+\tau)} - \theta_H\right]}{\theta_L} \leqslant M < r_L + \Delta$ 时，基于式（4-17）、式（4-21）可得：

$$K^{AS1} - K^{AS0} = \dfrac{(1-p)\{\theta_L(M - r_L - C) + \theta_H[(r_H \cup M) - r_H - C]\}}{1 - p(1+\tau)}$$

(4-24)

当 $r_L \leqslant M < \dfrac{(r_H - C) \times \left[\dfrac{1-p(1+\tau)}{(1-p)(1+\tau)} - \theta_H\right]}{\theta_L}$ 时，基于式（4-19）、式（4-23）可得：

$$K^{AS1} - K^{AS0} = \dfrac{(1-p)\theta_L(M - r_L - C)}{1 - p(1+\tau)} \quad (4-25)$$

与完全信息类型银行分析结果类似，由式（4-24）、式（4-25）可知，当保险金额较大且保费较小的情况下，会使得 $K^{AS1} - K^{AS0} > 0$。这意味着参加农业保险也能够提升不完全信息银行（AS 类型）愿意发放的最大贷款额度。

通过上述分析可以发现，在一定条件下，无论对于完全信息的银行（S 类型）还是不完全信息的银行（AS 类型）来说，农户的参保行为能够提升银行最高期望贷款额度。

（二）基于农户参保情况下不同银行类型贷款规模的对比分析

基于前文分析可知，当 $\dfrac{(r_H - C) \times \left[\dfrac{1-p(1+\tau)}{(1-p)(1+\tau)} - \theta_H\right]}{\theta_L} \leqslant M < r_L + \Delta$ 时，$K^{AS1} = K^{S1} = \dfrac{(1-p)\{\theta_L(M - C) + \theta_H[(r_H \cup M) - C]\}}{1 - p(1+\tau)}$，也即当农业保险保额较高时，S 类型及 AS 类型银行发放参保农户的最高贷款额度并无差别。

当 $r_L \leqslant M < \dfrac{(r_H - C) \times \left[\dfrac{1-p(1+\tau)}{(1-p)(1+\tau)} - \theta_H\right]}{\theta_L}$ 时，由于：

$$\frac{dK^{S1}}{dM} - \frac{dK^{AS1}}{dM} = \frac{\theta_L(1-p)}{1-p(1+\tau)} - \frac{\theta_L(1-p)}{1-\theta_L p(1+\tau) - \theta_H(1+\tau)} < 0 \quad (4-26)$$

也即 $K^{S1} - K^{AS1}$ 在区间 $M \in [r_L, \dfrac{(r_H - C) \times \left[\dfrac{1-p(1+\tau)}{(1-p)(1+\tau)} - \theta_H\right]}{\theta_L})$ 是减函数。由于当 $M = \dfrac{(r_H - C) \times \left[\dfrac{1-p(1+\tau)}{(1-p)(1+\tau)} - \theta_H\right]}{\theta_L}$ 时，$K^{S1} - K^{AS1} = 0$，所以，当 $M \in [r_L, \dfrac{(r_H - C) \times \left[\dfrac{1-p(1+\tau)}{(1-p)(1+\tau)} - \theta_H\right]}{\theta_L})$ 时，$K^{S1} - K^{AS1} > 0$。

通过上述分析可知：①当 $M \in [r_L, r_L + \Delta)$ 时，$\dfrac{dK^{S1}}{dM} > 0$，$\dfrac{dK^{AS1}}{dM} > 0$。这意味着无论对于信息完全抑或信息不完全的银行而言，农业保险保额的提升能够有效增加银行的农业信贷规模。②当 $M \in [r_L, r_L + \Delta)$ 时，$K^{S1} \geq K^{AS1}$，即在农户参保的情况下，信息不完全的银行给农户农业生产经营的放款额度始终会小于信息完全的银行。这意味着信息透明度在提升农业信贷规模的重要性，但是信息不对称在农村金融市场中却普遍存在，一定程度上限制了农业信贷规模最大化。③当 $M \in [r_L, r_L + \Delta)$ 时，$K^{S1} - K^{AS1}$ 的差值逐渐缩小，但是当农业保险保额处于相对较高的情况下（$M \in [\dfrac{(r_H - C) \times \left[\dfrac{1-p(1+\tau)}{(1-p)(1+\tau)} - \theta_H\right]}{\theta_L}, r_L + \Delta]$），$K^{S1} = K^{AS1}$，这意味着信息完全的银行所掌握的信息优势就会消失，一定程度上说明了提升农业保险保额有助于缓解银行与农户之间的信息不对称程度。

三、理论机制分析

前文分析了政策性农业保险与农业信贷规模之间的关系，但是并未给出政策性农业保险通过何种路径来影响农业信贷规模。为此，本部分在前文分析的基础上，尝试找出政策性农业保险影响农业信贷规模的具体作用机制。

(一) 农业风险管理的作用机制分析①

据上述分析可知,S 类型和 AS 类型银行对于未参保农户愿意放贷的最高期望额度 K^{SO} 和 K^{ASO} 会受到农户产出水平(H 或 L)的影响。考虑到农户为"H 类型"或"L 类型"的概率分别为 θ_H、θ_L,且 $\theta_H + \theta_L = 1$。进一步对 K^{SO} 和 K^{ASO} 分别对 θ_L 求偏导可得:

$$\frac{\partial K^{SO}}{\partial \theta_L} = \frac{(1-p)(r_L - r_H)}{1 - p(1+\tau)} < 0 \quad (4-27)$$

$$\frac{\partial K^{ASO}}{\partial \theta_L} = -\frac{\tau(1-p)r_L}{[1 - \theta_L p(1+\tau) - \theta_H(1+\tau)]^2} < 0 \quad (4-28)$$

据式(4-27)和式(4-28)可知,随着 θ_L 不断增大,银行对农户的放贷规模不断缩小。这也意味着,无论是对于掌握完全信息或掌握部分信息的银行来说,其信贷规模会随着农户为"H 类型"概率的升高而扩大。

由于本书界定的农户产出水平类型体现了农户风险特征,低产出农户一般会面临自然灾害的概率较大、风险管理水平较低等。而政策性农业保险在实践经营过程中,不仅注重事后损失补偿,还注重风险减量管理,不断加大农业防灾减损工作的重视程度和资源投入力度,不断提升自身损失补偿及风险管理能力,降低参保农户风险冲击损失,提升农户为高产出水平类型的概率,进而提升银行放贷的期望额度。

(二) 政策性农业保险稳收增收的作用机制分析

前文的银行放贷额度最大化方程隐含了农业经营收入是农户还款资金的主要来源,农业经营收入状况会直接影响银行愿意放贷的规模。该思想在诸多文献中也得到体现(任乐等,2017;叶明华和陈康,2022)。因此,本部分主要从农业经营收入的稳定性和增长性两个层面,分析政策性农业保险影响农业信贷规模的作用机制。一方面,政策性农业保险的损失补偿职能能够对农业经营中因产量或价格下跌所致收入损失进行补偿,进而实

---

① 风险管理是人们对风险认识、控制和处理的主动行为(魏华林和林宝清,2014)。其主要目标是合理处置风险,控制风险损失。农业保险是农业风险管理的重要工具,其有效发挥分散农业风险、补偿风险损失的基本功能是风险管理效能最直接的体现(刘亚洲和钟甫宁,2019)。徐媛媛等(2022)结合现有"保险+期货"模式试点品种,评估了该模式的风险管理效应。

现对不同时期农业收入波动平滑效应。尤其是在农业灾害发生且触发保险赔款的情况下，农业收入波动区间的下限能够得到显著提升，从而使得农业收入从整体上变得平稳（张伟等，2020）。另一方面，农业保险的损失补偿在提升农业收入波动区间下限的同时，也提升了农业收入的整体期望水平。另外，在保费补贴情况下，考虑到精算平衡条件，参保农户自身所交保险费总和远低于其获得赔款的期望值，这一过程也体现了财政资金的转移支付，将对投保农户有直接"增收效应"（庹国柱，2018；刘玮等，2022）。

为清晰说明上述传导机制，本部分基于前文家庭生产部门的模型设定，进一步假设 H 类型农户未受到灾害影响，其农业收入 R_H 为常数。L 类型农户受到了灾害影响，其农业收入 R_L 依旧为常数。并且，$R_L = R_H(1-\alpha)$，α 为灾害损失程度（$0 \leq \alpha \leq 1$）。据此可知，农业收入的范围为 $[0, R_H]$。另外，本书假设农户购买保险的保费支出为：$C = M\rho(1-s)$，ρ 为费率，s 为保费补贴比例（$0 < s < 1$），M 为农业保险保障金额，并且 $M = \beta R_H$，β 为风险保障水平（$0 < \beta < 1$）。

当参保农户面临无灾害或较小灾害损失程度时，也即灾害损失并未触发保险赔付（$\alpha \leq 1-\beta$），参保农户的收入为：

$$R_1^0 = R_H(1-\alpha) - \beta R_H \rho (1-s) \tag{4-29}$$

此时，相较于未参保农户的收入而言，农业收入减少了 $\beta R_H \rho (1-s)$，减少的金额为购买农业保险的保费支出。这也意味着，在无灾害或者灾害损失较小的情况下，农户的农业收入上限会下降，但是由于政府对农业保险保费补贴比例相对较高，农户自身所承担的保费较少，所以农业收入上限下降的幅度并不明显（张伟等，2020）。

当参保农户面临较大的灾害损失程度以至于触发保险赔付时（$\alpha > 1-\beta$），参保农户的收入可表示为：

$$R_1^1 = \beta R_H - \beta R_H \rho (1-s) = \beta R_H (1+\rho s - \rho) \tag{4-30}$$

据式（4-30）可知，相较于未参保农户在最大灾害损失时的收入为 0，参保农户即使在面临灾害最大损失时农业收入也能维持在 $\beta R_H (1+\rho s - \rho)$，由于 $0 < \rho < 1$，所以 $\beta R_H (1+\rho s - \rho) > 0$。这也意味着在有农业保险情况下，农业收入的下限得到提升。

据上述分析可知，在风险灾害损失较小的情况下（$\alpha \leq 1-\beta$），政策性农业保险虽然会由于参与成本（保费支出）降低农业收入上限，但是该下降幅度由于保费补贴存在而不明显。另外，在风险灾害损失较大的情况下（$\alpha > 1-\beta$），政策性农业保险能够有效提升农业收入下限。总之，在农业收入上限略微下降且下限提升的情况下，农业收入的波动区间缩小，意味着政策性农业保险具有稳收效应。另外，农业收入上限略微下降且下限显著提升也意味着期望农业收入水平的上升，说明政策性农业保险具有增收效应。而农业收入稳定增长是农户还贷的基础，有助于农业信贷规模提升。

为更为直观体现政策性农业保险的稳收增收效应，本书借鉴张伟等（2020）的思路对上述机制进行模拟演算。具体而言，本书设定 $R_H = 1000$ 元/亩、$\rho = 3\%$、$s = 80\%$，[①] 另外，考虑到农业保险风险保障水平一般在 40%—80%，因此，本书在参数设定的基础上，基于不同灾害损失程度 α 和风险保障水平 β 模拟测算农业收入状况，结果如表 4-1 所示。据表 4-1 可知，在不同风险灾害损失情况下，与没有农业保险的农业收入状况相比（$\beta = 0$），政策性农业保险能够有效降低农业收入的标准差、提升农业收入的均值。一定程度上也验证了政策性农业保险的稳收增收效应。

表 4-1　　　　政策性农业保险下农业收入模拟测算结果　　　　单位：元/亩

β	α										均值	标准差
	0	10%	20%	30%	40%	50%	60%	70%	80%	90%	100%		
0	1000	900	800	700	600	500	400	300	200	100	0	500.00	331.66
40%	997.60	897.60	797.60	697.60	597.60	497.60	397.60	397.60	397.60	397.60	397.60	588.51	225.63
45%	997.30	897.30	797.30	697.30	597.30	497.30	447.30	447.30	447.30	447.30	447.30	610.94	205.05
50%	997.00	897.00	797.00	697.00	597.00	497.00	497.00	497.00	497.00	497.00	497.00	633.36	185.86
55%	996.70	896.70	796.70	696.70	596.70	546.70	546.70	546.70	546.70	546.70	546.70	660.34	164.46
60%	996.40	896.40	796.40	696.40	596.40	596.40	596.40	596.40	596.40	596.40	596.40	687.31	144.60
65%	996.10	896.10	796.10	696.10	646.10	646.10	646.10	646.10	646.10	646.10	646.10	718.83	123.21
70%	995.80	895.80	795.80	695.80	695.80	695.80	695.80	695.80	695.80	695.80	695.80	750.35	103.57
75%	995.50	895.50	795.50	745.50	745.50	745.50	745.50	745.50	745.50	745.50	745.50	786.41	83.12
80%	995.20	895.20	795.20	795.20	795.20	795.20	795.20	795.20	795.20	795.20	795.20	822.47	64.67

---

① 设定 $R_H = 1000$ 元/亩是为了简化模拟测算的需要，调整该农业收入大小并不影响分析结论。

第二节 政策性农业保险影响农业信贷效率的理论分析

前文从理论层面探析了政策性农业保险对农业信贷规模的影响,而农业信贷规模提升并不意味着信贷资金能够得到有效使用。为进一步分析政策性农业保险对农业信贷效率的影响,本书将在新古典经济增长模型的基础上,参考 Acemoglu(2009)、Gourio(2012)、邵全权和郭梦莹(2020)、赵桂芹等(2023)的研究,分别构建无风险冲击下仅包含农业信贷的基准模型、风险冲击下仅包含农业信贷的风险模型和风险冲击下同时包含农业信贷和农业保险的保险模型,并对比分析不同情形下农业信贷效率状况,以此阐释政策性农业保险对农业信贷效率的影响效果。

一、理论模型构建

(一)无风险冲击下仅包含农业信贷的基准模型

立足新古典经济增长模型的分析框架,假设代表性农户家庭当期消费决定其效用大小,并设定代表性农户家庭的效用函数如下:

$$\max E\left[\sum_{t=0}^{\infty}\beta^t \frac{c_t^{1-\gamma}}{1-\gamma}\right] \quad (4-31)$$

其中,c_t 为第 t 期消费,γ 为相对风险厌恶系数,β 为折现因子。

借鉴巴罗(2010)、邵全权和郭梦莹(2020)的研究思路,进一步设定具有劳动增进型技术进步特点的农业生产函数,公式如下:

$$Y_t = (A_t L_t)^{1-\alpha} K_t^{\alpha} \quad (4-32)$$

其中,Y 为农业产出,A 为全要素生产率,L 为劳动,K 为资本,α 为资本份额。进一步将式(4-32)以人均有效产出形式表示为:

$$y_t = k_t^{\alpha} \quad (4-33)$$

本书进一步假设农户家庭进行生产仍需借贷资金 B。其中，为便于比较分析，本书参考赵桂芹等（2023）、邹静娴等（2023）的研究，假设农业信贷为外生变量，且属于短期贷款，当期借当期归还。农业贷款利率为 r。因此，人均有效产出形式进一步可写为：

$$y_t = (k_t + B_t)^\alpha \tag{4-34}$$

另外，投资和资本折旧共同组成资本积累，人均资本积累满足如下条件：

$$k_{t+1} = i_t + (1-\delta)(k_t + B_t) \tag{4-35}$$

其中，i 为人均投资，δ 为资本折旧率。

基于上述假定，本书利用社会计划者（Social Planner）问题构建无风险冲击下仅包含农业信贷的基准模型，具体表示为：

$$\max E\left[\sum_{t=0}^{\infty} \beta^t \frac{c_t^{1-\gamma}}{1-\gamma}\right]$$

$$\text{s.t.} \begin{cases} y_t = (k_t + B_t)^\alpha \\ c_t + i_t = y_t - B_t(1 + r_t) \\ k_{t+1} = i_t + (1-\delta)(k_t + B_t) \end{cases} \tag{4-36}$$

此时，农户家庭终身效用最大化问题所对应的贝尔曼方程为：

$$V(k_t) = \max_{0 \leq c_t \leq y_t - B_t(1+r_t)+(1-\delta)(k_t+B_t)} \{U(c_t) + \beta E[V(k_{t+1})]\} \tag{4-37}$$

（二）农业风险冲击下仅包含农业信贷的风险模型

在基准模型的基础上，本书借鉴陈国进等（2014）、邵全权等（2017）、邵全权和郭梦莹（2020）的研究，进一步引入农业风险冲击，并且该冲击会影响农业产出和资本积累。在农业风险冲击下，农业生产函数方程为：

$$y_t = (1-p_t)(k_t + B_t)^\alpha + p_t(1-d_t)(k_t+B_t)^\alpha = (1-p_t d_t)(k_t+B_t)^\alpha$$

$$\tag{4-38}$$

其中，p 为农业风险发生概率，d 为农业损失程度。进一步令 $e_t = 1 - p_t d_t$，并将其称为农业风险乘子。

基于上述假定，本书利用社会计划者问题构建农业风险冲击下仅包含农业信贷的风险模型，具体表示为：

$$\max E\Big[\sum_{t=0}^{\infty}\beta^{t}\frac{c_{t}^{1-\gamma}}{1-\gamma}\Big]$$

$$\text{s.t.} \begin{cases} y_{t}=e_{t}(k_{t}+B_{t})^{\alpha} \\ c_{t}+i_{t}=y_{t}-B_{t}(1+r_{t}) \\ k_{t+1}=e_{t}[i_{t}+(1-\delta)(k_{t}+B_{t})] \end{cases} \quad (4-39)$$

此时，农户家庭终身效用最大化问题所对应的贝尔曼方程为：

$$V(k_{t},e_{t})=\max_{0\leq c_{t}\leq y_{t}-B_{t}(1+r_{t})+(1-\delta)(k_{t}+B_{t})}\{U(c_{t})+\beta E[V(k_{t+1},e_{t+1})]\}$$

$$(4-40)$$

（三）农业风险冲击下同时包含农业信贷与农业保险的保险模型

在前文两个模型设定的基础上，本书进一步将农业保险纳入模型，同时设定农业保险的赔付比例为 η（$0<\eta<1$），则农户家庭购买农业保险需要支付的保费为：

$$prem_{t}=(1-s)(1+\xi)p_{t}d_{t}\eta_{t}y_{t} \quad (4-41)$$

其中，s 为各级财政保费补贴比例，ξ 为农业保险附加系数。

在农业风险冲击时，包含农业信贷与农业保险情形下，进一步假定一旦发生农业风险灾害冲击，其导致的损失程度 d 则高于农业保险的免赔率，即只要发生农业风险冲击，就会触发农业保险赔付。因此，在此情境下的农业生产函数方程为：

$$y_{t}=(1-p_{t})(k_{t}+B_{t})^{\alpha}+p_{t}\eta_{t}(k_{t}+B_{t})^{\alpha}=h_{t}(k_{t}+B_{t})^{\alpha} \quad (4-42)$$

其中，$h_{t}=1-p_{t}+p_{t}\eta_{t}$，并将其称为农业保险乘子。

基于上述假定，本书利用社会计划者问题构建农业风险冲击下同时包含农业信贷和农业保险的保险模型，具体表示为：

$$\max E\Big[\sum_{t=0}^{\infty}\beta^{t}\frac{c_{t}^{1-\gamma}}{1-\gamma}\Big]$$

$$\text{s.t.} \begin{cases} y_{t}=h_{t}(k_{t}+B_{t})^{\alpha} \\ c_{t}+i_{t}=y_{t}-B_{t}(1+r_{t})-prem_{t} \\ k_{t+1}=h_{t}[i_{t}+(1-\delta)(k_{t}+B_{t})] \end{cases} \quad (4-43)$$

此时，农户家庭终身效用最大化问题所对应的贝尔曼方程为：

$$V(k_t, h_t) = \max_{0 \leq c_t \leq y_t - B_t(1+r_t) - prem_t + (1-\delta)(k_t + B_t)} \{U(c_t) + \beta E[V(k_{t+1}, h_{t+1})]\}$$
(4-44)

二、稳态求解与数值模拟

(一) 稳态求解

基于前文三种情境下的贝尔曼方程 (4-37)、方程 (4-40)、方程 (4-44),进一步结合农业信贷为外生变量假设,可以求解出相应的资本稳态值为:k_{base}^*、k_{risk}^*、k_{ins}^*,分别对应无风险仅包含农业信贷的基准模型、农业风险冲击下仅包含农业信贷的风险模型、农业风险冲击下同时包含农业信贷与农业保险的保险模型。在此基础上,进一步可以得到上述三种情境下农业产出的稳态值分别为:$y_{base}^* = \left[\dfrac{\dfrac{1}{\beta} - (1-\delta)}{\alpha}\right]^{\frac{\alpha}{\alpha-1}}$、$y_{risk}^* = \left[\dfrac{\dfrac{1}{e\beta} - (1-\delta)}{e\alpha}\right]^{\frac{\alpha}{\alpha-1}}$、

$y_{ins}^* = \left[\dfrac{\dfrac{1}{h\beta} - (1-\delta)}{(h-\omega)\alpha}\right]^{\frac{\alpha}{\alpha-1}}$,其中 $\omega = (1-s)(1+\xi)pd\eta$。

考虑到本书从投入产出成效视角,将农业信贷效率界定为:农业信贷资金是否得到充分利用以有效推进农业经济发展、提高农户收入(可参见第二章及第三章对农业信贷效率的界定部分),并且本部分假设的农业产出和农业收入具有等同含义。因此,本书所构建的基准模型、风险模型和保险模型中的农业产出是农业信贷资金作为重要投入要素作用的结果,一定程度上体现了农业信贷资金使用成效。为此,本书通过比较基准模型、风险模型和保险模型的农业产出稳态值(y_{base}^*、y_{risk}^*、y_{ins}^*)大小,以此分析政策性农业保险对农业信贷效率的影响效果。

为比较 y_{base}^*、y_{risk}^*、y_{ins}^* 三者的大小,令 $Q_{base} = \dfrac{\dfrac{1}{\beta} - (1-\delta)}{\alpha}$、$Q_{risk} = \dfrac{\dfrac{1}{e\beta} - (1-\delta)}{e\alpha}$、$Q_{ins} = \dfrac{\dfrac{1}{h\beta} - (1-\delta)}{(h-\omega)\alpha}$。由于:

$$Q_{risk} - Q_{base} = \frac{(1-e)\left[\frac{1}{\beta} + e\left(\frac{1}{\beta} + \delta - 1\right)\right]}{e^2 \alpha} \quad (4-45)$$

并且 $0 < \beta < 1$,所以 $\frac{1}{\beta} + \delta - 1 > 0$,即 $Q_{risk} - Q_{base} > 0$,进一步可得: $y_{base}^* > y_{risk}^*$。

另外,由于:

$$Q_{ins} - Q_{base} = \frac{\frac{1}{\beta}[1 - h(h-\omega)] + h(1-\delta)(1+h-\omega)}{h(h-\omega)\alpha} \quad (4-46)$$

鉴于 $0 < h - \omega < 1$,① 可知 $Q_{ins} - Q_{base} > 0$,进一步可得: $y_{base}^* > y_{ins}^*$。据此可知,相较于无风险冲击情景,农业风险冲击会降低农业信贷产出成效。即使是在农业保险风险保障的情境下,由于农业保险保费支出和赔付比例无法完全覆盖保险标的价值($0 < \eta < 1$)的存在,该情境下的农业信贷产出成效仍小于无风险冲击情景下的农业信贷产出成效。

由于本书重点关注的是在农业风险冲击下,有无农业保险两种情形下的农业信贷产出成效状况,也即 y_{risk}^* 与 y_{ins}^* 的大小关系。为此,本书进一步比较 Q_{risk} 与 Q_{ins} 的大小:

$$Q_{risk} - Q_{ins} = \frac{\frac{1}{\beta}[h(h-\omega) - e^2] + eh(1-\delta)(e-h+\omega)}{e^2 h(h-\omega)\alpha} \quad (4-47)$$

据式(4-47)可知,Q_{risk} 与 Q_{ins} 的大小关系取决于 e、h 和 ω 的大小,由于无法直接比较三者的大小,也即无法直接得出 y_{risk}^* 与 y_{ins}^* 的大小关系,本书进一步利用数值模拟方法来比较 y_{risk}^* 与 y_{ins}^* 的关系。

(二)数值模拟

为了能够较为直观地比较 y_{risk}^* 与 y_{ins}^* 的大小关系,进而分析政策性农业保险对农业信贷效率的影响,本部分将在参数校准的基础上,模拟得出风险

---

① 由于 hy 为农业保险保障情境下的预期产出,ωy 为购买农业保险保费,一般而言,风险保障下的预期农业产出大于保险保费支出,即 $hy - \omega y > 0$,$h - \omega > 0$;另外,由于 $h < 1$,$\omega < 1$,所以 $0 < h - \omega < 1$。

模型和保险模型的农业产出稳态数值,以此探析政策性农业保险影响农业信贷效率的成效。

1. 参数校准

本部分的参数校准主要包括一般化的参数、农业风险的参数、农业保险及农业信贷相关的参数三个层面。

其一,关于一般化参数设置。参考王立勇等（2012）、陈国进（2014）、廖朴等（2019）、Liao等（2020）的研究,分别将生产函数中的资本份额 α 校准为0.3;将折现因子 β 校准为0.95;将年度资本折旧率 δ 校准为0.1。

其二,关于农业风险相关参数设置。参考邵全权等（2017）、邵全权和郭梦莹（2020）、赵桂芹等（2023）的研究,将农业风险出现概率 p 校准为0.05,将风险损失程度 d 校准为0.3。考虑到损失程度并非固定不变,在后续的分析中将以0.3为基础,尝试分析风险损失程度在 [0.3, 0.9] 范围内,不同情形下农业产出稳态值的变动状况。

其三,关于农业保险相关参数设置。一是在农业保险赔付比例层面,考虑到我国现阶段的农业保险产品主要是物化成本保险、完全成本保险和收入保险,并且物化成本保险的保障水平能够涵盖产出值的40%左右,完全成本保险和收入保险的保障水平能够覆盖产出值的80%左右（张宝海等,2021）,因此,将农业保险的赔付比例 η 校准在区间 [0.4, 0.8] 内。二是在农业保险附加费率层面,根据原中国银保监会于2023年4月出台的《中国银保监会关于印发农业保险精算规定（试行）的通知》（银保监规〔2023〕4号）,针对农业保险产品附加费率,要求"财政补贴性产品的附加费率不得高于25%。"由于本书主要探究的是政策性农业保险产品,因此将农业保险附加系数 ξ 校准为25%。三是在农业保险保费补贴比例层面,基于2021年财政部关于印发《中央财政农业保险保费补贴管理办法》的通知（财金〔2021〕130号）,可知现行各级财政对农业保险保费补贴的比例在70%左右,因此将农业保险保费补贴比例 s 校准为70%。

表4-2给出了本部分的参数校准结果。

表 4-2　　　　　　　　　　　　　参数校准

参数	α	β	δ	p	d	η	ξ	s
校准值	0.3	0.95	0.1	0.05	[0.3, 0.9]	[0.4, 0.8]	25%	70%

2. 数值模拟分析

基于本章稳态求解中 y_{risk}^* 与 y_{ins}^* 和参数校准数据，本部分将对 y_{risk}^* 与 y_{ins}^* 数值展开模拟并比较两者大小关系。由于农业风险冲击下仅包含农业信贷与同时包含农业信贷、农业保险情形下的农业产出稳态值，会受到损失程度和损失赔付比例的影响，因此，本部分数值模拟的研究主线是在不同风险冲击损失程度下，随着农业保险赔付比例的变动，比较仅包含农业信贷情形与同时包含农业信贷、农业保险情形下的农业产出稳态值大小，以此探析农业保险是否会对农业信贷效率产生影响。

图 4-1 给出了不同风险冲击程度下仅包含农业信贷与同时包含农业信贷、农业保险情形的农业产出稳态值的比较结果。据此可知：其一，随着风险冲击下损失程度不断提升，仅包含农业信贷情形下的农业产出稳态值下降幅度较为明显，而同时包含农业信贷和农业保险情形下的农业产出稳态值变动不明显；其二，在损失程度较小的情况下，只有农业保险赔付比例较高时，同时包含农业信贷和农业保险情形下的农业产出稳态值才会大于仅包含农业信贷情形下的农业产出稳态值；其三，在损失程度较高的情况下（d 超过 0.61 时），农业保险的赔付比例即使维持在较低水平（$\eta = 0.4$），同时包含农业信贷和农业保险情形下的农业产出稳态值仍会大于仅包含农业信贷情形下的农业产出稳态值。

综上分析可知，相较于仅存在农业信贷的情形，农业保险的存在不仅有助于缓解农业风险对农业信贷产出成效的冲击，而且随着农业风险冲击的增大，同时包含农业信贷与农业保险情形下的农业信贷产出成效逐渐高于仅包含农业信贷情形下的农业信贷产出成效，一定程度上体现了农业保险有利于农业信贷效率的提升。

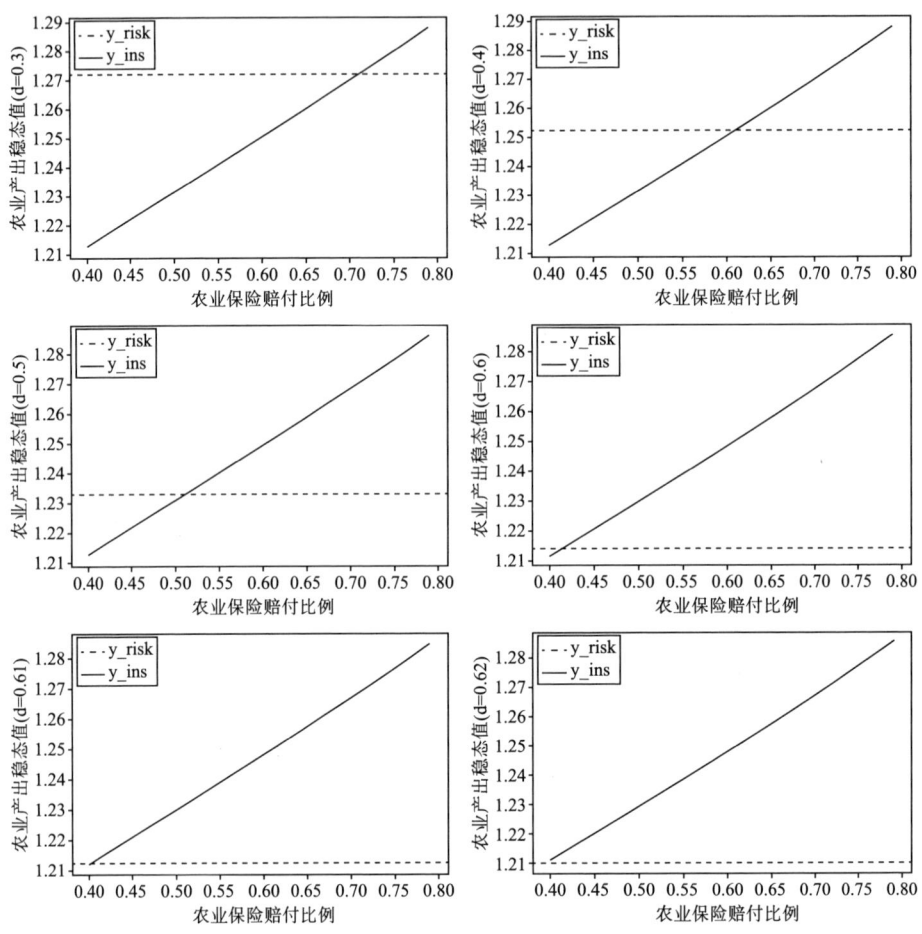

图 4-1 不同风险冲击程度下仅包含农业信贷（y_risk）与同时包含农业信贷与农业保险（y_ins）情形的农业产出稳态值比较

三、理论机制分析

前文的分析主要基于社会计划者问题，从理论层面推演并模拟了政策性农业保险与农业信贷效率之间的关系，但是却未能回答政策性农业保险通过何种路径作用于农业信贷效率。为此，本书在前文理论模型的基础上，进一步从农业风险管理、农业经营技术和农业规模化经营三个层面，理论演绎政策性农业保险影响农业信贷效率可能的作用路径。

（一）农业风险管理的作用机制分析

基于前文的理论分析可知，农业风险冲击下同时包含农业信贷与农业保险情形下的农业产出稳态值：$y_{ins}^{*} = \left[\dfrac{\dfrac{1}{h\beta}-(1-\delta)}{(h-\omega)\alpha}\right]^{\frac{\alpha}{\alpha-1}}$ [$h = 1 - p + p\eta$，$\omega = (1-s)(1+\xi)pd\eta$]，不仅会受到农业保险赔付比例（$\eta$）的影响，也会受到农业风险发生概率（$p$）和风险损失程度（$d$）的影响。进一步对$y_{ins}^{*}$分别就$p$和$d$求微分可得：

$$\dfrac{d(y_{ins}^{*})}{d(p)} = \dfrac{1}{\alpha-1}\left[\dfrac{\dfrac{1}{h\beta}-(1-\delta)}{(h-\omega)\alpha}\right]^{\frac{1}{\alpha-1}}$$

$$\dfrac{(1-\delta)(1-\eta)h(h-\omega)-\left[\dfrac{1}{\beta}-h(1-\delta)\right]\{(\eta-1)(h-\omega)+h[\eta-1-(1+\xi)(1-s)d\eta]\}}{[h(h-\omega)]^2}$$

$$(4-48)$$

$$\dfrac{d(y_{ins}^{*})}{d(d)} = \dfrac{1}{\alpha-1}\left[\dfrac{\dfrac{1}{h\beta}-(1-\delta)}{(h-\omega)\alpha}\right]^{\frac{1}{\alpha-1}}\dfrac{(h-\omega)+\left[\dfrac{1}{\beta}-h(1-\delta)\right][(1+\xi)(1-s)p\eta]}{h(h-\omega)^2}$$

$$(4-49)$$

由上式及前文假定α、β、δ、p、d、η、s、ξ、$h-\omega$均大于0小于1，可知：$\alpha - 1 < 0$，$\dfrac{1}{\beta} - h(1-\delta) > 0$，$(\eta-1)(h-\omega) + h[\eta-1-(1+\xi)(1-s)d\eta] < 0$，$(1-\delta)(1-\eta)h(h-\omega) > 0$，因此可得：

$$\dfrac{d(y_{ins}^{*})}{d(p)} < 0 \qquad (4-50)$$

对于式（4-49），由于$\left[\dfrac{1}{\beta}-h(1-\delta)\right][(1+\xi)(1-)p\eta] > 0$，则：

$$\dfrac{d(y_{ins}^{*})}{d(d)} < 0 \qquad (4-51)$$

据式（4-50）、式（4-51）可知，无论是农业风险发生概率还是风险损失程度的提升，均不利于农业信贷效率的提高。

然而，政策性农业保险在事前及事中风险管理职能的有效发挥，能够通过降低农业风险发生的概率及风险发生后的损失程度影响农业信贷效率。政策性农业保险在实践经营过程中，不仅注重事后损失补偿，还注重风险减量管理，不断加大农业防灾减损工作的重视程度和资源投入力度，强化与农业生产、气象等政府部门的协同联动，通过工程防灾、生物抗灾、技术减灾等方式，积极探索延伸事前和事中风险管理服务，不断提升农业重大灾害防范应对能力（中国农业风险管理研究会，2023）。

具体而言：其一，政策性农业保险经营主体积极利用新媒体、广播电视等各类平台，向各类新型农业经营主体，开展各类农业生产灾害风险基本知识和防范应对技能宣传教育。其二，针对日益频发的极端自然灾害，基于农业风险经营数据，构建风险评估区划模型，加强各类灾害风险的分析研判，及时对农业经营主体发出预警信号，以作出有效的应对举措。例如，2023年9月人保财险广东分公司利用其综合"国土＋气象＋保险"的平台优势，基于"粤农保"AI数字技术，对台风"苏拉"进行实时监测，第一时间提醒农户做好防灾准备。其三，政策性农业保险经营主体积极参与农业生产过程中的风险管理，深入田间地头开展自然灾害防御设施、农业设施安全隐患排查，并及时提供选种、病虫害及旱涝灾害防治等指导，打造农业生产风险管控与隐患排查双重预防机制。比如，太保产险广东分公司的暴风系统使用无人机"全景风险巡查"技术，实施田、林、水全方位巡查监控，运用可视化养殖系统实时监控狮头鹅等牲畜作物的养殖生产状况，并且通过红外热成像技术帮助检测排查电气火灾隐患。其四，在农业风险灾害发生后，在积极组织人力物力投入救灾的同时，利用信息技术进一步勘察有减损可能的区域，开展防灾指导。例如，2023年河南省"烂场雨"期间，中华财险河南省分公司立即组织18家地级市机构主动对接地方政府以及农机资源，全力开展小麦抢收服务工作，减轻雨水对农户收益产生的影响。

（二）农业经营技术的作用机制分析

基于前文分析可知，农业风险发生概率与风险损失程度是影响农业信贷效率的重要因素。而随着种子研发、生物技术、智能机械装备技术等在内的农业生产技术不断革新,其在降低农业灾害发生概率、减轻灾害损失等方面发挥的作用也日益凸显。在种子研发层面,一大批抗病抗逆的小麦、水稻及玉米等新品种不断涌现。在生物技术层面,一系列抗虫、抗病毒、抗寒等生物技术的研发及其在种植业、养殖业和渔业中有着广泛的应用,极大程度上降低了自然灾害的发生概率与频率。在智能机械装备技术层面,农业机械化水平的提高,不但可以提高土地利用效率,也增强了农业抗风险能力。比如,为应对频发冻害、雹灾等灾害的冲击,苹果种植户给果园装置防霜冻烟雾发生器,实现防霜冻机械化管理。

此外,农业生产技术水平提升是推进农业经济发展的重要动力源泉(黄红光等,2018),而农业经济产出成效是考量农业信贷效率的重要指标。"技术踏车效应"理论指出,农业生产技术进步能够有效提升总利润,其作用机制主要是降低生产成本,进而推动供给曲线向右移动(Cochrane,1958;Minten 和 Barrett,2008)。张志新等(2020)研究发现,农业技术进步能够助力增强农产品竞争力,进而推进农业经济发展,主要原因是农业技术进步有助于降低农业成本、提高生产效率、改进生产模式等。

综上分析可知,农业技术水平提升在降低农业风险概率和损失程度的同时,能够从提升农业生产效率和产出成效等方面推动农业经济发展,进而促进农业信贷效率的提高。然而,尽管农业技术水平提升兼备上述诸多益处,但是在农业生产实践推广应用中,农业新技术采用可能会由于高成本、操作不当的技术风险及新技术生产新产品的市场风险等问题,进一步加剧农业收益的不稳定性,进而限制农户引进与采用新技术的动力(李宪宝,2017;富丽莎等,2022;李棠等,2022)。作为重要的农业风险管理工具,农业保险风险减量及损失补偿功能的有效发挥,可稳定农业经营者采用新技术的收益预期,进而有助于提高农业经营者对于农业新技术的接纳程度,提升其采用农业新技术的积极性,进而推动农业技术进步。张哲晰等(2018)、黄颖和吕德宏(2021)、富丽莎等(2022)、李棠等(2022)等诸多学者从实证层面证明了政策性农业保险对农业技术水平提升具有显著的正向影响。因此,政策性农业保险能够通过农业技术水平提升影响农业信贷效率。

(三) 农业规模化经营的作用机制分析

农业规模经营是世界各国农业发展的共同趋势，也是助推中国农业现代化的重要方向（罗必良，2017）。农业规模经营能够通过提升农业生产专业化程度和优化要素资源配置等方式提高农业信贷效率。具体而言：

一方面，在古典经济学分工深化是经济增长源泉的框架下，农业专业化生产有助于提升农业经营主体知识积累与技术创新，能够在降低生产成本的同时，有效防范农业生产技术风险，进而提高农业经济发展成效（Rosen，1983；张露和罗必良，2021）。而随着农业经营规模的不断扩大，农业经营主体受限于多类型农作物生产技艺的学习与信息搜寻成本、劳动力约束等问题，会越趋选择有助于专业技能和生产效率提升的专业化生产方式，推进农业生产经营更加科学合理（袁若兰等，2023）。

另一方面，农业规模经营也被认为是优化农业生产要素配置的重要路径（鄢姣，2021；盖庆恩等，2023）。伴随着生产要素投入需求的扩大，农业规模经营更需要农业信贷资金的支持。如果存在农业信贷资金与农业生产要素错配的情况，即农业信贷资金出现滥用和误用等现象，必然会限制农业规模经营。反之，如果农业生产能够实现规模经营，表明农业信贷资金能够有效支撑农业生产要素投入的扩大，农业信贷资金与其他农业生产要素的配置更优，进而促进农业经济发展，意味着农业信贷效率的提高。

此外，部分学者研究发现，农业规模经营也更有利于提高农业科学技术推广（鄢姣，2021；盖庆恩等，2023），有助于化学投入品减量、推进农业绿色发展（Wu等，2018）。总之，农业规模化经营有助于推动农业信贷效率提升。然而，分散化、细碎化的格局仍是我国农业经营的主要特征。我国农业规模经营与发达国家相比依然存在较大的差距（叶兴庆，2018）。究其原因，一方面受限于人多地少的国情农情以及城乡发展转型的社会约束（韩朝华，2017）；另一方面受限于农业经营规模扩大带来的资金约束和经营风险。

随着政策性农业保险的不断发展，其风险管理和损失补偿职能为缓解农业经营资金约束和降低经营风险的效用日益显现，为促进土地流转、实现农业规模化经营提供了重要路径（柴智慧，2021；马九杰等，2021；齐甜等，2023）。政策性农业保险风险管理功能的有效发挥，能够有效改善农业生产风险环境，降低农业收入波动，稳定农业经营收入预期。这不仅有利于提升农业经营者转入土地进而扩大生产规模的意愿，而且有助于向信贷机构释放低经营风险信号，提升信贷机构与农业经营者之间的信息透明程度，进而缓解农业经营者因扩大生产经营规模面临的信贷资金约束问题，产生了与信贷抵押物类似的功效（刘祚祥和黄权国，2012；任乐等，2017）。因此，农业保险能够通过农业规模化经营提升农业信贷效率。

第三节　本章小结

为厘清政策性农业保险影响农业信贷规模及效率的作用机制，本章首先在仅包含家庭生产部门和金融信贷部门的经济中，基于行为决策理论框架，比较分析了政策性农业保险的存在能否有效促进农业信贷规模提升。在此基础上，进一步对银行、家庭生产部门的模型进行扩展，探析政策性农业保险如何通过农业风险管理、农业收入波动和增长状况影响农业信贷规模。其次，本章在新古典经济增长模型的基础上，参考 Acemoglu（2009）、Gourio（2012）、邵全权和郭梦莹（2020）、赵桂芹等（2023）的研究思路，分别构建无风险冲击下仅包含农业信贷的基准模型、风险冲击下仅包含农业信贷的风险模型和风险冲击下同时包含农业信贷和农业保险的保险模型，在稳态求解的前提下，通过数值模拟比较分析了不同情形下农业信贷产出成效状况，以此明晰政策性农业保险对农业信贷效率的影响效果。在此基础上，进一步从农业风险管理、农业经营技术和农业规模化经营三个层面，理论演绎政策性农业保险影响农业信贷效率的作用路径。得到的主要研究结论如下：

其一，政策性农业保险能够有效提升农业信贷规模，且政策性农业保险的风险管理功能、稳收增收效应是其主要的作用路径。一方面，通过求解有无农业保险情况下银行放贷额度最大化方程并比较分析可知：一是无论对于信息完全抑或信息不完全的银行,包含政策性农业保险情景下的银行放贷规模均要大于未包含农业保险情景下的放贷规模,这意味着政策性农业保险的存在有助于农业信贷规模提升。二是在农户参保情况下,信息完全条件下的银行放贷规模要高于信息不完全的银行放贷规模,但是当农业保险保额提升时,两者的差距就会缩小,这意味着提升农业保险保额有助于缓解银行与农户之间的信息不对称程度,进而提高农业信贷规模。另一方面,政策性农业保险风险管理功能的发挥能够提升农户是高产出水平类型的概率,这会提升银行放贷的期望收益,进而有助于提升银行放贷额度。另外,在风险灾害损失较小的情况下,政策性农业保险能够小幅降低农业收入上限,而在风险灾害损失较大的情况下,政策性农业保险能够显著提高农业收入下限。农业收入上限略微下降且下限显著提升意味着政策性农业保险具有稳收增收效应。而前文的银行放贷额度最大化方程隐含了农业经营收入是农户还款资金的主要来源,农业经营收入状况会直接影响银行愿意放贷的规模。

其二,政策性农业保险能够有效提高农业信贷效率,且能通过农业风险管理、农业经营技术和农业规模化经营等路径促进农业信贷效率提升。一方面,基于稳态求解方程,通过数值模拟分析发现,相较于仅存在农业信贷的情形,农业保险的存在不仅有助于缓解农业风险对农业信贷产出成效的冲击,而且随着农业风险冲击的增大,同时包含农业信贷与农业保险情形下的农业信贷产出成效逐渐高于仅包含农业信贷情形下的农业信贷产出成效,一定程度上体现了农业保险有利于农业信贷效率的提升。另一方面,政策性农业保险在事前及事中风险管理职能的有效发挥,能够通过降低农业风险发生的概率及风险发生后的损失程度提高农业信贷效率。农业保险风险减量及损失补偿功能的有效发挥,可稳定农业经营者采用新技术、规模化生产的收益预期,进而有助于提高农业经营者对于农业新技术的采纳程度及农业规模经营程度,进而推动农业信贷效率。

第五章 政策性农业保险影响农业信贷规模及效率的实证分析

第四章基于模型演绎阐释了政策性农业保险能够有效提升农业信贷规模和效率,但这仅限于理论层面,实践中的经验数据能否支持上述结论需要进一步检验。因此,为有效识别政策性农业保险与农业信贷规模及效率的因果关系,本章在前文构建测算的政策性农业保险发展水平、农业信贷规模及效率基础上,基于2012—2021年我国省级面板数据,利用计量模型实证检验政策性农业保险与农业信贷规模及效率的关系,并进一步探析在不同经济区域、粮食产区情形下,政策性农业保险对农业信贷规模及效率影响的异质性。

第一节 政策性农业保险影响农业信贷规模的实证分析

一、模型设定与变量说明

(一)模型设定

本书构建如下计量回归模型对政策性农业保险影响农业信贷规模的成效进行检验:

$$Agr\_loan_{it} = \alpha_0 + \alpha_1 Agr\_ins_{it} + \beta \sum control_{it} + \mu_i + \lambda_t + \varepsilon_{it} \quad (5-1)$$

$$Agr\_loan_{it} = \alpha_0 + \alpha_1 Agr\_insp_{it} + \beta \sum control_{it} + \mu_i + \lambda_t + \varepsilon_{it} \quad (5-2)$$

$$Agr\_loan_{it} = \alpha_0 + \alpha_1 Agr\_insc_{it} + \beta \sum control_{it} + \mu_i + \lambda_t + \varepsilon_{it} \quad (5-3)$$

其中，待估参数为α_0、α_1、β，i为省（市），t为年份。被解释变量Agr_loan_{it}表示农业信贷规模；解释变量Agr_ins_{it}表示农业保险发展总水平，Agr_insp_{it}表示保费收入维度农业保险发展水平，Agr_insc_{it}表示赔付支出维度农业保险发展水平；$\sum control_{it}$为受教育程度（Edu）、农业风险程度（$Risk$）、城镇化率（Urb_rate）、金融机构效率（Fin_eff）及农业经济地位（Agr_sta）等控制变量。μ_i为省份个体效应、λ_t为年份时间效应、ε_{it}为随机干扰项。

（二）变量说明及数据来源

1. 变量说明

（1）被解释变量：农业信贷规模（Agr_loan）。以农村人均农林牧渔贷款余额对农业信贷规模进行测度。正如前文所述，这样测度的主要原因是该项贷款与农业保险服务的农业经营项目较为一致（叶明华和陈康，2022），本书进一步对农业信贷规模取对数以消除其间的异方差性。

（2）解释变量：政策性农业保险发展总水平（Agr_ins）、保费收入维度的农业保险发展水平（Agr_insp）和赔付支出维度的农业保险发展水平（Agr_insc）。其中，三个维度的政策性农业保险水平主要利用熵值法对农业保险保费收入、赔付支出等十个指标测度而得，具体指标构建和测算方法可参见本书第三章第一节。

（3）控制变量。参考已有研究，模型中进一步控制了受教育程度（Edu）、农业风险程度（$Risk$）、城镇化率（Urb_rate）、金融机构效率（Fin_eff）及农业经济地位（Agr_sta）等可能影响农业信贷规模的因素。其中，以农村劳动力平均受教育年限作为教育程度的代理变量（董艳等，2020）[①]。农

[①] 计算公式为：受教育程度 = $\sum_{i=1}^{n} p_i \times e_i$。其中，$p_i$为某省份6岁以上农村人口中接受教育程度为$i$的人口数量占总农村人口数量的比例。$e_i$为该教育程度所需教育年限，其中未上过学为0，小学学历为6年，初中学历为9年，高中学历为12年，大专及以上为16年。

业风险程度表示了农业生产过程中所遭受自然灾害侵袭的程度,当农业生产面临较高的风险灾害时,不仅会限制金融机构对其提供生产经营贷款的有效供给,也会对农业信贷关系下农业生产经营成效造成不利的影响。对于农业风险程度的度量,唐勇和吕太升(2021)、谢沂芹和胡士华(2021)等采用省级地区农作物受灾面积占耕地总面积比例来表示。考虑到农作物受灾面积的界定为作物减产率达10%以上的面积,而农作物成灾面积是指作物减产率达30%以上的面积,相较于农作物受灾面积而言,农作物成灾面积更能体现农业风险状况,因此,本书借鉴牛浩和陈盛伟(2022)的思路,采用农作物成灾面积与农作物播种总面积比值来度量农业风险状况;城镇化水平表示为城镇化率,具体用城镇人口/总人口进行测度(唐勇和吕太升,2021);金融机构效率用金融机构贷款余额/存款余额进行测度;以第一产业产值与国内生产总值的比重作为农业经济地位的代理变量。

表5-1展示了模型各变量描述性统计情况。据表5-1可知,受教育程度均值为7.6806,说明我国农户大多是初中学历。并且平均而言,农业经济在国民经济结构中的占比不足0.2。以上统计特征基本上是我国农业经济发展的呈现。另外,各变量均值与中位数较为接近,体现了样本数据分布基本呈对称分布。

表5-1 主要变量的描述性统计

变量名称	符号	样本数	均值	标准差	最小值	中位数	最大值
农业信贷规模	$lnAgr\_loan$	290	8.7720	0.5988	7.1353	8.7519	10.2955
农业保险发展总水平	Agr_ins	290	0.1171	0.0924	0.0178	0.0884	0.5251
保费收入维度	Agr_insp	290	0.1485	0.1160	0.0148	0.1128	0.8212
赔付支出维度	Agr_insc	290	0.0944	0.0824	0.0000	0.0689	0.5053
受教育程度	Edu	290	7.6806	0.8342	3.8189	7.8289	9.9105
农业风险程度	$Risk$	290	0.0167	0.0185	0.0003	0.0106	0.1322
城镇化率	Urb_rate	290	0.5742	0.1094	0.2287	0.5730	0.8755
金融机构效率	Fin_eff	290	0.7919	0.1458	0.3122	0.7824	1.1593
农业经济地位	Agr_sta	290	0.1761	0.0793	0.0067	0.1649	0.4657

2. 样本选取与数据来源

考虑到政策性农业保险在2012年覆盖全国,进一步结合数据可得性,本书选取样本的时间跨度为2012年至2021年。并且由于上海、天津两市的农业风险程度数据缺失，本书选取的样本为我国29个省、直辖市和自治区（上海、天津、港澳台除外）。样本数据主要来源于以下渠道：一是农业信贷规模数据主要来源于《中国金融统计年鉴》《中国农村金融服务报告》；二是农业保险发展水平相关指标数据主要来源于《中国保险年鉴》；受教育程度来源于《中国人口与就业统计年鉴》；农业风险程度、农作物播种面积、财政支农程度、城镇化率及农业经济地位主要来源于《中国统计年鉴》及CSMAR数据库；金融机构效率数据来源于Wind数据库。

3. 样本平稳性检验

本书对模型各变量的平稳性进行检验以避免非平稳性而导致的估计结果偏差。从表5-2的单位根检验结果可知，各变量处于平稳状态。

表5-2　　　　　　　　变量的单位根检验

变量名称	LLC	Fisher-ADF	变量名称	LLC	Fisher-ADF
lnAgr_loan	-6.8891***	137.4289***	$Risk$	-12.1461***	191.6235***
Agr_ins	-11.9807***	109.7988***	Urb_rate	-13.5237***	126.7484***
Agr_insp	-5.0000***	120.3351***	Fin_eff	-2.5483***	147.7763***
Agr_insc	-4.0967***	122.9124***	Agr_sta	-8.0859***	86.0540***
Edu	-13.9985***	157.2322***			

注：*** 代表 $p < 1\%$。

二、基准回归结果分析

在实证分析之前，本部分首先对多重共线问题及模型选择问题进行了检验。一是利用方差膨胀因子对三个模型的多重共线检验结果显示，三个模型中变量VIF的最大值分别为4.31、4.25和4.32，因此，不用担心变量间存在多重共线问题。二是对于混合回归、固定效应模型和随机效应模型的选择，本部分通过豪斯曼检验、随机效应模型下的LM统计量及固定效应模型下的F统计量分析，结果一致认可固定效应模型的估计效果①。因

---

① 豪斯曼检验、随机效应模型下的LM统计量及固定效应模型下的F统计量，三者的P值均为0.0000。

此，本书将选择固定效应模型分析政策性农业保险发展总水平、保费收入维度及赔付支出维度农业保险发展水平对农业信贷规模的影响。

（一）政策性农业保险发展总水平影响农业信贷规模的基准回归结果分析

为增强回归结果的稳健性，本书利用逐步回归法分析了政策性农业保险发展总水平对农业信贷规模的影响，表5-3展示了基准回归结果。据表5-3可知，在依次加入受教育程度、农业风险程度、城镇化率等控制变量后，尽管政策性农业保险发展总水平的系数有细微变化，但政策性农业保险发展总水平都至少在5%的置信水平上显著正向影响农业信贷规模，即政策性农业保险发展能够有效提升农业信贷规模。在影响成效大小方面，由表5-3第（4）列估计结果可知，农业保险发展总水平系数为0.6773，且在5%显著水平上显著，表明农业保险发展水平每提升1单位，农业信贷规模会提升近67.73%。

表5-3 政策性农业保险发展总水平影响农业信贷规模的基准回归结果

变量名称	被解释变量：lnAgr_loan			
	(1)	(2)	(3)	(4)
Agr_ins	1.3857***	1.2377***	0.7335**	0.6773**
	(0.3381)	(0.3291)	(0.3152)	(0.3228)
Edu		0.3571***	0.3098***	0.3049***
		(0.0853)	(0.0787)	(0.0790)
$Risk$		-0.9404	-1.3940***	-1.3527*
		(0.8144)	(0.7476)	(0.7498)
Urb_rate			-0.1879	-0.1944
			(1.2040)	(1.2049)
Fin_eff			1.5626***	1.6058***
			(0.2502)	(0.2559)
Agr_sta				0.5596
				(0.6853)
$\_cons$	8.2555***	5.5866***	4.9633***	4.8711***
	(0.0445)	(0.6419)	(0.8454)	(0.8535)
$ProvinceFE$	Yes	Yes	Yes	Yes
$TimeFE$	Yes	Yes	Yes	Yes
$R\_squared$	0.6573	0.6819	0.7372	0.7379
$Observations$	290	290	290	290

注：*、**、***分别代表10%、5%、1%显著性水平；括号内为估计系数的稳健标准误。

在控制变量方面，受教育程度、金融机构效率的系数均在1%的显著水平上正向影响农业信贷规模，也即受教育程度提升、金融机构效率提高均能有效提高农业信贷规模。农业风险程度的系数在10%的置信水平上显著负向影响农业信贷规模，即农业风险的增大会抑制农业信贷规模提升。另外，农业经济地位对农业信贷规模的影响不显著。

（二）不同维度农业保险发展水平影响农业信贷规模的基准回归结果分析

表5-4展示了保费收入和赔付支出两个维度农业保险发展水平影响农业信贷规模的基准回归结果。表5-4中第（1）、（2）列是保费收入维度农业保险发展水平影响农业信贷规模成效的检验结果，其中第（1）列未加入控制变量，第（2）列加入了控制变量。无论是否加入控制变量，保费收入维度农业保险发展水平的系数均为正值，并且至少在5%置信水平上显著，这意味着保费收入维度农业保险发展水平有助于提升农业信贷规模。表5-4中第（3）、（4）列是赔付支出维度农业保险发展水平影响农业信贷规模成效的基准检验结果，其中第（3）列未加入控制变量，第（4）列加入了控制变量。无论是否加入控制变量，赔付支出维度农业保险发展水平的系数均至少在10%置信水平上显著为正，即赔付支出维度农业保险发展水平能够有效提升农业信贷规模扩大。另外，控制变量对农业信贷规模的影响基本与农业保险发展总水平对农业信贷规模影响的基准回归结果一致。

表5-4 不同维度农业保险发展水平影响农业信贷规模的基准回归结果

变量名称	被解释变量：$lnAgr\_loan$			
	（1）	（2）	（3）	（4）
Agr_insp	1.0326***	0.5064**		
	(0.2699)	(0.2543)		
Agr_insc			0.9354***	0.4372*
			(0.3015)	(0.2376)
Edu		0.3177***		0.3005***
		(0.0790)		(0.0796)
$Risk$		-1.1191		-1.34780*
		(0.7566)		(0.7600)

续表

变量名称	被解释变量：ln*Agr_loan*			
	(1)	(2)	(3)	(4)
Urb_rate		-0.2164		-0.4500
		(1.2064)		(1.1960)
Fin_eff		1.6158***		1.6893***
		(0.2560)		(0.2500)
Agr_sta		0.7163		0.6192
		(0.6744)		(0.6909)
_cons	8.2510***	4.7443***	8.2977***	4.9871***
	(0.0459)	(0.8594)	(0.0424)	(0.8567)
ProvinceFE	Yes	Yes	Yes	Yes
TimeFE	Yes	Yes	Yes	Yes
R_squared	0.6545	0.7375	0.6479	0.7358
Observations	290	290	290	290

注：*、**、***分别代表10%、5%、1%显著性水平；括号内为估计系数的稳健标准误。

三、稳健性检验

（一）内生性处理

由于农业保险与农业信贷规模可能会存在相互影响或因共同影响因素而产生内生性问题。为此，本书选取工具变量为相邻省份农业保险发展水平均值，进一步利用2SLS对农业保险与农业信贷规模的关系进行重新估计。之所以选取相邻省份农业保险发展水平均值作为工具变量的原因是相邻省份资源相互流动较强，会使得农业保险发展具有明显的"空间溢出效应"，表现出较强的区域集聚性（黄琦等，2017；王韧等，2021），因此相邻省份农业保险发展水平与本省农业保险发展具有紧密联系，满足"相关性"假设。而尚未有证据证明相邻省份农业保险发展水平与本省农业信贷规模具有联系。

政策性农业保险发展总水平、保费收入维度和赔付支出维度农业保险发展水平对农业信贷规模影响的内生性处理结果如表5-5中第（1）、

（2）、（3）列所示。据此可知，即使处理内生性问题，政策性农业保险发展总水平、保费收入维度和赔付支出维度农业保险发展水平仍旧能显著正向影响农业信贷规模。另外，弱工具变量检验结果不支持弱工具变量存在［表5-5第（1）、（2）、（3）列的C-D Wald F统计值分别为32.06、25.24、17.26］。

表5-5　政策性农业保险影响农业信贷规模的内生性检验结果

变量名称	(1) 第一阶段	(1) 第二阶段	(2) 第一阶段	(2) 第二阶段	(3) 第一阶段	(3) 第二阶段
Agr_ins		0.3776**				
		(0.1732)				
iv	0.6680***					
	(0.1180)					
Agr_insp				0.6848*		
				(0.3642)		
ivpr			0.6359***			
			(0.1266)			
Agr_insc						1.8180**
						(0.7836)
ivpo					0.3809***	
					(0.1252)	
control	Yes	Yes	Yes	Yes	Yes	Yes
ProvinceFE	Yes	Yes	Yes	Yes	Yes	Yes
TimeFE	Yes	Yes	Yes	Yes	Yes	Yes
R_squared		0.7370		0.7141		0.7101
Observations	290	290	290	290	290	290

注：*、**、***分别代表10%、5%、1%显著性水平；括号内为估计系数的稳健标准误；iv、ivpr、ivpo分别为相邻省份农业保险发展总水平、保费收入维度和赔付支出维度农业保险发展水平的均值。

（二）更换解释变量、被解释变量及删除直辖市样本的稳健性检验

本部分从更换解释变量、被解释变量及删除直辖市样本三个层面，对基准回归结论进行稳健性检验，以增强该结论的可信性。

其一，更换解释变量。在政策性农业保险发展水平测度中，为了避免

不同测度方法测度的结果影响实证分析的有效性，本书借鉴吕开宇等（2016）的思路，进一步利用因子分析法测度政策性农业保险发展水平，并将其作为本书的解释变量纳入实证模型重新估计，估计结果如表5-6中Panel A、Panel B 和 Panel C 第（1）列所示。表5-6中Panel A、Panel B 和 Panel C 第（1）列分别为以因子分析法测度的政策性农业保险发展总水平、保费收入维度和赔付支出维度农业保险发展水平影响农业信贷规模的稳健性检验结果。据表5-6中Panel A、Panel B 和 Panel C 第（1）列可知，以因子分析法测度的政策性农业保险发展水平作为解释变量时，政策性农业保险发展总水平、保费收入维度农业保险发展水平及赔付支出维度农业保险发展水平的影响系数均至少在10%置信水平上显著为正，这与表5-3及表5-4中的基准回归结果一致。

表5-6 更换解释变量、被解释变量及删除直辖市样本的稳健性检验结果

变量名称	Panel A：政策性农业保险发展水平		
	（1）更换解释变量	（2）更换被解释变量	（3）删除直辖市
Agr_ins	0.0839**	0.7750**	0.1226**
	(0.0388)	(0.3343)	(0.0494)
$control$	Yes	Yes	Yes
$ProvinceFE$	Yes	Yes	Yes
$TimeFE$	Yes	Yes	Yes
$R\_squared$	0.7348	0.6358	0.7754
$Observations$	290	290	270
变量名称	Panel B：保费收入维度农业保险发展水平		
	（1）更换解释变量	（2）更换被解释变量	（3）删除直辖市
Agr_insp	0.0487*	0.4939*	0.1802**
	(0.0274)	(0.2641)	(0.0905)
$control$	Yes	Yes	Yes
$ProvinceFE$	Yes	Yes	Yes
$TimeFE$	Yes	Yes	Yes
$R\_squared$	0.7336	0.6330	0.7758
$Observations$	290	290	270

续表

变量名称	Panel C：赔付支出维度农业保险发展水平		
	(1) 更换解释变量	(2) 更换被解释变量	(3) 删除直辖市
Agr_insc	0.0632***	0.5756**	0.1062*
	(0.0224)	(0.2920)	(0.0518)
control	Yes	Yes	Yes
ProvinceFE	Yes	Yes	Yes
TimeFE	Yes	Yes	Yes
R_squared	0.7416	0.6336	0.7753
Observations	290	290	270

注：*、**、***分别代表10%、5%、1%显著性水平；括号内为估计系数的稳健标准误。

其二，更换被解释变量。本书考虑将农村人口排除后的农业信贷规模情况，利用农业信贷规模绝对量作为被解释变量，为消除异方差的影响进一步将其对数化处理，重新估计结果如表5-6中Panel A、Panel B和Panel C第（2）列所示。表5-6中Panel A、Panel B和Panel C第（2）列分别为更换被解释变量后的政策性农业保险发展总水平、保费收入维度和赔付支出维度农业保险发展水平影响农业信贷规模的稳健性检验结果。据表5-6中Panel A、Panel B和Panel C第（2）列可知，以农业信贷规模绝对量作为被解释变量后，政策性农业保险发展总水平、保费收入维度农业保险发展水平及赔付支出维度农业保险发展水平的影响系数均至少在10%置信水平上显著为正值，这与表5-3及表5-4中的基准回归结果一致，且两者的估计系数大小相近。

其三，删除直辖市样本。京、津、沪、渝四个直辖市拥有独特的政治及金融资源，尤其是其便利的金融基础设施资源及较低的农业产业比重在一定程度上会扭曲农业保险发展水平对农业信贷规模影响的估计结果。为此，本书利用进一步删除四个直辖市的样本对政策性农业保险发展水平影响农业信贷规模进行重新估计，估计结果如表5-6中Panel A、Panel B和Panel C第（3）列所示。据此可知，即使将不包含直辖市的省份作为分析样本，政策性农业保险发展总水平、保费收入维度农业保险发展水平及赔付支出维度农业保险发展水平对农业信贷规模的影响系数均至少在10%置信水平上依旧显著为正,这与基准回归结果一致,说明政策性农业保险发展水平能够有效提升农业信贷规模的结论具有稳健性。

四、异质性分析

(一)经济区域的异质性分析

考虑到不同省份经济基础的差异可能会导致农业保险发展水平及农业信贷规模出现差异,进而导致农业保险对农业信贷规模的影响出现经济区域异质性。为检验这一猜想,本部分基于前文对我国经济区域的划分,对农业保险影响农业信贷规模的经济区域异质性进行检验。不同经济区域的异质性分析如表5-7所示。其中,表5-7第(1)—(3)列为东部地区的农业保险发展水平影响农业信贷规模的检验结果。据此可知,三个不同维度的农业保险发展水平对农业信贷规模的估计系数均不显著,意味着在东部地区农业保险未能有效提升农业信贷规模。表5-7第(4)—(6)列分别展示了中部、东北部及西部地区三个不同维度的政策性农业保险发展水平对农业信贷规模的影响结果。据此可知,中部、东北部及西部地区的政策性农业保险发展总水平、保费收入维度的估计系数均在5%置信水平上显著为正,然而,中部、东北部及西部地区政策性农业保险赔付支出维度的系数不显著。但整体而言,在中部、东北部及西部地区,政策性农业保险发展水平能够有效提升农业信贷规模。从上述分析可以看出,政策性农业保险发展水平对农业信贷规模的影响在经济区域间呈现较为明显的差异性,并且在中部、东北部及西部地区,政策性农业保险提升农业信贷规模的作用更为明显。本书认为出现上述结果可能的原因是,相较于东部省份,农业保险保费的中央财政补贴比例在中部、东北部及西部地区省份更高[1],使得中部、东北部及西部地区省份的农业保险发展水平相对较高,更能有效发挥农业保险的风险管理及损失补偿职能,进而增强其增信功能。

---

[1] 可参见《中央财政农业保险保险费补贴管理办法》。

表 5-7　　　　　　　　　　　不同经济区域的异质性分析

变量名称	被解释变量: lnAgr_loan					
	东部地区			中部、东北部及西部地区		
	(1)	(2)	(3)	(4)	(5)	(6)
Agr_ins	-0.0534			0.7812**		
	(0.6041)			(0.3656)		
Agr_insp		0.8095			0.6081**	
		(0.7916)			(0.2632)	
Agr_insc			-0.1945			0.4252
			(0.4080)			(0.3392)
control	Yes	Yes	Yes	Yes	Yes	Yes
ProvinceFE	Yes	Yes	Yes	Yes	Yes	Yes
TimeFE	Yes	Yes	Yes	Yes	Yes	Yes
R_squared	0.8615	0.8641	0.8621	0.7921	0.7930	0.7885
Observations	80	80	80	210	210	210

注：*、**、*** 分别代表 10%、5%、1% 显著性水平；括号内为估计系数的稳健标准误。

（二）粮食产区的异质性分析

粮食主产区与非粮食主产区在农业生产结构等方面存在较大差异，这可能会影响农业保险增信效用的发挥，因此，有必要分别考察粮食主产区与非粮食主产区农业保险对农业信贷规模的影响。

不同粮食产区的异质性分析如表 5-8 所示。其中，表 5-8 第 (1) — (3) 列、第 (4) — (6) 列分别展示了粮食主产区与非粮食主产区的政策性农业保险发展水平影响农业信贷规模的检验结果。据表 5-8 第 (1) — (3) 列可知，粮食主产区的政策性农业保险发展总水平、保费收入维度和赔付支出维度的估计系数均不显著，即粮食主产区的政策性农业保险发展水平不能有效发挥提升农业信贷规模的作用。然而，表 5-8 第 (4) — (6) 列显示，非粮食主产区的政策性农业保险发展总水平、保费收入维度和赔付支出维度的估计系数为正值，且至少在 10% 置信水平上显著，这意味着在非粮食主产区，政策性农业保险发展水平有助于农业信贷规模提升。从上述分析可以看出，政策性农业保险发展水平对农业信贷规模的影响在不同粮食产区表现出了较为明显的差异性,并且在非粮食主产区层面政策性农业保险提升农业信贷规模的作用更为明显。究其原因可能是,非粮食主产区没有明显的"趋粮化"特征,农业生产结构更加多元(周法法等,2022),对规模化和技术化经营水平要求较高,需要更多农业信贷资金支持,这也使得农业保险增信的效果更趋显著。

表 5-8　　　　　　　　　不同粮食产区的异质性分析

变量名称	被解释变量:lnAgr_loan					
	粮食主产区			非粮食主产区		
	(1)	(2)	(3)	(4)	(5)	(6)
Agr_ins	-0.0616			0.9669**		
	(0.4257)			(0.4533)		
Agr_insp		0.0546			1.0596**	
		(0.2673)			(0.4410)	
Agr_insc			-0.1394			0.7452*
			(0.3505)			(0.4232)
control	Yes	Yes	Yes	Yes	Yes	Yes
ProvinceFE	Yes	Yes	Yes	Yes	Yes	Yes
TimeFE	Yes	Yes	Yes	Yes	Yes	Yes
R_squared	0.6754	0.6754	0.6758	0.7978	0.7996	0.7956
Observations	130	130	130	160	160	160

注:*、**、***分别代表10%、5%、1%显著性水平;括号内为估计系数的稳健标准误。

五、进一步微观检验

农业信贷规模的提高不仅意味着能够申请到贷款的农户获得的农业信贷额度的上升,也意味着被金融机构排斥的农户数量在不断减少,即更多有贷款需求的农户能够获得贷款。农户获得农业信贷申请资格并且不被拒绝是缓解其融资约束的"门槛",只有不被金融机构排斥在外,才能为获得更多的贷款额度做准备。而农业贷款需求满足度是融资需求农户有效进行农业生产经营的基础。为此,本部分从微观视角检验政策性农业保险对农户能否获得贷款及获得贷款的额度能否满足农业生产实际需要的影响,以进一步夯实政策性农业保险对农业信贷规模的影响研究。

(一) 样本选择及模型设定

1. 样本选择

考虑到中国家庭金融调查项目（CHFS）中包含农户贷款相关数据[①]，本部分主要通过 CHFS 搜集数据进行农业保险与农业信贷关系的微观分析。CHFS 能够较好地反映我国人口普查特征（甘犁等，2015），并且路晓蒙等（2017）依据 Campbell（2005）评判标准对 CHFS 数据有效性进行了验证。

由于 CHFS 调查项目 2017 年及 2019 年并未公开发布农业经营相关数据，本部分主要使用 2013 年和 2015 年的调查数据分析政策性农业保险对农户农业信贷可得性的影响。另外，由于 CHFS 调查项目 2013 年未公布农业贷款需求满足度相关数据，因此对于政策性农业保险影响农户农业信贷满足度的分析主要使用 2015 年的调查数据。在实证分析之前，本书首先对样本数据进行如下清理：其一，将户主年龄、受教育年限、健康状况及家庭劳动力数量等特征缺失的样本进行删除；其二，对连续变量进行 1% 缩尾处理，且删除存在负数的样本。通过上述处理，在政策性农业保险对农户农业信贷可得性的影响分析中，本书最终所使用的 2013 年有效样本为 1923 个，2015 年有效样本为 553 个，总共使用 2476 个有效样本。在政策性农业保险对农户农业信贷需求满足度的影响分析中，本书最终所使用的 2015 年有效样本为 570 个。

2. 模型设定及变量选取

本部分建立如下 *Probit* 概率模型，对政策性农业保险影响农户农业信贷可得性及农业信贷需求满足度的成效进行检验：

$$Pr(X_i = 1) = \alpha_0 + \alpha_1 Agr\_ins_i + \beta \sum control_i + \varepsilon_i \quad (5-4)$$

$$Pr(X_i = 1) = \alpha_0 + \alpha_1 Agr\_insp_i + \beta \sum control_i + \varepsilon_i \quad (5-5)$$

$$Pr(X_i = 1) = \alpha_0 + \alpha_1 Agr\_insc_i + \beta \sum control_i + \varepsilon_i \quad (5-6)$$

在公式（5-4）、公式（5-5）及公式（5-6）中，下标 i 表示受访

[①] 数据库介绍官网：https://chfs.swufe.edu.cn/。

农户，α_0、α_1、β 为待估参数。X_i 包含农户是否获得农业信贷可得性（$Loan\_acp_i$）及农户农业贷款需求是否得到满足（$Loan\_sat_i$）。其中，$Loan\_acp_i$ 表示农户农业信贷可得性，是一个虚拟变量，当等于 1 时表示农户能够获得农业信贷、等于 0 时表示未能获得农业信贷。现有文献多是通过问卷调查法对信贷可得性进行直接识别，比如 Jappelli（1990）对家庭未获得农业贷款的度量，主要依据问卷中没有贷款原因中"担心申请贷款被拒绝"和"已申请但被拒绝"等问题的设置。为此，本部分将遵循这一思路，对农户农业信贷可得性的识别依据 CHFS 问卷中受访户在农业生产中未能获得贷款的原因。具体而言，本部分将借鉴褚保金等（2009）、董艳等（2020）的做法，如果受访农户回答"需要，但没有申请过"或"申请过但被拒绝"，则认为农户家庭未获得农业信贷（$Loan\_acp=0$）。如果受访农户回答"有银行农业贷款"或"曾经有农业贷款，现在已经还清"，则认为该农户家庭获得了农业贷款（$Loan\_acp=1$）。

$Loan\_sat_i$ 为农户农业贷款需求满足度，也是一个虚拟变量，当等于 1 时表示银行提供的农业贷款能够完全满足农户农业生产经营所需贷款的实际需求，当等于 0 时表示银行提供的农业贷款不能完全满足农业贷款需求。本书仍按照 CHFS2015 年的问卷中受访户对获得的农业贷款能否满足实际需要的回答对其农业贷款需求满足度进行有效识别。具体而言，本部分将借鉴路晓蒙和吴雨（2021）的思路，将受访户回答"完全满足需求"定义为该农户家庭的农业信贷需求得到了有效满足（$Loan\_sat=1$）。将受访农户回答"满足大部分需求"或"满足小部分需求"或"满足一半需求"界定为该农户家庭的农业贷款需求未得到有效满足（$Loan\_sat=0$）。

解释变量 Agr_ins_i 表示 i 受访农户所在地区的政策性农业保险发展水平，Agr_insp_i 表示 i 受访农户所在地区的保费收入维度农业保险发展水平，Agr_insc_i 表示 i 受访农户所在地区的赔付支出维度农业保险发展水平；政策性农业保险水平主要利用熵值法对农业保险保费收入、赔付支出等十个指标测度而得，具体指标构建和测算方法可参见本书第三章第一节。

$\sum control_i$ 为一系列控制变量，本部分在参考董艳等（2020）、路晓蒙和吴雨（2021）的基础上，进一步控制了户主年龄（Age）及其平方项

（Age2）、性别（Gender）、户主文化程度（Edu）、户主健康状况（Health）、经济金融素养（Attain）、家庭党员数（Comn）、家庭劳动力数（Labor）、家庭老人数（Older）、家庭总资产的对数（lnAsset）及家庭收入（lnIncome）等。需要说明的是，文化程度为问卷中的受教育程度，将未上学赋值为1、小学为2、初中为3、高中为4、中专为5、大专/高职为6、本科及以上为7；本书以"现在的身体状况如何"进行测度健康状况，从"非常好"到"非常不好"，同样依次赋值为1—5；对于经济金融素养，本书选用"您平时对经济、金融方面的信息关注程度如何"进行测度，从"非常关注"到"从不关注"依次赋值为1—5；对于家庭老人数的衡量，主要遵循对人口老龄化的认定惯例，将60岁以上的家庭成员界定为家庭老人。

（二）实证结果分析

1. 政策性农业保险对农户农业信贷可得性影响的实证分析

政策性农业保险发展水平对农户农业信贷可得性影响的实证分析结果如表5–9所示。表5–9中第（1）、（3）、（5）列分别是基于probit模型估计的政策性农业保险发展总水平、保费收入维度及赔付支出维度农业保险发展水平对农户农业信贷可得性影响的结果。据表5–9中第（1）、（3）、（5）列可知，政策性农业保险发展总水平和保费收入维度农业保险发展水平对农户农业信贷可得性的影响系数在1%的水平上显著为正值，即政策性农业保险发展总水平以及保费收入维度农业保险发展水平的提高能够提升农户获得农业信贷的概率。另外，赔付支出维度农业保险发展水平对农户农业信贷可得性的影响系数为正值，且在10%的水平上显著，表明赔付支出维度农业保险发展水平的提高同样有助于农户农业信贷获得。

表5–9 政策性农业保险对农户农业信贷可得性影响的回归结果

变量名称	被解释变量：$Pr(Loan\_sat_i = 1)$					
	（1）probit	（2）ivprobit	（3）probit	（4）ivprobit	（5）probit	（6）ivprobit
Agr_ins	1.9878***	13.1843***				
	(0.5243)	(2.1945)				
Agr_insp			2.4823***	10.7187***		
			(0.4439)	(1.5331)		

续表

变量名称	被解释变量：$Pr(Loan\_sat_i=1)$					
	(1) probit	(2) ivprobit	(3) probit	(4) ivprobit	(5) probit	(6) ivprobit
Agr_insc					0.8050*	12.2801***
					(0.4745)	(3.0760)
Age	0.0634***	0.0753***	0.0650***	0.0756***	0.0617***	0.0720***
	(0.0194)	(0.0208)	(0.0194)	(0.0205)	(0.0194)	(0.0211)
$Age2$	-0.0007***	-0.0008***	-0.0007***	-0.0008***	-0.0007***	-0.0008***
	(0.0002)	(0.0002)	(0.0002)	(0.0002)	(0.0002)	(0.0002)
$Gender$	0.0060	0.0144	0.0038	0.0001	0.0061	0.0248
	(0.0949)	(0.1047)	(0.0949)	(0.1029)	(0.0947)	(0.1064)
Edu	0.0501*	0.0429*	0.0518*	0.05321*	0.0500*	0.0362
	(0.0286)	(0.0228)	(0.0287)	(0.0309)	(0.0286)	(0.0322)
$Health$	-0.0407*	-0.0302	-0.0393	-0.0275	-0.0420*	-0.0353
	(0.0244)	(0.0268)	(0.0224)	(0.0254)	(0.0244)	(0.0272)
$Attain$	-0.0939***	-0.0997***	-0.0944***	-0.0989***	-0.0930***	-0.0986***
	(0.0223)	(0.0245)	(0.0224)	(0.0241)	(0.0223)	(0.0249)
$Comn$	-0.0502	-0.0867**	-0.0580	-0.1034***	-0.0452	-0.0633
	(0.0356)	(0.0401)	(0.0357)	(0.0397)	(0.0357)	(0.0403)
$Labor$	-0.0160	-0.0231	-0.0183	-0.0297	-0.0148	-0.0157
	(0.0389)	(0.0422)	(0.0389)	(0.0415)	(0.0388)	(0.0428)
$Older$	-0.0072	-0.0254	-0.0114	-0.0353	-0.0046	-0.0126
	(0.0528)	(0.0575)	(0.0530)	(0.0566)	(0.0528)	(0.0583)
$lnAsset$	0.0698***	0.0617**	0.0721***	0.0714***	0.0698***	0.0561**
	(0.0223)	(0.0248)	(0.0224)	(0.0244)	(0.0223)	(0.0254)
$Income$	0.0506***	0.0251**	0.0503***	0.0342**	0.0531***	0.0244
	(0.0170)	(0.0108)	(0.0169)	(0.0172)	(0.0171)	(0.0191)
$\_cons$	-2.7207***	-3.6728***	-2.8999***	-3.9809***	-2.5803***	-3.1730***
	(0.5768)	(0.6422)	(0.5794)	(0.6391)	(0.5738)	(0.6422)
WaldChi2	119.4200***	130.4400***	136.2600***	146.3200***	107.6800***	107.6900***
第一阶段 F 值		21.1300		27.6000		10.9400
R2	0.1004		0.1273		0.0546	
Observations	2474	2474	2474	2474	2474	2474

注：*、**、***分别代表10%、5%、1%显著性水平；括号内为估计系数的稳健标准误。

在控制变量方面，年龄对农户农业信贷可得性的影响系数为正，且在1%置信水平下显著，年龄的平方项对农户农业信贷可得性的影响系数为负值，并在1%置信水平下显著，据此可知年龄对农户农业信贷可得性的影响呈现出先上升后下降的 U 型特征；文化程度、家庭总资产及家庭收入能够显著正向影响农户信贷可得性，即受教育年限、家庭总资产及家庭收入的提高均有助于提升农户获得农业信贷的概率；户主健康状况及经济金融素养的系数均在 1% 置信水平下显著为负值，意味着户主身体越健康、对经济金融信息越关注，获得农业信贷的概率就越大。另外，户主性别、家庭党员数、家庭劳动力数及家庭老人数对农户农业信贷可得性的影响不显著。

考虑到式（5-4）、式（5-5）、式（5-6）可能会存在的内生性问题，也即农户农业信贷可得性也可能会对地区政策性农业保险发展产生影响，或者政策性农业保险发展水平与农户农业信贷可得性可能同时会受到其他不可观测因素的影响而造成估计结果产生偏误。为此，本书选取工具变量为相邻省份农业保险发展水平均值，进一步利用 ivprobit 对农业保险与农业信贷可得性的关系进行重新估计，结果如表5-9中第（2）、（4）、（6）列所示。表5-9中第（2）、（4）、（6）列分别是基于 ivprobit 模型估计的政策性农业保险发展总水平、保费收入维度及赔付支出维度农业保险发展水平对农户农业信贷可得性影响的结果。据此可知，政策性农业保险发展总水平、保费收入维度及赔付支出维度的农业保险发展水平对农户农业信贷可得性的影响系数均为正值，并且在 1% 的置信水平上显著，这表明当政策性农业保险发展总水平、保费收入维度及赔付支出维度的农业保险发展水平提高时，农户获得农业信贷的概率也会得到相应提高。总之，政策性农业保险的发展能够有效缓解金融机构对农户农业信贷需求的排斥，使得更多有融资需求的农业生产者纳入信贷机构的放贷目标人群。

2. 政策性农业保险对农户农业信贷需求满足度的实证分析

政策性农业保险发展水平对农户农业信贷需求满足度影响的实证分析结果如表5-10所示。表5-10中第（1）、（3）、（5）列分别是基于 probit 模型估计的政策性农业保险发展总水平、保费收入维度及赔付支出维度农业保险发展水平对农户农业信贷需求满足度影响的结果。据此可知，政策性农业保险发展总水平、保费收入维度及赔付支出维度农业保险发展水平对农户农业信贷需求满足度的影响系数均不显著,即政策性农业保险发展并不能显著改善农户农业信贷需求的满足程度。进一步考虑内生性问题,选取工具变量为相邻省份农业保险发展水平均值,进一步利用 ivprobit 对农业保险与农业信贷需求满足度的关系进行重新估计,结果如表5-10中第(2)、(4)、(6)列所示。据此可知,政策性农业保险发展总水平、保费收入维度及赔付支出维度的农业保险发展水平对农户农业信贷需求满足度的影响同样不显著,进一步验证了在样本期内,政策性农业保险尚未能提升农户农业信贷需求满足度。本书认为可能的原因是,现阶段我国政策性农业保险的保障程度不高,对农业经济损失的补偿有限,加之政策性农业保险与农业信贷的联结还不够紧密,保险赔付能否优先进行偿还银行贷款尚未明确,这会导致银行在放款额度审批上存在违约顾忌,进而使得农户的贷款需求额度无法得到有效满足。另外,在控制变量方面,除了经济金融素养对农户农业信贷需求满足度具有显著的正向影响外,户主年龄、文化程度、健康状况等均对农户农业信贷需求满足度的影响不显著。

表5-10 政策性农业保险对农户农业信贷需求满足度影响的回归结果

变量名称	被解释变量:$Pr(Loan\_qual_i=1)$					
	(1) probit	(2) ivprobit	(3) probit	(4) ivprobit	(5) probit	(6) ivprobit
Agr_ins	-1.5412 (1.1420)	-1.3025 (3.2151)				
Agr_insp			-0.9153 (0.7583)	-0.8479 (2.2390)		
Agr_insc					-2.6844 (1.7372)	-2.1848 (4.9943)
Age	0.0266 (0.0356)	0.0269 (0.0358)	0.0264 (0.0356)	0.0266 (0.0360)	0.0271 (0.0356)	0.0274 (0.0358)
$Age2$	-0.0002 (0.0004)	-0.0002 (0.0004)	-0.0002 (0.0004)	-0.0002 (0.0004)	-0.0002 (0.0004)	-0.0002 (0.0004)
$Gender$	-0.0316 (0.1939)	-0.0316 (0.1899)	-0.0295 (0.1937)	-0.0296 (0.1899)	-0.0359 (0.1945)	-0.0351 (0.1899)
Edu	-0.0540 (0.0588)	-0.0547 (0.0593)	-0.0554 (0.0587)	-0.0557 (0.0590)	-0.0515 (0.0590)	-0.0529 (0.0599)

续表

变量名称	被解释变量：$Pr(Loan\_qual_i = 1)$					
	(1) probit	(2) ivprobit	(3) probit	(4) ivprobit	(5) probit	(6) ivprobit
Health	-0.0496	-0.0501	-0.0491	-0.0494	-0.0510	-0.0513
	(0.0584)	(0.0585)	(0.0584)	(0.0588)	(0.0583)	(0.0583)
Attain	0.1017**	0.1009	0.1003**	0.1000	0.1040**	0.1026
	(0.0466)	(0.0479)	(0.0465)	(0.0477)	(0.0467)	(0.0487)
Comn	0.0097	0.0098	0.0098	0.0098	0.0095	0.0096
	(0.0864)	(0.0858)	(0.0864)	(0.0858)	(0.0865)	(0.0858)
Labor	0.0161	0.0173	0.0176	0.0181	0.0137	0.0155
	(0.0501)	(0.0524)	(0.0501)	(0.0521)	(0.0503)	(0.0533)
Older	-0.0226	-0.0213	-0.0212	-0.0207	-0.0245	-0.0225
	(0.0818)	(0.0840)	(0.0818)	(0.0839)	(0.0818)	(0.0844)
lnAsset	-0.0441	-0.0434	-0.0430	-0.0428	-0.0458	-0.0447
	(0.0432)	(0.0438)	(0.0431)	(0.0436)	(0.0432)	(0.0443)
Income	0.0154	0.0150	0.0149	0.0148	0.0160	0.0155
	(0.0148)	(0.0154)	(0.0147)	(0.0153)	(0.0148)	(0.0156)
_cons	-0.2986	-0.3287	-0.3256	-0.3379	-0.2632	-0.3064
	(1.0622)	(1.1302)	(1.0616)	(1.1302)	(1.0628)	(1.1401)
WaldChi2	115.3900***	13.8200	115.0400***	13.7900	125.9100***	13.8600
第一阶段F值		9.0800		7.9600		9.4800
Pseudo_R2	0.0199		0.0194		0.0206	
Observations	570	570	570	570	570	570

注：*、**、*** 分别代表10%、5%、1%显著性水平；括号内为估计系数的稳健标准误。

第二节 政策性农业保险影响农业信贷效率的实证分析

一、模型设定与变量说明

（一）模型设定

考虑到本书基于 SE-SBM 模型测算的农业信贷效率是介于 0 和 2 之间

的数值，表现出明显的受限特征，如果用 OLS 法会得到有偏的结果，Tobit 模型更合适（杜江等，2016）。因此，本部分构建 Tobit 回归模型对政策性农业保险影响农业信贷效率的成效进行检验，模型如下：

$$Agr\_loef_{it} = \rho_0 + \rho_1 Agr\_ins_{it} + \pi \sum control_{it} + \mu_i + \varepsilon_{it} \quad (5-7)$$

$$Agr\_loef_{it} = \rho_0 + \rho_1 Agr\_insp_{it} + \pi \sum control_{it} + \mu_i + \varepsilon_{it} \quad (5-8)$$

$$Agr\_loef_{it} = \rho_0 + \rho_1 Agr\_insc_{it} + \pi \sum control_{it} + \mu_i + \varepsilon_{it} \quad (5-9)$$

其中，待估参数为 ρ_0、ρ_1、π，i 为省（市），t 为年份。被解释变量 Agr_loef_{it} 为农业信贷效率；解释变量 Agr_ins_{it} 表示农业保险发展总水平，Agr_insp_{it} 表示保费收入维度农业保险发展水平，Agr_insc_{it} 表示赔付支出维度农业保险发展水平；$\sum control_{it}$ 为受教育程度（Edu）、农业风险程度（$Risk$）、城镇化率（Urb_rate）、金融机构效率（Fin_eff）及农业经济地位（Agr_sta）等控制变量。μ_i 为省份个体效应、ε_{it} 为随机干扰项。此外，鉴于随机效应 Tobit 模型能得到一致、无偏的估计量（陈强，2014），因此本书进一步利用随机效应 Tobit 对模型（5-7）、模型（5-8）和模型（5-9）进行估计。

（二）变量说明

（1）被解释变量：农业信贷效率（Agr_loef）。本书将农业信贷效率的界定为各省份农业信贷资金是否得到充分利用以有效推进农业经济发展，提高农户收入。在该概念框架下，本书遵循罗宾斯和库尔特（2017）的"投入—产出"逻辑，由 MATLAB 软件基于 SE-SBM 模型测算得出农业信贷效率。其中模型的投入指标包括农业信贷，产出指标包括农业经济发展水平及农户农业收入。具体测算方法可参见本书第三章第二节所述。

（2）解释变量：政策性农业保险发展总水平（Agr_ins）、保费收入维度的农业保险发展水平（Agr_insp）和赔付支出维度的农业保险发展水平（Agr_insc）。其中，三个维度的政策性农业保险水平主要利用熵值法对农业保险保费收入、赔付支出等十个指标测度而得，具体指标构建和测算方法可参见本书第三章第一节。

（3）控制变量。参考已有研究，模型中进一步控制了受教育程度（Edu）、农业风险程度（$Risk$）、城镇化率（Urb_rate）、金融机构效率

（Fin_eff）及农业经济地位（Agr_sta）等可能影响农业信贷效率的因素。各指标的具体说明可参见本章第一节。

另外，同分析政策性农业保险发展水平对农业信贷规模影响中的样本选取一致，本部分仍选取样本的时间跨度为2012—2021年。并且考虑到上海、天津两市的农业风险程度数据缺失，本书选取的样本为我国29个省、直辖市和自治区（上海、天津、港澳台除外）。样本数据依旧主要来源于《中国金融统计年鉴》《中国农村金融服务报告》《中国保险年鉴》《中国人口与就业统计年鉴》《中国统计年鉴》、CSMAR数据库、Wind数据库等。表5-11展示了模型各变量描述性统计情况。各变量统计特征基本符合我国农业经济发展现状。另外，各变量均值与中位数较为接近，体现了样本数据分布基本呈对称分布。

表5-11　　主要变量的描述性统计

变量名称	符号	样本数	均值	标准差	最小值	中位数	最大值
农业信贷效率	Agr_loef	290	0.4112	0.2104	0.0904	0.3675	1.1282
农业保险发展总水平	Agr_ins	290	0.1171	0.0924	0.0178	0.0884	0.5251
保费收入维度	Agr_insp	290	0.1485	0.1160	0.0148	0.1128	0.8212
赔付支出维度	Agr_insc	290	0.0944	0.0824	0.0000	0.0689	0.5053
受教育程度	Edu	290	7.6806	0.8342	3.8189	7.8289	9.9105
农业风险程度	$Risk$	290	0.0167	0.0185	0.0003	0.0106	0.1322
城镇化率	Urb_rate	290	0.5742	0.1094	0.2287	0.5730	0.8755
金融机构效率	Fin_eff	290	0.7919	0.1458	0.3122	0.7824	1.1593
农业经济地位	Agr_sta	290	0.1761	0.0793	0.0067	0.1649	0.4657

本书对模型各变量的平稳性进行检验以避免由于非平稳性而导致的估计结果偏差。从表5-12的单位根检验结果可知，各变量处于平稳状态。

表5-12　　变量的单位根检验

变量名称	LLC	Fisher-ADF	变量名称	LLC	Fisher-ADF
Agr_loef	-3.9710***	132.2826***	$Risk$	-12.1461***	191.6235***
Agr_ins	-11.9807***	109.7988***	Urb_rate	-13.5237***	126.7484***
Agr_insp	-5.0000***	120.3351***	Fin_eff	-2.5483***	147.7763***
Agr_insc	-4.0967***	122.9124***	Agr_sta	-8.0859***	86.0540***
Edu	-13.9985***	157.2322***			

注：*** 代表 $p<1\%$。

二、基准回归结果分析

(一) 政策性农业保险发展总水平影响农业信贷效率的基准回归结果分析

本书基于随机效应面板 Tobit 模型估计了政策性农业保险发展总水平对农业信贷效率的影响，结果如表 5-13 所示。据表 5-13 可知，估计模型的个体误差和随机误差较小，且两者的方差比 ρ 在 0.5 以上[①]，个体效应方差所占比重大且似然比（LR）值很大，强烈拒绝个体效应为零的原假设，使用随机效应面板 Tobit 模型回归合理。

据表 5-13 中第（1）—（4）列分别是未加入控制变量及依次加入受教育程度、农业风险程度、城镇化率等控制变量后的估计结果，据此可以发现，尽管政策性农业保险发展总水平的系数大小在依次加入控制变量中稍有变化，但政策性农业保险发展总水平都至少在 5% 的置信水平上正向影响农业信贷效率，即政策性农业保险发展能够显著提升农业信贷效率。

表 5-13　农业保险发展总水平影响农业信贷效率的基准回归结果

变量名称	被解释变量：Agr_loef			
	(1)	(2)	(3)	(4)
Agr_ins	0.3230***	0.3123**	0.4022**	0.4602***
	(0.1181)	(0.1281)	(0.1641)	(0.1692)
Edu		0.0089**	0.0019*	0.0048**
		(0.0038)	(0.0010)	(0.0019)
$Risk$		-0.1127*	-0.1240*	-0.1068**
		(0.0626)	(0.0656)	(0.0492)
Urb_rate			0.1570	0.0043
			(0.2729)	(0.2951)
Fin_eff			0.1645	0.1670
			(0.1274)	(0.1276)

---

① 所有无法观测因素（即复合误差）由 μ_i 和 ε_{it} 构成，方差比系数 ρ 代表个体效应的方差占复合误差的总方差比重，即 $\rho = \sigma_\mu^2 / (\sigma_\mu^2 + \sigma_\varepsilon^2)$。

续表

变量名称	被解释变量：Agr_loef			
	（1）	（2）	（3）	（4）
Agr_sta				-0.4664
				(0.3453)
_cons	0.4266***	0.3575	0.4406*	0.5839**
	(0.0409)	(0.2474)	(0.2564)	(0.2764)
σ_μ	0.2033***	0.2029***	0.2071***	0.2043***
	(0.0278)	(0.0278)	(0.0286)	(0.0284)
σ_ε	0.1273***	0.1273***	0.1267***	0.1264***
	(0.0056)	(0.0056)	(0.0056)	(0.0055)
ρ	0.7184	0.7175	0.7279	0.7232
LR	267.7300	266.7900	267.5700	257.4400
Observations	290	290	290	290

注：*、**、***分别代表10%、5%、1%显著性水平；括号内为估计系数的标准误。σ_μ为省份个体效应估计值，σ_ε为随机干扰项估计值。

在控制变量方面，受教育程度在5%的显著水平上正向影响农业信贷效率，即受教育程度提升能有效提高农业信贷效率。农业风险程度的系数在5%的显著水平上负向影响农业信贷效率，即农业风险的增大会抑制农业信贷效率提升。另外，城镇化率、金融机构效率及农业经济地位对农业信贷规模的影响不显著。

（二）不同维度农业保险发展水平影响农业信贷效率的基准回归结果分析

表5-14展示了保费收入和赔付支出两个维度农业保险发展水平影响农业信贷效率的基准回归结果。表5-14中第（1）、（2）列是保费收入维度农业保险发展水平对农业信贷效率的影响结果，其中第（1）列未加入控制变量，第（2）列加入了控制变量。无论是否加入控制变量，保费收入维度农业保险发展水平的系数均在1%置信水平上显著为正，即保费收入维度农业保险发展水平能够有效提升农业信贷效率。表5-14中第（3）、（4）列是赔付支出维度农业保险发展水平对农业信贷效率的影响结果，其中第（3）列未加入控制变量，第（4）列加入了控制变量。无论是否加入控制变量，赔付支出维度农业保险发展水平的系数均在5%置信水平上显

著为正,即赔付支出维度农业保险发展水平能够有效提升农业信贷效率。另外,控制变量对农业信贷效率的影响基本与农业保险发展总水平对农业信贷效率影响的基准回归结果一致。

表5-14　不同维度农业保险发展水平影响农业信贷效率的基准回归结果

变量名称	被解释变量:Agr_loef			
	(1)	(2)	(3)	(4)
Agr_insp	0.2817***	0.3893***		
	(0.0991)	(0.1367)		
Agr_insc			0.2751**	0.3209**
			(0.1201)	(0.1593)
Edu		0.0099*		0.0053*
		(0.0054)		(0.0027)
$Risk$		-0.2617*		-0.0069**
		(0.1377)		(0.0287)
Urb_rate		0.0210		0.0869
		(0.2923)		(0.2936)
Fin_eff		0.1685		0.1120
		(0.1269)		(0.1241)
Agr_sta		-0.4252		-0.3949
		(0.3410)		(0.3446)
$\_cons$	0.4225***	0.5224**	0.4384***	0.5021*
	(0.0413)	(0.2666)	(0.0399)	(0.2751)
σ_μ	0.2037***	0.2045***	0.2021***	0.2019***
	(0.0279)	(0.0285)	(0.0276)	(0.0281)
σ_ε	0.1271***	0.1262***	0.1279***	0.1273***
	(0.0056)	(0.0055)	(0.0056)	(0.0056)
ρ	0.7196	0.7243	0.7140	0.7154
LR	268.3100	257.5600	265.5400	257.4400
$Observations$	290	290	290	290

注:*、**、***分别代表10%、5%、1%显著性水平;括号内为估计系数的标准误。σ_μ为省份个体效应估计值,σ_ε为随机干扰项估计值。

三、稳健性检验

(一) 内生性处理

由于农业保险与农业信贷效率可能会存在相互影响或因共同影响因素而产生内生性问题。为此，本书选取工具变量为相邻省份农业保险发展水平均值，进一步利用2SLS对农业保险与农业信贷效率的关系进行重新估计。之所以选取相邻省份农业保险发展水平均值作为工具变量的原因是相邻省份资源相互流动较强，会使得农业保险发展具有明显的"空间溢出效应"，表现出较强的区域集聚性（黄琦等，2017；王韧等，2021），因此相邻省份农业保险发展水平与本省农业保险发展具有紧密联系，满足"相关性"假设。而尚未有证据证明相邻省份农业保险发展水平与本省农业信贷效率具有联系。

政策性农业保险发展总水平、保费收入维度和赔付支出维度农业保险发展水平对农业信贷效率影响的内生性处理结果如表5－15中第（1）、（2）、（3）列所示。据此可知，即使处理内生性问题，政策性农业保险发展总水平、保费收入维度和赔付支出维度农业保险发展水平仍旧能显著正向影响农业信贷效率。另外，弱工具变量检验结果不支持弱工具变量存在 [表5－15第（1）、（2）、（3）列的C－D Wald F统计值分别为32.06、25.24、17.26]。

表5－15　政策性农业保险影响农业信贷效率的内生性检验结果

变量名称	(1)		(2)		(3)	
	第一阶段	第二阶段	第一阶段	第二阶段	第一阶段	第二阶段
Agr_ins		0.8184***				
		(0.2375)				
iv	0.6880***					
	(0.1180)					
Agr_insp				0.7045***		
				(0.2016)		

续表

变量名称	(1)		(2)		(3)	
	第一阶段	第二阶段	第一阶段	第二阶段	第一阶段	第二阶段
ivpr			0.6359***			
			(0.1266)			
Agr_insc						0.9378**
						(0.2767)
ivpo					0.3809***	
					(0.1252)	
control	Yes	Yes	Yes	Yes	Yes	Yes
R_squared	0.7236		0.6743		0.5984	
LR		262.7800		263.2700		261.5700
Observations	290	290	290	290	290	290

注：*、**、***分别代表10%、5%、1%显著性水平；括号内为估计系数的稳健标准误。iv、$ivpr$、$ivpo$分别为相邻省份农业保险发展总水平、保费收入和赔付支出维度农业保险发展水平的均值。

（二）更换解释变量、被解释变量及删除直辖市样本的稳健性检验

本部分从更换解释变量、被解释变量及删除直辖市样本三个层面，对基准回归结论进行稳健性检验，以增强该结论的可信性。

其一，更换解释变量。在政策性农业保险发展水平测度中，为了避免不同测度方法测度的结果影响实证分析的有效性，本书借鉴吕开宇等（2016）的思路，进一步利用因子分析法测度政策性农业保险发展水平，并将其作为本书的解释变量纳入实证模型重新估计，估计结果如表5-16中第（1）、（4）、（7）列所示。据表5-16中第（1）、（4）、（7）列可知，以因子分析法测度的政策性农业保险发展水平作为解释变量时，政策性农业保险发展总水平、保费收入维度农业保险发展水平及赔付支出维度农业保险发展水平的系数均至少在5%置信水平上显著为正，这与表5-13及表5-14中的基准回归结果一致。

表 5-16　更换解释变量、被解释变量及删除直辖市样本的稳健性检验结果

变量名称	发展总水平			保费收入维度			赔付支出维度		
	(1) 更换解释变量	(2) 更换被解释变量	(3) 删除直辖市	(4) 更换解释变量	(5) 更换被解释变量	(6) 删除直辖市	(7) 更换解释变量	(8) 更换被解释变量	(9) 删除直辖市
Agr_ins	0.0738*** (0.0213)	0.5947*** (0.2024)	0.5736*** (0.1899)						
Agr_insp				0.0571*** (0.0156)	0.4186*** (0.1514)	0.4493*** (0.1499)			
Agr_insc							0.0322** (0.1301)	0.4491** (0.1965)	0.3988** (0.1755)
control	Yes	Yes	Yes	Yes	Yes	Yes	Yes	Yes	Yes
σ_μ	0.2066*** (0.0288)	0.2081*** (0.0299)	0.1816*** (0.0264)	0.2031*** (0.0283)	0.2080*** (0.0301)	0.1824*** (0.0266)	0.2042*** (0.0283)	0.2054*** (0.0294)	0.1781*** (0.0258)
σ_ε	0.1251*** (0.0055)	0.1299*** (0.0059)	0.1298*** (0.0059)	0.1251*** (0.0055)	0.1302*** (0.0059)	0.1298*** (0.0059)	0.1267*** (0.0056)	0.1310*** (0.0060)	0.1311*** (0.0060)
ρ	0.7315	0.7195	0.6619	0.7251	0.7187	0.6639	0.7221	0.7110	0.6485
LR	260.9000	235.3600	199.6400	258.3700	234.2900	199.5400	257.2500	232.0200	196.2200
Observations	290	290	270	290	290	270	290	290	270

注：*、**、*** 分别代表10%、5%、1%显著性水平；括号内为估计系数的标准误。σ_μ 为省份个体效应估计值，σ_ε 为随机干扰项估计值。

其二，更换被解释变量。本书进一步借鉴董竹和覃基广（2012）测算信贷效率的思路，选用农业信贷余额、新型农村金融机构从业人数和新型农村金融机构数量作为 SE-SBM 的投入变量，仍以农业经济产值、农户农业收入作为产出变量测算农业信贷效率。其中新型农村金融机构包括中国农业银行、中国农业发展银行、农村商业银行、农村合作银行及农村信用合作社等，上述机构是我国农业信贷的主力军。将以上述投入和产出指标测算的农业信贷效率作为被解释变量进行稳健性检验，检验结果如表5-16中第（2）、（5）、（8）列所示。表5-16中第（2）、（5）、（8）列分别是政策性农业保险发展总水平、保费收入维度及赔付支出维度对农业信贷效率的影响检验，由此可知，在变换 SE-SBM 投入指标后，政策性农业保险发展总水平、保费收入维度及赔付支出维度对农业信贷效率的影响依然显著为正，这与表5-13及表5-14中的基准回归结果一致。

其三，删除直辖市样本。京、津、沪、渝四个直辖市拥有独特的政治及金融资源，尤其是其便利的金融基础设施资源及较低的农业产业比重在一定程度上会扭曲农业保险发展水平对农业信贷效率影响的估计结果。为此，本书利用进一步删除四个直辖市的样本对政策性农业保险发展水平影响农业信贷效率的成效进行重新估计，估计结果如表5-16中第（3）、（6）、（9）列所示。据表5-16中第（3）、（6）、（9）列可知，即使除去直辖市，政策性农业保险发展总水平、保费收入维度及赔付支出维度农业保险发展水平的系数均至少在5%的水平上依旧显著为正，这与表5-13及表5-14中的基准回归结果一致，说明政策性农业保险发展水平能够有效提升农业信贷效率结论具有稳健性。

四、异质性分析

（一）经济区域的异质性分析

正如前文在分析农业保险影响农业信贷规模的经济区域异质性一样，我国省份经济基础的不同可能会导致农业保险发展水平出现差异，进而影响农业保险对农业信贷规模的作用效应出现经济区域异质性，农业保险对农业信贷效率的影响也可能出现经济区域异质性。为此,本书进一步对农业保险影响农业信贷效率的经济区域异质性进行检验,检验结果如表5–17所示。其中,表5–17第(1)—(3)列为东部地区的农业保险发展水平影响农业信贷效率的检验结果。据此可知,三个不同维度的农业保险发展水平对农业信贷效率的估计系数均不显著,意味着在东部地区农业保险未能有效提升农业信贷效率。表5–17第(4)—(6)列分别展示了中部、东北部及西部地区三个不同维度的政策性农业保险发展水平对农业信贷效率的影响结果。据此可知,中部、东北部及西部地区的政策性农业保险发展总水平、保费收入维度和赔付支出维度的估计系数均在1%的水平上显著为正,表明在中部、东北部及西部地区,政策性农业保险发展水平能够有效提升农业信贷效率。从上述分析可以看出,政策性农业保险发展水平对农业信贷效率的影响在经济区域间呈现较为明显的差异性,并且在中部、东北部及西部地区,政策性农业保险提升农业信贷效率的作用更为明显。可能的原因是中央财政对中部、东北部及西部地区省份的农业保险保费补贴支持力度相对较大,使得中部、东北部及西部地区省份的农业保险发展水平要高于东部地区,进而增强了中部、东北部及西部地区政策性农业保险提升农业信贷效率的成效。

表5–17 不同经济区域的异质性分析

变量名称	被解释变量:Agr_loef					
	东部地区			中部、东北部及西部地区		
	(1)	(2)	(3)	(4)	(5)	(6)
Agr_ins	-0.0054			0.7370***		
	(0.2747)			(0.2145)		
Agr_insp		0.2579			0.4747***	
		(0.2729)			(0.1619)	
Agr_insc			-0.1403			0.6340***
			(0.2309)			(0.2102)
control	Yes	Yes	Yes	Yes	Yes	Yes
σ_μ	0.2431***	0.2336***	0.2476***	0.1895***	0.1865***	0.1884***
	(0.0778)	(0.0745)	(0.0793)	(0.0313)	(0.0308)	(0.0311)

续表

变量名称	被解释变量：Agr_loef					
	东部地区			中部、东北部及西部地区		
	(1)	(2)	(3)	(4)	(5)	(6)
σ_ε	0.1052***	0.1050***	0.1047***	0.1315***	0.1328***	0.1325***
	(0.0090)	(0.0090)	(0.0090)	(0.0067)	(0.0068)	(0.0068)
ρ	0.8425	0.8319	0.8482	0.6750	0.6637	0.6691
LR	77.9400	78.2800	77.9700	156.9000	153.1000	156.0600
Observations	80	80	80	210	210	210

注：*、**、***分别代表10%、5%、1%显著性水平；括号内为估计系数的标准误。σ_μ 为省份个体效应估计值，σ_ε 为随机干扰项估计值。

（二）粮食产区的异质性分析

粮食主产区与非粮食主产区在农业生产结构等方面的差异也可能会影响农业保险提升农业信贷效率作用的有效发挥，因此，有必要分别考察粮食主产区与非粮食主产区农业保险对农业信贷效率的影响。

表5-18展示了粮食主产区与非粮食主产区的政策性农业保险发展水平对农业信贷效率的影响结果。据表5-18可知，粮食主产区的政策性农业保险发展总水平、保费收入维度和赔付支出维度的估计系数均不显著，即粮食主产区的政策性农业保险发展水平未能有效起到提升农业信贷效率的作用。然而，非粮食主产区的政策性农业保险发展总水平、保费收入维度和赔付支出维度的估计系数至少在5%的水平上显著为正，表明非粮食主产区的政策性农业保险发展水平能够有效提升农业信贷效率。从上述分析可以看出，政策性农业保险发展水平对农业信贷效率的影响在不同粮食产区表现出了较为明显的差异性，并且在非粮食主产区层面政策性农业保险对农业信贷效率的影响更为明显。可能的原因正如前文所提到的那样，非粮食主产区农业生产结构更趋多元，农业保险通过提升规模化和技术化经营水平提高农业信贷效率也更加明显。

表 5-18　不同粮食产区的异质性分析

变量名称	被解释变量：Agr_loef					
	粮食主产区			非粮食主产区		
	(1)	(2)	(3)	(4)	(5)	(6)
Agr_ins	0.0480			0.4464**		
	(0.2759)			(0.2032)		
Agr_insp		0.1899			0.4057**	
		(0.1711)			(0.1961)	
Agr_insc			-0.2097			0.4183**
			(0.2415)			(0.1953)
control	Yes	Yes	Yes	Yes	Yes	Yes
σ_μ	0.2078***	0.2057***	0.2165***	0.2107***	0.2126***	0.2057***
	(0.0443)	(0.0445)	(0.0463)	(0.0430)	(0.0441)	(0.0441)
σ_ε	0.1094***	0.1089***	0.1086***	0.1162***	0.1163***	0.1166***
	(0.0072)	(0.0072)	(0.0071)	(0.0069)	(0.0070)	(0.0069)
ρ	0.7830	0.7810	0.7990	0.7668	0.7697	0.7567
LR	118.5700	121.3600	123.7800	139.6600	139.0300	139.5900
Observations	130	130	130	160	160	160

注：*、**、*** 分别代表 10%、5%、1% 显著性水平；括号内为估计系数的标准误。σ_μ 为省份个体效应估计值，σ_ε 为随机干扰项估计值。

第三节　本章小结

本章旨在从实证层面检验政策性农业保险对农业信贷规模及效率的影响成效。为此，本章基于 2012—2021 年我国省级面板数据，利用固定效应模型、工具变量法、Tobit 模型等计量方法分别对政策性农业保险影响农业信贷规模及效率的成效进行实证检验，并在此基础上进一步考察了经济区域、粮食产区差异引致的政策性农业保险影响农业信贷规模及效率的异质性。实证检验结果显示：

其一，政策性农业保险发展水平对农业信贷规模具有显著的正向影响。

该结果无论是以政策性农业保险发展总水平,还是以保费收入维度、赔付支出维度农业保险发展水平作为解释变量均成立。在引入工具变量、更换解释变量和被解释变量及删除直辖市样本等稳健性检验后,上述结论依然成立。另外,异质性分析表明,在中部、东北部、西部地区及非粮食主产区,政策性农业保险发展水平能够有效提升农业信贷规模,而在东部地区及粮食主产区则不显著。进一步利用农户微观数据对政策性农业保险影响农户农业信贷可得性及需求满足度进行检验的结果显示,政策性农业保险对农户获得农业信贷可得性具有显著的正向影响,而对农户农业信贷需求满足度的影响不显著。

其二,政策性农业保险发展水平对农业信贷效率具有显著的正向影响。该结果在以不同维度农业保险发展水平作为解释变量进行检验时均成立。在内生性处理和更换解释变量、被解释变量与删除直辖市样本等稳健性检验后,上述结论依然成立。另外,异质性分析表明,在中部、东北部、西部地区及非粮食主产区,政策性农业保险发展水平对农业信贷效率的影响系数显著为正值,而在东部地区及粮食主产区则不显著。

第六章 政策性农业保险影响农业信贷规模及效率的作用机制检验

前文理论分析和实证检验显示,政策性农业保险能够有效提升农业信贷规模及效率。那么,政策性农业保险影响农业信贷规模及效率的作用机制将成为接下来研究的重点。在第四章的理论分析中指出,政策性农业保险能够通过农业风险管理、稳定和提高农业收入促进农业信贷规模提升,能够通过农业风险管理、农业经营技术和农业规模化经营提高农业信贷效率。然而,上述分析仅还仅停留在理论层面,实践中农业保险能否通过上述机制提高农业信贷规模及效率仍需进一步利用现实数据进行实证检验。为此,本章基于省级面板数据,利用计量模型对政策性农业保险影响农业信贷规模及效率的作用机制进行实证检验。

第一节 政策性农业保险影响农业信贷规模的作用机制检验

一、模型设定与变量说明

(一)模型设定

其一,为检验政策性农业保险能否通过有效发挥农业风险管理功能来提高农业信贷规模，本部分将基于调节效应检验思路（江艇，2022），构建如下计量模型：

$$Agr\_loan_{it} = \alpha_0 + \alpha_1 X_{it} + \alpha_2 X_{it} \times Risk_{it} + \alpha_3 \sum control_{it} + \mu_i + \varepsilon_{it} \quad (6-1)$$

其二，为检验农业收入波动及农业收入增长在政策性农业保险影响农业信贷规模的作用机制，本部分借鉴 Alesina 和 Zhuravskaya（2011）的检验思路，首先，构建模型（6-2）分析农业保险对农业收入波动或农业收入增长的影响。模型（6-2）如下：

$$Med_{it} = \beta_0 + \beta_1 X_{it} + \beta_2 \sum control_{it} + \mu_i + \lambda_t + \varepsilon_{it} \quad (6-2)$$

其次，在第五章基准回归模型（5-1）、模型（5-2）和模型（5-3）的基础上，进一步控制农业收入波动或农业收入增长，建立如下模型：

$$Agr\_loan_{it} = \theta_0 + \theta_1 X_{it} + \theta_2 Med_{it} + \theta_3 \sum control_{it} + \mu_i + \lambda_t + \varepsilon_{it}$$
$$(6-3)$$

在式（6-1）、式（6-2）和式（6-3）中，下标 i 表示省（市），t 表示年份，α、β 及 θ 为待估参数。Agr_loan_{it} 表示农业信贷规模；X_{it} 表示政策性农业保险发展水平，具体包含政策性农业保险发展总水平（Agr_ins_{it}）、保费收入维度（Agr_insp_{it}）和赔付支出维度（Agr_insc_{it}）农业保险发展水平；Med_{it} 为机制变量，包括农业收入波动（Inc_vol_{it}）及农业收入增长（$Income_{it}$）；$\sum control_{it}$ 为一系列控制变量，具体包括受教育程度（Edu）、农业风险程度（$Risk$）、城镇化率（Urb_rate）、金融机构效率（Fin_eff）及农业经济地位（Agr_sta）等。μ_i 为省份个体效应、λ_t 为年份时间效应、ε_{it} 为随机干扰项。

在式（6-1）中，如果 α_2 正向显著，则意味着随着农业风险增大，农业保险对农业信贷规模的提升效用就越强，在一定程度上体现了农业保险风险管理功能得到了有效发挥。在式（6-2）和式（6-3）中，遵循 Alesina 和 Zhuravskaya（2011）的逻辑，如果 Med_{it} 能够成为作用机制，不仅要求 β_1 显著，而且 θ_1 要小于基准回归系数。

（二）变量说明

农业信贷规模（Agr_loan）、政策性农业保险发展水平（Agr_ins）及农业风险程度（Risk）、农作物播种面积（Area）等变量的选取在第五章已经进行相应说明，这里不再赘述。本部分主要对农业收入波动（Inc_vol_{it}）及农业收入增长（$Income_{it}$）这两个机制变量的选取进行详细阐述。

农业收入波动（Inc_vol_{it}）及农业收入增长（$Income_{it}$）的选取以通过HP滤波方法（Hodrick Prescott Filter）分解后的我国农村居民人均经营净收入为基础。具体而言：

其一，以农村居民人均经营净收入作为HP滤波分解的基础。之所以选取农村居民人均经营净收入的原因是：农村居民人均经营净收入主要是其进行包括农业生产在内的生产经营活动所获得的净收入[①]，并且该生产经营活动收入的80%以上为农业经营收入。因此，农户农业收入（单位：元/人）可以用农村居民人均经营净收入进行测度。为消除价格因素影响，进一步以农村居民消费价格指数对农村居民人均经营净收入进行平减。农村居民消费价格指数及农村居民人均经营净收入数据基于《中国农村统计年鉴》收集整理。

其二，利用HP滤波法分解农村居民人均经营净收入长期趋势和短期波动趋势。首先，将农村居民人均经营净收入序列$\{Y_t\}$假定为由长期趋势$\{Income_t\}$和短期波动$\{Vol_t\}$两部分组成，用式（6-4）进行表示上述假定，并且该假定也是HP滤波法所要达成的目的，即分离出长期趋势和短期波动成分。式（6-4）如下：

$$Y_t = Income_t + Vol_t \qquad (6-4)$$

其次，为实现长期趋势$\{Income_t\}$的分离，HP滤波将通过最小化求解如下公式实现：

$$\min\left\{\frac{1}{T}\sum_{t=1}^{T}(Y_t - Income_t)^2 + \lambda\sum_{t=1}^{T}[(Income_{t+1} - Income_t) - (Income_t - Income_{t-1})]^2\right\} \qquad (6-5)$$

其中，参数λ的变动会对HP滤波分离成效产生显著影响。为提升HP滤波分解成效，本书借鉴Ravn和Uhlig（2002）的思路，在$\lambda = 6.25$情况

[①] 参见《中国农村统计年鉴》对农村居民经营净收入的定义。

下对我国农村居民人均经营净收入进行HP滤波分解,主要是因为$\lambda=6.25$较为适用年度数据HP滤波分解。

其三,农业收入波动指标选取。参考郭婧和马光荣(2019)利用HP滤波法对宏观经济波动的测算过程,基于前文HP滤波分解得到农村居民人均经营净收入的短期波动部分(Vol_t),以其3年窗口期内的标准差对农户收入波动进行测度①。其中,农业收入波动指标(第t年)的测算式如(6-6)所示:

$$Inc\_vol_t = \sqrt{\frac{1}{3}\sum_{t-1}^{t+1}(Vol_t - \overline{Vol_t})^2} \qquad (6-6)$$

其中,$\overline{Vol_t}$为Vol_t在3年窗口期内的均值,用公式表示为:$\overline{Vol_t} = \frac{1}{3}\sum_{t-1}^{t+1} Vol_t$。农业收入波动($Inc\_vol_t$)数值含义为:如果数值越小,则农业越稳收。反之,农业稳收效果越差。

其四,农业收入增长指标选取。以前文利用HP滤波分解我国农村居民人均经营净收入序列得到的趋势部分($Income_t$)测度农业收入增长。这样做的主要原因是,该趋势部分($Income_t$)排除了短期波动干扰,能够反映出农业收入长期变动情况,较好地体现了农业收入增长趋势。

二、基于农业风险管理的作用机制检验

(一)农业风险管理的作用机制检验结果分析

本部分基于式(6-1)从实证层面检验政策性农业保险能否通过农业风险管理来提升农业信贷规模,即政策性农业保险能否有效抑制农业风险程度对农业信贷规模的负面冲击。表6-1汇报了农业风险管理的作用机制检验结果。其中,表6-1中第(1)、(2)、(3)列分别是政策性农业保险发展总水平、保费收入维度及赔付支出维度农业保险发展水平下,农业风

---

① 在实证分析部分的稳健性检验中,将窗口期设定为5年后结果依然稳健。另外,鉴于HP滤波要求时间跨度较长的数据,以使滤波结果更为真实可靠,因此,本书尽可能地选取了1992年至2021年的农村居民人均经营净收入数据进行HP滤波分解,而西藏和重庆存在部分数据缺失,本书对其进行删除处理。并且式(6-6)是3年窗口期标准差的测算,将导致缺失2021年农业收入波动数据。

险管理的作用机制检验结果。

由表6-1可知,尽管农业风险程度的系数不显著,但却为负值,说明农业风险的上升,在一定程度上会抑制农业信贷规模。另外,一旦将政策性农业保险发展水平作为调节变量,与农业风险程度的交乘项纳入估计模型中后,政策性农业保险发展总水平与农业风险程度的交乘项($Agr\_ins \times Risk$)、保费收入维度农业保险发展水平与农业风险程度的交乘项($Agr\_insp \times Risk$)、赔付支出维度农业保险发展水平与农业风险程度的交乘项($Agr\_insc \times Risk$)三者的系数均至少在10%置信水平上显著为正值,说明政策性农业保险发展水平的上升能够有效缓解农业风险对农业信贷规模提升的负面冲击,以达到提升农业信贷规模的效果。

表6-1 农业保险通过农业风险管理影响农业信贷规模的实证结果

变量名称	被解释变量:$\ln Agr\_loan$		
	(1)	(2)	(3)
Agr_ins	0.6482*		
	(0.3395)		
$Agr\_ins \times Risk$	2.8492**		
	(1.1217)		
Agr_insp		0.5351**	
		(0.2699)	
$Agr\_insp \times Risk$		2.6590*	
		(1.4772)	
Agr_insc			0.3578*
			(0.1934)
$Agr\_insc \times Risk$			5.7990*
			(3.0521)
$Risk$	-1.7128	-0.7525	-2.1565
	(1.4834)	(1.3690)	(1.4416)
$control$	Yes	Yes	Yes
$Province FE$	Yes	Yes	Yes
$Time FE$	Yes	Yes	Yes
$R\_squared$	0.7380	0.7376	0.7362
$Observations$	290	290	290

注:*、**、***分别代表10%、5%、1%显著性水平;括号内为估计系数的稳健标准误。

(二) 农业风险管理作用机制的稳健性检验

本部分从更换解释变量和被解释变量两个角度,对政策性农业保险能够有效发挥风险管理功能以提升农业信贷规模这一结论进行稳健性分析。具体而言:

一是以因子分析法测度的政策性农业保险发展水平更换解释变量。表 6-2 中第(1)、(2)、(3)列展示了更换解释变量后的稳健性检验结果。据此可知,政策性农业保险发展总水平、保费收入维度及赔付支出维度的农业保险发展水平与农业风险程度交乘项的系数均至少在 10% 置信水平上显著为正值,在一定程度上验证了政策性农业保险能够通过农业风险管理达到提升农业信贷规模的效果。

表 6-2 农业保险通过农业风险管理影响农业信贷规模的稳健性检验结果

变量名称	更换解释变量			更换被解释变量		
	(1)	(2)	(3)	(4)	(5)	(6)
Agr_ins	0.0664*			0.7168**		
	(0.0364)			(0.3514)		
$Agr\_ins \times Risk$	1.4922*			5.7029**		
	(0.8336)			(2.2630)		
Agr_insp		0.0032*			0.5069*	
		(0.0017)			(0.2804)	
$Agr\_insp \times Risk$		0.7847**			1.2026*	
		(0.3649)			(0.6329)	
Agr_insc			0.0594**			0.4566*
			(0.0269)			(0.2579)
$Agr\_insc \times Risk$			0.1916*			8.6890**
			(0.1070)			(3.9316)
$Risk$	-1.3696*	-1.4160*	-2.0115**	-2.3369	-1.2160	-2.8044*
	(0.7747)	(0.7667)	(0.8606)	(1.5356)	(1.4222)	(1.4904)
control	Yes	Yes	Yes	Yes	Yes	Yes
ProvinceFE	Yes	Yes	Yes	Yes	Yes	Yes
TimeFE	Yes	Yes	Yes	Yes	Yes	Yes
R_squared	0.7359	0.7340	0.7416	0.6362	0.6331	0.6346
Observations	290	290	290	290	290	290

注:*、**、*** 分别代表 10%、5%、1% 显著性水平;括号内为估计系数的稳健标准误。

二是选用农业信贷余额绝对值的对数重新测度被解释变量。表6-2中第（4）、（5）、（6）列是更换被解释变量后的实证结果。据此可知，在（4）、（5）、（6）三个模型中，当农业风险程度与三个维度的政策性农业保险发展水平交互时，三个交互系数均至少在10%置信水平上显著为正值，即政策性农业保险能够削弱农业风险程度对农业信贷规模的不利影响，这也进一步验证了表6-1中的结论，证实了政策性农业保险在影响农业信贷规模过程中农业风险管理功能的存在。

三、基于农业收入波动的作用机制检验

（一）农业收入波动的作用机制检验结果分析

本部分基于式（6-2）、式（6-3）从实证层面检验农业保险通过农业收入波动影响农业信贷规模的作用机制。表6-3中第（1）、（2）、（3）列分别是农业收入波动在政策性农业保险发展总水平、保费收入和赔付支出维度农业保险发展水平影响农业信贷规模的作用机制检验结果。据此可知：

表6-3　　　　　　农业收入波动的作用机制检验结果

变量名称	(1) Inc_vol	(1) lnAgr_loan	(1) lnAgr_loan	(2) Inc_vol	(2) lnAgr_loan	(2) lnAgr_loan	(3) Inc_vol	(3) lnAgr_loan	(3) lnAgr_loan
Agr_ins	−0.1407** (0.0601)	0.4362* (0.2284)	0.3567*** (0.1371)						
Agr_insp				−0.0988** (0.0422)	0.1011** (0.0434)	0.0810* (0.0413)			
Agr_insc							−0.0749* (0.0382)	0.4043** (0.1579)	0.3738* (0.2211)
Inc_vol			−0.1455** (0.0577)			−0.1003** (0.0430)			−0.1272*** (0.0489)
control	Yes	Yes	Yes	Yes	Yes	Yes	Yes	Yes	Yes
ProvinceFE	Yes	Yes	Yes	Yes	Yes	Yes	Yes	Yes	Yes
TimeFE	Yes	Yes	Yes	Yes	Yes	Yes	Yes	Yes	Yes
R_squared	0.6257	0.6875	0.6877	0.6574	0.6863	0.6864	0.6447	0.6882	0.6884
Observations	243	243	243	243	243	243	243	243	243

注：*、**、***分别代表10%、5%、1%显著性水平；括号内为估计系数的稳健标准误。

一是无论是农业保险发展总水平，还是保费收入和赔付支出维度农业保险发展水平对农业收入波动的影响系数均为负值，且至少在10%置信水平上显著，这意味着农业保险发展水平对农业收入波动具有负向影响，即农业保险发展有助于平抑农业收入波动。其原因可能如第四章中分析那样：在灾害损失发生后，政策性农业保险能够对其进行有效补偿，实现不同时期农业收入波动平滑（张伟等，2020）。

二是在基准回归模型的基础上引入农业收入波动后，不同农业发展水平下农业收入波动对农业信贷规模的影响系数至少在5%置信水平上显著为负值，并且政策性农业保险发展总水平、保费收入维度和赔付支出维度农业保险发展水平对农业信贷规模的影响系数均显著，具体数值分别为：0.3567、0.0810和0.3738，明显小于不控制农业收入波动情况下农业保险发展水平的基准回归系数（分别为：0.4362、0.1011和0.4043)[①]，这表明降低农业收入波动有助于农业信贷规模提升。该结果也验证了第四章中对于农业经营收入状况，尤其是农业收入波动状况会直接影响银行愿意放贷规模的分析结论（任乐等，2017；叶明华和陈康，2022）。

通过上述分析可以发现，农业保险发展水平提升能够稳定农业收入波动，而农业稳收是提高农业信贷规模的重要渠道，这也验证了农业保险能够通过稳收效应来促进农业信贷规模提升。

（二）农业收入波动作用机制的稳健性检验

为了提升上述农业收入波动在政策性农业保险提升农业信贷规模中发挥传导作用这一结论的稳健性，本部分进一步从更换机制变量、解释变量及被解释变量三个方面进行稳健性检验，稳健性检验结果如表6-4所示。其中，表6-4中Panel A是更换农业收入波动这一机制变量后的稳健性检验结果。这里更换的农业收入波动是基于式（6-6）进一步计算出5年窗口期内的短期波动部分（Vol_t）标准差进行度量的。表6-4中Panel B部分是以因子分析法测度的政策性农业保险发展水平作为解释变量的稳健性

---

① 尽管在不控制农业收入波动情况下，农业保险对农业信贷规模影响的回归结果已经在第五章表5-3和表5-4中呈现，但是由于本部分所采用的样本数量相较于第五章有所减少，为便于比较，本部分进一步在表6-3中汇报了不控制农业收入波动情况下农业保险对农业信贷规模影响的回归结果。

检验结果。表 6-4 中 Panel C 部分是以农林牧渔贷款余额绝对值测度的农业信贷规模作为解释变量的稳健性检验结果。

表 6-4　农业收入波动作用机制的稳健性检验结果

	\multicolumn{3}{c}{Panel A：更换机制变量}						
变量名称	(1)			(2)			(3)		
	Inc_vol	lnAgr_loan	lnAgr_loan	Inc_vol	lnAgr_loan	lnAgr_loan	Inc_vol	lnAgr_loan	lnAgr_loan
Agr_ins	-0.0820*	0.5331*	0.5115*						
	(0.0480)	(0.2929)	(0.2750)						
Agr_insp				-0.0341**	0.1126**	0.1008*			
				(0.0158)	(0.0568)	(0.0554)			
Agr_insc							-0.0614*	0.5241**	0.5082*
							(0.0326)	(0.2350)	(0.2689)
Inc_vol		-0.2632**			-0.3463**			-0.2588**	
		(0.1191)			(0.1353)			(0.1166)	
control	Yes	Yes	Yes	Yes	Yes	Yes	Yes	Yes	Yes
ProvinceFE	Yes	Yes	Yes	Yes	Yes	Yes	Yes	Yes	Yes
TimeFE	Yes	Yes	Yes	Yes	Yes	Yes	Yes	Yes	Yes
R_squared	0.5145	0.6550	0.6554	0.5136	0.6517	0.6523	0.5142	0.6563	0.6566
Observations	216	216	216	216	216	216	216	216	216

	\multicolumn{3}{c}{Panel B：更换解释变量}						
变量名称	(1)			(2)			(3)		
	Inc_vol	lnAgr_loan	lnAgr_loan	Inc_vol	lnAgr_loan	lnAgr_loan	Inc_vol	lnAgr_loan	lnAgr_loan
Agr_ins	-0.0135**	0.0483**	0.0402**						
	(0.0063)	(0.0234)	(0.0197)						
Agr_insp				-0.0096**	0.0498**	0.0416*			
				(0.0042)	(0.0240)	(0.0213)			
Agr_insc							-0.0043*	0.0069*	0.0066**
							(0.0024)	(0.0036)	(0.0031)
Inc_vol		-0.1440*			-0.1882**			-0.0723*	
		(0.0778)			(0.0918)			(0.0385)	
control	Yes	Yes	Yes	Yes	Yes	Yes	Yes	Yes	Yes
ProvinceFE	Yes	Yes	Yes	Yes	Yes	Yes	Yes	Yes	Yes
TimeFE	Yes	Yes	Yes	Yes	Yes	Yes	Yes	Yes	Yes
R_squared	0.5254	0.6878	0.6879	0.5257	0.6900	0.6903	0.5240	0.6863	0.6863
Observations	243	243	243	243	243	243	243	243	243

续表

	PanelC：更换被解释变量								
变量名称	(1)			(2)			(3)		
	Inc_vol	lnAgr_loan		Inc_vol	lnAgr_loan		Inc_vol	lnAgr_loan	
Agr_ins	-0.1407**	0.4136**	0.3518**						
	(0.0601)	(0.1647)	(0.1571)						
Agr_insp				-0.0988**	0.1851**	0.1082*			
				(0.0422)	(0.0787)	(0.0608)			
Agr_insc							-0.0749*	0.3688**	0.3374**
							(0.0382)	(0.1452)	(0.1638)
Inc_vol			-0.2712**			-0.2342*			-0.2490*
			(0.1116)			(0.1272)			(0.1346)
control	Yes	Yes	Yes	Yes	Yes	Yes	Yes	Yes	Yes
ProvinceFE	Yes	Yes	Yes	Yes	Yes	Yes	Yes	Yes	Yes
TimeFE	Yes	Yes	Yes	Yes	Yes	Yes	Yes	Yes	Yes
R_squared	0.6257	0.5586	0.5595	0.6574	0.5573	0.5579	0.6447	0.5591	0.5599
Observations	243	243	243	243	243	243	243	243	243

注：*、**、*** 分别代表10%、5%、1%显著性水平；括号内为估计系数的稳健标准误。

据表6-4中Panel A、Panel B和Panel C可以发现，无论是更换机制变量，还是解释变量与被解释变量，政策性农业保险发展总水平、保费收入维度及赔付支出维度的农业保险发展水平对农业收入波动的影响系数至少在10%的水平上显著为负，并且农业收入波动对农业信贷规模具有显著的负向影响。另外，控制农业收入波动情境下的农业保险对农业信贷规模的影响系数在10%的水平上显著为正值，其系数小于不控制农业收入波动情形下的影响系数。该结果说明了政策性农业保险能够通过降低农业收入波动实现农业信贷规模的有效扩大，进一步论证了农业收入波动在农业保险影响农业信贷规模中的传导作用。

四、基于农业收入增长的作用机制检验

(一) 农业收入增长的作用机制检验结果分析

本部分基于式(6-2)、式(6-3)从实证层面检验了农业保险通过

农业收入增长影响农业信贷规模的作用机制。表6-5中第（1）、（2）、（3）列分别是农业收入增长在政策性农业保险发展总水平、保费收入和赔付支出维度农业保险发展水平影响农业信贷规模的作用机制检验结果。据此可知：

表6-5　　　　　　　　农业收入增长的作用机制检验结果

变量名称	(1)			(2)			(3)		
	Income	lnAgr_loan		Income	lnAgr_loan		Income	lnAgr_loan	
Agr_ins	0.7851***	0.2474**	0.2083*						
	(0.1861)	(0.1195)	(0.1239)						
Agr_insp				0.4421***	0.1240*	0.0120**			
				(0.1356)	(0.0656)	(0.0046)			
Agr_insc							0.5844***	0.2730**	0.2655*
							(0.1681)	(0.1066)	(0.1552)
Income		0.3257***			0.3077**			0.3294***	
		(0.1213)			(0.1196)			(0.1198)	
control	Yes	Yes	Yes	Yes	Yes	Yes	Yes	Yes	Yes
ProvinceFE	Yes	Yes	Yes	Yes	Yes	Yes	Yes	Yes	Yes
TimeFE	Yes	Yes	Yes	Yes	Yes	Yes	Yes	Yes	Yes
R_squared	0.8723	0.7240	0.7325	0.8685	0.7243	0.7321	0.8693	0.7240	0.7329
Observations	270	270	270	270	270	270	270	270	270

注：*、**、***分别代表10%、5%、1%显著性水平；括号内为估计系数的稳健标准误。

一是无论是农业保险发展总水平，还是保费收入和赔付支出维度农业保险发展水平对农业收入增长的影响系数均为正值，且均在1%的水平上显著，这意味着农业保险发展水平的提高能有效促进农业收入增长。其原因可能如第四章中分析那样：农业保险的损失补偿功能的有效发挥有助于提升农业收入的整体期望水平（张伟等，2020）。另外，农业保险保费补贴可看作是财政资金的转移支付，对投保农户有直接"增收效应"（庹国柱，2018；刘玮等，2022）。

二是在基准回归模型的基础上引入农业收入增长后，不同农业发展水平下农业收入增长对农业信贷规模的影响系数至少在5%的水平上显著为正值，并且政策性农业保险发展总水平、保费收入维度和赔付支出维度农业保险发展水平对农业信贷规模的影响系数至少在10%水平上显著为正值，具体数值分别为：0.2083、0.0120和0.2655，明显小于不控制农业收入增长情况下农业保险发展水平的基准回归系数（分别为：0.2474、0.1240和0.2730）[①]，这表明农业收入增长有助于农业信贷规模提升。该结果也验证了第四章中对于农业经营收入状况，尤其是农业收入增长状况会直接影响银行愿意放贷规模的分析结论（任乐等，2017；叶明华和陈康，2022）。

通过上述分析可以发现，农业保险发展水平提升能够促进农业收入增长，而农业增收是提高农业信贷规模的重要渠道，这也验证了农业保险能够通过增收效应来促进农业信贷规模提升。

（二）农业收入增长作用机制的稳健性检验

通过对农业收入增长作用机制检验结果的分析证实了农业收入增长在政策性农业保险提升农业信贷规模中发挥着传导作用（见表6-5）。但这一结论是否会受到其他因素的干扰仍需进一步检验，以保证上述结论具有稳健性。为此，本部分对农业保险发展水平和农业信贷规模进行重新测度，进而对农业收入增长的作用机制进行稳健性检验，检验结果如表6-6所示。其中，表6-6中Panel A部分是以因子分析法测度的政策性农业保险发展水平作为解释变量的稳健性检验结果。表6-6中Panel B部分是以农林牧渔贷款余额绝对值测度的农业信贷规模作为解释变量的稳健性检验结果。

据表6-6中Panel A、Panel B可以发现，无论是更换解释变量，还是被解释变量，政策性农业保险发展总水平、保费收入维度及赔付支出维度的农业保险发展水平对农业收入增长的影响系数至少在10%的水平上显著为正值，并且农业收入增长对农业信贷规模的影响系数均在5%水平上显著为正值。另外，控制农业收入增长情境下的农业保险对农业信贷规模的影响系数至少在10%的水平上显著为正值，并且其系数小于不控制农业收

[①] 尽管在不加入农业收入增长情况下，农业保险对农业信贷规模影响的回归结果已经在第五章表5-3和表5-4中呈现，但是由于本部分所采用的样本数量相较于第五章有所减少，为便于比较，本部分进一步在表6-5中汇报了不加入农业收入增长情况下农业保险对农业信贷规模影响的回归结果。

表6-6 农业收入增长作用机制的稳健性检验结果

Panel A：更换解释变量

变量名称	(1)			(2)			(3)		
	Income	lnAgr_loan		Income	lnAgr_loan		Income	lnAgr_loan	
Agr_ins	0.0398*	0.0826**	0.0208*						
	(0.0209)	(0.0401)	(0.0125)						
Agr_insp				0.0034*	0.0386*	0.0361*			
				(0.0018)	(0.0212)	(0.0205)			
Agr_insc							0.0521***	0.0326*	0.0175**
							(0.0147)	(0.0171)	(0.0081)
Income		0.3147***			0.3091***				0.2889**
		(0.1178)			(0.1164)				(0.1200)
control	Yes	Yes	Yes	Yes	Yes	Yes	Yes	Yes	Yes
ProvinceFE	Yes	Yes	Yes	Yes	Yes	Yes	Yes	Yes	Yes
TimeFE	Yes	Yes	Yes	Yes	Yes	Yes	Yes	Yes	Yes
R_squared	0.8646	0.7240	0.7324	0.8624	0.7262	0.7345	0.8695	0.7257	0.7325
Observations	270	270	270	270	270	270	270	270	270

Panel B：更换被解释变量

变量名称	(1)			(2)			(3)		
	Income	lnAgr_loan		Income	lnAgr_loan		Income	lnAgr_loan	
Agr_ins	0.7851***	0.2905*	0.2249**						
	(0.1861)	(0.1545)	(0.0918)						
Agr_insp				0.4421***	0.1805**	0.0920*			
				(0.1356)	(0.0707)	(0.0472)			
Agr_insc							0.0521***	0.2344***	0.1982*
							(0.0147)	(0.0901)	(0.1132)
Income		0.4018***			0.3903***				0.3981***
		(0.1250)			(0.1232)				(0.1235)
control	Yes	Yes	Yes	Yes	Yes	Yes	Yes	Yes	Yes
ProvinceFE	Yes	Yes	Yes	Yes	Yes	Yes	Yes	Yes	Yes
TimeFE	Yes	Yes	Yes	Yes	Yes	Yes	Yes	Yes	Yes
R_squared	0.8723	0.5784	0.5958	0.8685	0.5785	0.5963	0.8695	0.5783	0.5968
Observations	270	270	270	270	270	270	270	270	270

注：*、**、***分别代表10%、5%、1%显著性水平；括号内为估计系数的稳健标准误。

入增长情形下的影响系数。该结果说明政策性农业保险能够通过促进农业收入增长提升农业信贷规模,进而论证了农业收入增长在农业保险影响农业信贷规模中的机制作用。

第二节 政策性农业保险影响农业信贷效率的作用机制检验

一、模型设定与变量说明

(一) 模型设定

其一,为检验政策性农业保险能否通过有效发挥农业风险管理功能来提高农业信贷效率,本部分将基于调节效应检验思路(江艇,2022),构建如下计量模型:

$$Agr\_loef_{it} = \alpha_0 + \alpha_1 X_{it} + \alpha_2 X_{it} \times Risk_{it} + \alpha_3 \sum control_{it} + \mu_i + \varepsilon_{it} \tag{6-7}$$

其二,为检验农业经营技术及农业规模化经营在政策性农业保险影响农业信贷效率的传导作用,本部分借鉴 Alesina 和 Zhuravskaya(2011)的检验思路,首先构建模型(6-8)分析农业保险对农业经营技术或农业规模化经营的影响。模型(6-8)如下:

$$Med_{it} = \beta_0 + \beta_1 X_{it} + \beta_2 \sum control_{it} + \mu_i + \lambda_t + \varepsilon_{it} \tag{6-8}$$

其次,在第五章基准回归模型(5-7)、模型(5-8)和模型(5-9)的基础上,进一步控制农业经营技术或农业规模化经营,建立如下模型:

$$Agr\_loef_{it} = \theta_0 + \theta_1 X_{it} + \theta_2 Med_{it} + \theta_3 \sum control_{it} + \mu_i + \lambda_t + \varepsilon_{it} \tag{6-9}$$

在式(6-7)、式(6-8)和式(6-9)中,下标 i 表示省(市),t 表示年份,α、β 及 θ 为待估参数。Agr_loef_{it} 表示农业信贷效率;X_{it} 表示政

策性农业保险发展水平，具体包含政策性农业保险发展总水平（Agr_ins_{it}）、保费收入维度（Agr_insp_{it}）和赔付支出维度（Agr_insc_{it}）农业保险发展水平；Med_{it}为机制变量，包括农业经营技术（$Tech_{it}$）及农业规模化经营（$Area_{it}$）；$\sum control_{it}$为农业风险程度（$Risk$）、受教育程度（Edu）、城镇化率（Urb_rate）、金融机构效率（Fin_eff）及农业经济地位（Agr_sta）等一系列控制变量。μ_i为省份个体效应、ε_{it}为随机干扰项。

在式（6-7）中，如果α_2正向显著，则意味着随着农业风险增大，农业保险对农业信贷效率的提升效用就越强，在一定程度上体现了农业保险风险管理功能得到了有效发挥。在式（6-8）和式（6-9）中，遵循 Alesina 和 Zhuravskaya（2011）的逻辑，如果Med_{it}能够成为作用机制，不仅要求β_1显著，而且θ_1要小于基准回归系数。

（二）变量说明

农业信贷效率（Agr_loef）、农业保险发展水平（Agr_ins）及受教育程度（Edu）等变量的选取在第五章已经进行相应说明，这里不再赘述。本部分主要对农业经营技术（$Tech_{it}$）及农业规模化经营（$Area_{it}$）等变量进行详细阐述。其一，农业经营技术（$Tech_{it}$）指标选取。借鉴黄颖和吕德宏（2021）、郑军和赵维娜（2023）等的研究，以每千公顷耕地的平均农业机械动力表示农业经营技术水平。由于农业机械总动力是投入农业领域各种机械形成的动力总和，相对准确地反映了农业机械化程度，在一定程度上也体现了农业经营技术水平。该指标数值越大，反映农业经营技术水平越高；其二，农业规模化经营（$Area_{it}$）指标选取。借鉴马九杰和崔恒瑜（2021）、富丽莎等（2022）、郑军和邓明珠（2024）等的研究，以农村人均农作物播种面积表示农业规模化经营程度，该指标越大，表示农业经营越倾向于规模化。

二、基于农业风险管理的作用机制检验

（一）农业风险管理的作用机制检验结果分析

本部分基于式（6-7）从实证层面检验政策性农业保险能否通过农业

风险管理影响农业信贷效率,即政策性农业保险能否有效抑制农业风险程度对农业信贷效率的负面冲击。表 6-7 汇报了农业风险管理的作用机制检验结果。其中,表 6-7 中第(1)、(2)、(3)列分别是政策性农业保险发展总水平、保费收入维度及赔付支出维度农业保险发展水平下,农业风险管理的作用机制检验结果。

表 6-7 农业保险通过农业风险管理影响农业信贷效率的实证结果

变量名称	被解释变量:Agr_loef		
	(1)	(2)	(3)
Agr_ins	0.3942**		
	(0.1813)		
$Agr\_ins \times Risk$	6.5442**		
	(2.9612)		
Agr_insp		0.3746**	
		(0.1481)	
$Agr\_insp \times Risk$		1.3663**	
		(0.6182)	
Agr_insc			0.2146*
			(0.1132)
$Agr\_insc \times Risk$			8.2967**
			(3.7985)
$Risk$	-0.6990**	-0.0759**	-0.9499**
	(0.3162)	(0.0314)	(0.4452)
control	Yes	Yes	Yes
σ_μ	0.2034***	0.2042***	0.2007***
	(0.0283)	(0.0285)	(0.0279)
σ_ε	0.1262***	0.1262***	0.1270***
	(0.0055)	(0.0055)	(0.0056)
ρ	0.7222	0.7238	0.7140
LR	255.3500	254.6300	254.0900
Observations	290	290	290

注:*、**、***分别代表 10%、5%、1% 显著性水平;括号内为估计系数的标准误。σ_μ 为省份个体效应估计值,σ_ε 为随机干扰项估计值。

据表6-7可知，无论是在政策性农业保险发展总水平，还是在分维度的保费收入及赔付支出维度的农业保险发展水平风险管理效应检验中，主效应农业风险程度的系数均在5%的水平上显著为负值，说明农业风险的上升，会抑制农业信贷效率提升，这一结果与政策性农业保险发展水平对农业信贷效率影响的基准回归结果一致。另外，一旦将政策性农业保险发展水平作为调节变量，与农业风险程度的交乘项纳入估计模型中后，政策性农业保险发展总水平与农业风险程度的交乘项（$Agr\_ins \times Risk$）、保费收入维度农业保险发展水平与农业风险程度的交乘项（$Agr\_insp \times Risk$）、赔付支出维度农业保险发展水平与农业风险程度的交乘项（$Agr\_insc \times Risk$）三者的系数均在5%的水平上显著为正值，说明政策性农业保险发展水平的上升能够有效缓解农业风险对农业信贷效率提升的负面冲击。并且赔付支出维度农业保险发展水平与农业风险程度交乘项（$Agr\_insc \times Risk$）的系数要高于政策性农业保险发展总水平与农业风险程度交乘项（$Agr\_ins \times Risk$）和保费收入维度农业保险发展水平与农业风险程度交乘项（$Agr\_insp \times Risk$）的系数，表明在政策性农业保险发挥农业风险管理功能的过程中，赔付支出维度的农业保险发展水平占据相对主导地位。总之，通过上述分析可知，在政策性农业保险影响农业信贷效率的过程中，能够有效发挥农业风险管理功能以提升农业信贷效率。

（二）农业风险管理作用机制的稳健性检验

由表6-7的实证结果分析可知，政策性农业保险能够有效发挥农业风险管理功能以提升农业信贷效率，但这一结论是否具有随机性仍需进一步检验。为此，本部分从更换解释变量和被解释变量两个角度对上述结论进行稳健性分析。具体而言：

一是以因子分析法测度的政策性农业保险发展水平更换解释变量。表6-8中第（1）、（2）、（3）列展示了更换解释变量后的实证结果。据此可知，农业风险程度对农业信贷效率的影响系数至少在10%的水平上显著为负，而政策性农业保险发展总水平、保费收入维度及赔付支出维度的农业保险发展水平与农业风险程度的交乘项均对农业信贷效率产生显著的正向影响，在一定程度上验证了政策性农业保险能够通过农业风险管理达到提升农业信贷效率的效果。

表6-8 农业保险通过农业风险管理影响农业信贷效率的稳健性检验结果

变量名称	更换解释变量			更换被解释变量		
	(1)	(2)	(3)	(4)	(5)	(6)
Agr_ins	0.0663***			0.5161**		
	(0.0245)			(0.2152)		
$Agr\_ins \times Risk$	0.5846**			7.4556*		
	(0.2552)			(4.0864)		
Agr_insp		0.0636***			0.4008**	
		(0.0197)			(0.1654)	
$Agr\_insp \times Risk$		0.4228**			1.5477**	
		(0.2098)			(0.6878)	
Agr_insc			0.0298*			0.3202*
			(0.0156)			(0.1906)
$Agr\_insc \times Risk$			0.1329**			9.4390*
			(0.0616)			(4.8405)
$Risk$	-0.3601**	-0.1985*	-0.2241*	-1.0339*	-0.0916*	-1.3235*
	(0.1659)	(0.1070)	(0.1277)	(0.5456)	(0.0502)	(0.7291)
$control$	Yes	Yes	Yes	Yes	Yes	Yes
σ_μ	0.2059***	0.2036***	0.2038***	0.2071***	0.2078***	0.2042***
	(0.0288)	(0.0284)	(0.0283)	(0.0298)	(0.0300)	(0.0293)
σ_ε	0.1251***	0.1250***	0.1267***	0.1297***	0.1302***	0.1306***
	(0.0055)	(0.0055)	(0.0056)	(0.0059)	(0.0059)	(0.0059)
ρ	0.7222	0.7263	0.7214	0.7182	0.7181	0.7096
LR	258.0300	257.6200	256.2200	233.0700	230.8000	231.2300
$Observations$	290	290	290	290	290	290

注：*、**、***分别代表10%、5%、1%显著性水平；括号内为估计系数的标准误。σ_μ为省份个体效应估计值，σ_ε为随机干扰项估计值。

二是选用农业信贷余额、新型农村金融机构从业人数和新型农村金融机构数量作为SE-SBM的投入变量，以农业经济产值、农户农业收入作为产出变量测算农业信贷效率替换原有的被解释变量。表6-8中第（4）、（5）、（6）列是更换别解释变量后的实证结果。据此可知，在（4）、（5）、（6）三个模型中，农业风险程度对农业信贷效率具有显著的负向影响，然而，当农业风险程度与三个层次的政策性农业保险发展水平交互时，三个交互系数均至少在10%的水平上显著为正值,即政策性农业保险能够削弱农业风险程度对农业信贷效率的不利影响,这也进一步验证了表6-7中的结论,证实了政策性农业保险风险管理功能的有效发挥能够提升农业保险对农业信贷效率的影响成效。

三、基于农业经营技术的作用机制检验

(一) 农业经营技术的作用机制检验结果分析

本部分基于式 (6-8)、式 (6-9) 从实证层面检验了农业保险通过农业经营技术影响农业信贷效率的作用机制。表6-9中第(1)、(2)、(3) 列分别是在政策性农业保险发展总水平、保费收入和赔付支出维度农业保险发展水平下,农业经营技术的作用机制检验结果。据此可知:

表 6-9　　　　　　农业经营技术的作用机制检验结果

变量名称	(1)		(2)		(3)	
	Tech	Agr_loef	Tech	Agr_loef	Tech	Agr_loef
Agr_ins	1.6323***	0.2615**				
	(0.4342)	(0.1137)				
Agr_insp			1.5022***	0.2129**		
			(0.3456)	(0.0955)		
Agr_insc					0.9621**	0.1847**
					(0.4070)	(0.0851)
Tech		0.1042***		0.1032***		0.1081***
		(0.0222)		(0.0223)		(0.0219)
control	Yes	Yes	Yes	Yes	Yes	Yes
σ_μ	0.7747***	0.2015***	0.7730***	0.2012***	0.8120***	0.1991***
	(0.1092)	(0.0284)	(0.1093)	(0.0283)	(0.1143)	(0.0279)
σ_ε	0.3044***	0.1215***	0.3018***	0.1215***	0.3077***	0.1219***
	(0.0134)	(0.0053)	(0.0133)	(0.0053)	(0.0136)	(0.0054)
ρ	0.8663	0.7334	0.8678	0.7329	0.8745	0.7276
LR	390.8600	256.5900	379.8200	256.6400	407.1200	255.8800
Observations	290	290	290	290	290	290

注:*、**、*** 分别代表10%、5%、1%显著性水平;括号内为估计系数的标准误。σ_μ 为省份个体效应估计值,σ_ε 为随机干扰项估计值。

一是无论是农业保险发展总水平,还是保费收入和赔付支出维度农业保险发展水平对农业经营技术的影响系数至少在5%的水平上显著为正值,表明农业保险发展水平的提高能有效提高农业经营技术水平。原因可能如第四章所述,农业保险风险减量及损失补偿功能的有效发挥,有助于稳定农业经营者采用新技术的收益预期,进而提升农业经营者采用农业新技术的积极性,进而推动农业技术进步(张哲晰等,2018;黄颖和吕德宏,2021;富丽莎等,2022;李棠等,2022)。

二是在基准回归模型的基础上引入农业经营技术后,不同农业保险发展水平维度下的农业经营技术对农业信贷效率影响系数均为正值,并且均在1%的水平上显著。另外,三个不同维度的政策性农业保险发展水平影响农业信贷效率的系数均在5%水平上显著,具体数值分别为:0.2615、0.2129和0.1847,明显小于表5-13和表5-14基准回归系数(分别为:0.4602、0.3893和0.3029),这表明农业经营技术水平提升有助于农业信贷效率提高。原因可能如第四章所述,农业技术水平提升不仅能降低农业风险概率和损失程度,而且能从提升农业生产效率和产出成效等方面推动农业经济发展,进而促进农业信贷效率的提高。

通过上述分析可以发现,农业保险发展水平提升能够促进农业经营技术水平提高,而提升农业经营技术也是提高农业信贷效率的重要渠道,这也验证了农业保险能够通过提高农业经营技术促进农业信贷效率提升。

(二)农业经营技术作用机制的稳健性检验

为了进一步提升上述关于农业经营技术作用机制的可信度,本部分从更换解释变量和被解释变量两个角度,进一步对农业经营技术的作用机制进行稳健性检验。具体而言,其一,以因子分析法重新测度政策性农业保险发展水平并作为模型的解释变量。表6-10中Panel A第(1)、(2)、(3)列分别展示了更换解释变量后,不同农业保险发展维度下的农业经营技术作用机制检验结果。其二,以农业信贷余额、新型农村金融机构从业人数和新型农村金融机构数量作为SE-SBM的投入变量,以农业经济产值、农户农业收入作为产出变量测算农业信贷效率并作为模型的被解释变量。表6-10中Panel B第(1)、(2)、(3)列分别展示了更换被解释变量后，不同农业保险发展维度下的农业经营技术作用机制检验结果。

表6-10 农业经营技术作用机制的稳健性检验结果

变量名称	Panel A：更换解释变量					
	(1)		(2)		(3)	
	Tech	Agr_loef	Tech	Agr_loef	Tech	Agr_loef
Agr_ins	0.2421***	0.0472**				
	(0.0528)	(0.0216)				
Agr_insp			0.1793***	0.0377**		
			(0.0382)	(0.0157)		
Agr_insc					0.0518*	0.0244*
					(0.0284)	(0.0127)
Tech		0.0994***		0.0980***		0.1077***
		(0.0223)		(0.0222)		(0.0217)
control	Yes	Yes	Yes	Yes	Yes	Yes
σ_μ	0.7938***	0.2028***	0.8101***	0.2001***	0.8312***	0.2024***
	(0.1116)	(0.0284)	(0.1142)	(0.0279)	(0.1169)	(0.0285)
σ_ε	0.2997***	0.1209***	0.2985***	0.1208***	0.3087***	0.1211***
	(0.0132)	(0.0053)	(0.0131)	(0.0053)	(0.0136)	(0.0053)
ρ	0.8752	0.7379	0.8804	0.7329	0.8788	0.7364
LR	398.3700	259.8500	384.4200	261.3300	420.1100	257.0800
Observations	290	290	290	290	290	290
	Panel B：更换被解释变量					
变量名称	(1)		(2)		(3)	
	Tech	Agr_loef	Tech	Agr_loef	Tech	Agr_loef
Agr_ins	1.7156***	0.3991**				
	(0.4874)	(0.1996)				
Agr_insp			1.4258***	0.2554*		
			(0.3618)	(0.1502)		
Agr_insc					0.2294***	0.3254*
					(0.0668)	(0.1901)
Tech		0.1102***		0.1107***		0.1149***
		(0.0239)		(0.0240)		(0.0236)

续表

变量名称	Panel B：更换被解释变量					
	(1)		(2)		(3)	
	Tech	Agr_loef	Tech	Agr_loef	Tech	Agr_loef
control	Yes	Yes	Yes	Yes	Yes	Yes
σ_μ	0.6696***	0.2023***	0.6657***	0.2019***	0.1361***	0.2002***
	(0.0936)	(0.0291)	(0.0933)	(0.0291)	(0.0191)	(0.0287)
σ_ε	0.3074***	0.1249***	0.3057***	0.1252***	0.0434***	0.1253***
	(0.0140)	(0.0057)	(0.0139)	(0.0057)	(0.0020)	(0.0057)
ρ	0.8260	0.7240	0.8259	0.7223	0.9076	0.7184
LR	347.4400	235.8900	340.5900	234.8500	467.5800	235.2400
Observations	290	290	290	290	290	290

注：*、**、*** 分别代表10%、5%、1%显著性水平；括号内为估计系数的标准误。σ_μ 为省份个体效应估计值，σ_ε 为随机干扰项估计值。

据表6-10中Panel A 和 Panel B可知，无论是更换解释变量还是被解释变量，政策性农业保险发展总水平、保费收入维度农业保险发展水平及赔付支出维度农业保险发展水平对农业经营技术的影响系数均至少在10%的水平上显著为正值。另外，在基准回归模型的基础上引入农业经营技术后，不同农业保险发展水平维度下的农业经营技术对农业信贷效率影响系数均为正值，且在1%的水平上显著。另外，三个不同维度农业保险发展水平对农业信贷效率的影响系数至少在10%水平上显著为正，并且其数值明显小于表5-16稳健性检验中的系数①。该结果与表6-9结果一致，进一步验证了农业保险能够通过提升农业经营技术提高农业信贷效率这一结论。

四、基于农业规模化经营的作用机制检验

（一）农业规模化经营的作用机制检验结果分析

本部分基于式（6-8）、式（6-9）从实证层面检验了农业保险通过

---

① 具体可参见表5-16。其中，更换解释变量的稳健性检验系数分别为：0.0738、0.0571和0.0322；更换被解释变量的稳健性检验系数分别为：0.5947、0.4186和0.4491。

农业规模化经营影响农业信贷效率的作用机制。表 6-11 中第（1）、（2）、（3）列分别是在政策性农业保险发展总水平、保费收入和赔付支出维度农业保险发展水平下，农业规模化经营的作用机制检验结果。据此可知：

表 6-11　　　　　　农业规模化经营的作用机制检验结果

变量名称	（1）		（2）		（3）	
	Area	Agr_loef	Area	Agr_loef	Area	Agr_loef
Agr_ins	0.2177***	0.3254*				
	(0.0606)	(0.1708)				
Agr_insp			0.1360***	0.2961**		
			(0.0492)	(0.1372)		
Agr_insc					0.1893***	0.1997**
					(0.0558)	(0.0825)
Area		0.5247***		0.5292**		0.5487***
		(0.1524)		(0.1517)		(0.1518)
control	Yes	Yes	Yes	Yes	Yes	Yes
σ_μ	0.1520***	0.2099***	0.1532***	0.2117***	0.1544***	0.2073***
	(0.0205)	(0.0297)	(0.0208)	(0.0300)	(0.0208)	(0.0292)
σ_ε	0.0422***	0.1231***	0.0426***	0.1228***	0.0422***	0.1238***
	(0.0018)	(0.0054)	(0.0019)	(0.0054)	(0.0018)	(0.0054)
ρ	0.9285	0.7440	0.9284	0.7482	0.9304	0.7372
LR	576.1400	262.5000	558.5300	263.5000	592.1200	260.4400
Observations	290	290	290	290	290	290

注：*、**、***分别代表10%、5%、1%显著性水平；括号内为估计系数的标准误。σ_μ为省份个体效应估计值，σ_ε为随机干扰项估计值。

一是无论是农业保险发展总水平，还是保费收入和赔付支出维度农业保险发展水平影响农业规模化经营的系数均为正值，并且在1%的水平上显著，这意味着农业保险发展水平的提高能有效提高农业规模化经营水平。原因可能如第四章所述，农业保险风险管理功能的有效发挥有助于降低因扩大经营规模带来的风险，并能够缓解农业规模化经营资金约束，进而为促进土地流转、实现农业规模化经营提供了重要路径（柴智慧，2021；马九杰等，2021；齐甜等，2023）。

二是在基准回归模型的基础上引入农业规模化经营后，不同农业保险发展水平维度下的农业规模化经营对农业信贷效率影响系数至少在5%的水平上显著为正值，并且三个不同维度农业保险发展水平影响农业信贷效率影响系数至少在10%水平上显著，具体数值分别为：0.3254、0.2961和0.1997，明显小于表5-13和表5-14基准回归系数（分别为：0.4602、0.3893和0.3209），这表明农业规模化经营有助于农业信贷效率提高。原因可能如第四章所述，农业规模化经营能够通过提升农业生产专业化程度和优化要素资源配置等方式提高农业信贷效率（张露和罗必良，2021；鄢姣，2021；盖庆恩等，2023）。

通过上述分析可以发现，农业保险发展水平提升能够促进农业规模化经营，而农业规模化经营能够有效提升农业信贷效率，这也验证了农业保险能够通过提高农业规模化经营水平促进农业信贷效率提升。

（二）农业规模化经营作用机制的稳健性检验

基于表6-11的农业规模化经营的作用机制检验结果可知，农业规模化经营是政策性农业保险影响农业信贷效率的重要传导路径，但这一结果可能会存在指标测度及选取等方面导致的偏误，为此，本部分尝试利用不同的测度方法及选取不同的指标重新度量政策性农业保险发展水平及农业信贷效率，并将其纳入回归方程进行稳健性检验。具体而言，其一，以因子分析法重新测度政策性农业保险发展水平并作为模型的解释变量。表6-12中Panel A第（1）、（2）、（3）列分别展示了更换解释变量后，不同农业保险发展维度下的农业规模化经营作用机制检验结果。其二，以农业信贷余额、新型农村金融机构从业人数和新型农村金融机构数量作为SE-SBM的投入变量，以农业经济产值、农户农业收入作为产出变量测算农业信贷效率并作为模型的被解释变量。表6-12中Panel B第（1）、（2）、（3）列分别展示了更换被解释变量后，不同农业保险发展维度下的农业规模化经营作用机制检验结果。

表 6-12　农业规模化经营作用机制的稳健性检验结果

变量名称	Panel A：更换解释变量					
	(1)		(2)		(3)	
	Area	Agr_loef	Area	Agr_loef	Area	Agr_loef
Agr_ins	0.0252***	0.0588***				
	(0.0075)	(0.0214)				
Agr_insp			0.0160***	0.0470***		
			(0.0054)	(0.0156)		
Agr_insc					0.0012***	0.0248*
					(0.0046)	(0.0129)
Area		0.5085***		0.5086***		0.5449***
		(0.1511)		(0.1503)		(0.1501)
control	Yes	Yes	Yes	Yes	Yes	Yes
σ_μ	0.1543***	0.2123***	0.1553***	0.2102***	0.1561***	0.2093***
	(0.0209)	(0.0300)	(0.0210)	(0.0297)	(0.0210)	(0.0295)
σ_ε	0.0422***	0.1221***	0.0424***	0.1219***	0.0425***	0.1231***
	(0.0019)	(0.0054)	(0.0019)	(0.0054)	(0.0019)	(0.0054)
ρ	0.9304	0.7516	0.9306	0.7482	0.9309	0.7428
LR	574.1600	266.1800	556.8000	265.9800	600.0000	262.1400
Observations	290	290	290	290	290	290

变量名称	Panel B：更换被解释变量					
	(1)		(2)		(3)	
	Area	Agr_loef	Area	Agr_loef	Area	Agr_loef
Agr_ins	0.2463***	0.4454**				
	(0.0699)	(0.2028)				
Agr_insp			0.1342**	0.3272**		
			(0.0529)	(0.1504)		
Agr_insc					0.2294***	0.3112*
					(0.0668)	(0.1710)
Area		0.5532***		0.5704***		0.5763***
		(0.1620)		(0.1612)		(0.1616)
control	Yes	Yes	Yes	Yes	Yes	Yes
σ_μ	0.1336***	0.2100***	0.1339***	0.2117***	0.1361***	0.2069***
	(0.0188)	(0.0305)	(0.0190)	(0.0309)	(0.0191)	(0.0230)
σ_ε	0.0435***	0.1267***	0.0440***	0.1267***	0.0434***	0.1275***
	(0.0020)	(0.0058)	(0.0020)	(0.0058)	(0.0020)	(0.0058)
ρ	0.9042	0.7331	0.9027	0.7363	0.9076	0.7247
LR	454.7400	236.7000	439.3900	236.7500	467.5800	234.5100
Observations	290	290	290	290	290	290

注：*、**、***分别代表10%、5%、1%显著性水平；括号内为估计系数的标准误。σ_μ 为省份个体效应估计值，σ_ε 为随机干扰项估计值。

据表 6-12 中 Panel A 和 Panel B 可知，无论是更换解释变量还是被解释变量，政策性农业保险发展总水平、保费收入维度农业保险发展水平及赔付支出维度农业保险发展水平对农业规模化经营的影响系数均至少在 5% 的水平上显著为正值。另外，在基准回归模型的基础上引入农业规模化经营后，不同农业保险发展水平维度下的农业规模化经营影响农业信贷效率的系数均为正值，且均在 1% 的水平上显著。另外，不同维度农业保险发展水平影响农业信贷效率的系数至少在 10% 水平上显著为正值，并且其数值明显小于表 5-16 稳健性检验中的系数①。该结论与农业规模化经营的作用机制检验结果一致，进一步证实了农业规模化经营在政策性农业保险提升农业信贷效率中的传导作用。

第三节 本章小结

本章旨在从实证层面对政策性农业保险影响农业信贷规模及效率的作用机制进行检验。为此，本章基于 2012—2021 年我国省级面板数据，利用计量模型从实证层面分别检验了政策性农业保险能否通过农业风险管理、农业收入波动和农业收入增长对农业信贷规模产生影响，以及政策性农业保险能否通过农业风险管理、农业经营技术和农业规模化经营提高农业信贷效率。实证检验结果显示：

其一，政策性农业保险能够通过农业风险管理、稳定农业收入波动和提高农业收入促进农业信贷规模增加。一是农业风险管理的作用机制检验结果显示，政策性农业保险能够有效发挥农业风险管理功能以提升农业信贷规模。该结果在不同维度农业发展水平下依旧成立。另外，更换解释变量和被解释变量后的结果依然稳健。二是基于农业收入波动的作用机制检验结果显示，政策性农业保险对农业收入波动具有显著负向影响，而农业

---

① 具体可参见表 5-16。其中，更换解释变量的稳健性检验系数分别为：0.0738、0.0571 和 0.0322；更换被解释变量的稳健性检验系数分别为：0.5947、0.4186 和 0.4491。

收入波动对农业信贷规模的影响同样是显著为负,并且农业保险对农业信贷规模的影响系数显著小于未控制农业收入波动情况下的数值,这意味着农业收入波动是政策性农业保险影响农业信贷规模的重要渠道。这一结果在不同维度农业发展水平下依旧成立,并且在更换机制变量、解释变量和被解释变量后的结果依旧稳健。三是基于农业收入增长的作用机制检验结果显示,政策性农业保险对农业收入增长具有显著正向影响,而农业收入增长对农业信贷规模的影响同样是显著为正,并且农业保险对农业信贷规模的影响系数显著小于未控制农业收入增长情况下的数值,这意味着政策性农业保险能够通过促进农业收入增长来提升农业信贷规模。这一结果在不同维度农业发展水平下依旧成立,并且在更换解释变量和被解释变量后的结果依旧稳健。

其二,政策性农业保险能够通过农业风险管理、提升农业经营技术和农业规模化经营水平促进农业信贷效率提高。一是农业风险管理的作用机制检验结果显示,政策性农业保险能够有效发挥农业风险管理功能以提升农业信贷效率。该结果在不同维度农业保险发展水平下依旧成立,并且赔付支出维度农业保险发展水平的风险管理效应相对较大。另外,更换解释变量和被解释变量后的结果依然稳健。二是农业经营技术的作用机制检验结果显示,政策性农业保险能够通过提高农业经营技术水平促进农业信贷效率提升,该结果在不同维度农业保险发展水平下依旧成立,并且在更换解释变量和被解释变量后的结果依旧稳健。三是农业规模化经营的作用机制检验结果显示,政策性农业保险能够通过提高农业规模化经营水平促进农业信贷效率提升,该结果在不同维度农业保险发展水平下依旧成立,并且在更换解释变量和被解释变量后的结果依旧稳健。

第七章 政策性农业保险影响农业信贷规模及效率的调节效应分析

前文从理论和实证两个层面分析了政策性农业保险影响农业信贷规模及效率的成效及传导机制,但是一般而言,政策性农业保险影响农业信贷规模及效率的作用效果可能会受到外部环境的影响而表现出差异性。为此,本部分立足政策性农业保险与农业信贷联结所依赖的外部环境特征,分别从财政支持、数字化及农业保险市场结构等层面,探析政策性农业保险影响农业信贷规模及效率效应发挥的外部条件。具体而言,本章试图分析随着财政支持、数字化及农业保险市场结构等外部环境变化,政策性农业保险影响农业信贷规模及效率的成效会出现怎样变化?以及出现该种变化的成因是什么?为了回答上述问题,本章在前文模型构建的基础上,进一步引入财政支农力度、数字金融、农业保险市场结构等相关变量,采用调节效应模型分别检验财政支农力度、数字金融、农业保险市场结构对政策性农业保险影响农业信贷规模及效率的调节效应。

第一节 基于财政支农力度的调节效应分析

农业保险具有的多种基本及衍生的功能(包括风险分散、损失补偿、融资及社会管理等功能),决定其是我国农业发展政策的重要一环,并担负着维护国家粮食安全、促进农业现代化等多种政策目标(庹国柱和张峭，2018；王韧等，2023）。从农业保险的发展演进来看，商业化经营模式容易导致农业保险陷入"供给不足，需求有限"这一"供需双冷"的市场失灵局面，而农业保险的准公共物品属性是决定农业保险发展依赖政府财政支持的重要原因（刘汉成和陶建平，2020；谷政和王素芹，2023）。在政府支农政策的支持下，我国农业保险市场在2007年以后得到迅速发展。目前，政府对农业保险发展的财政支持主要包括两个层面：一是对农业保险保费进行补贴，各级财政保费补贴比例接近80%。二是为农业保险业务提供税收减免优惠，具体举措包括：允许保险公司在计算企业所得税时对种植业和养殖业保险业务收入进行减计、免征农业保险业务增值税及农牧业牲畜保险合同印花税等。政府财政支持不仅减轻了农户参保支付压力，也有助于农业保险覆盖面的扩大。也减轻了农业保险经营公司的成本负担，进而激励保险公司提升服务质量。由此可以看出，政府财政支持在一定程度上缓解了农业保险"供需双冷"这一矛盾局面，从而有助于政策性农业保险更好地发挥其风险管理效能，在促进农户农业稳收增收的同时，能够优化农业生产要素配置，提升农业规模化和技术化水平（牛浩等，2020；叶明华和陈康，2022；富丽莎等，2022；毛慧等，2022），进而提高农业信贷规模及效率。因此，财政支农力度在政策性农业保险影响农业信贷规模及效率中发挥着正向调节效应。为验证这一猜想，本部分进一步利用计量模型对财政支农力度的调节效应进行检验。

一、模型设定与变量说明

（一）模型设定

为检验财政支农力度对政策性农业保险影响农业信贷规模及效率的调节效应，本部分借鉴江艇（2022）的研究思路，构建的调节效应模型如下：

$$Y_{it} = \alpha_0 + \alpha_1 X_{it} + \alpha_2 X_{it} \times Fis\_sup_{it} + \alpha_3 Fis\_sup_{it} + \alpha_4 \sum control_{it} + \mu_i + \lambda_t + \varepsilon_{it} \quad (7-1)$$

式（7-1）为财政支农力度对农业保险影响农业信贷规模及效率的调

节效应模型，主要是在第五章基准回归式（5-1）、式（5-2）、式（5-3）及式（5-7）、式（5-8）、式（5-9）的基础上引入了农业保险发展水平与财政支农力度的交互项（$X_{it} \times Fis\_sup_{it}$）。在式（7-1）中，下标$i$表示省（市），$t$表示年份，$\alpha$为待估参数。被解释变量$Y_{it}$包括农业信贷规模（$Agr\_loan_{it}$）和农业信贷效率（$Agr\_loef_{it}$）；解释变量$X_{it}$表示政策性农业保险发展水平，具体包含政策性农业保险发展总水平（Agr_ins_{it}）、保费收入维度（Agr_insp_{it}）和赔付支出维度（Agr_insc_{it}）农业保险发展水平；Fis_sup_{it}是财政支农力度，为估计模型的调节变量；本部分重点关注农业保险发展水平与财政支农力度的交互项（$X_{it} \times Fis\_sup_{it}$），若其前面的系数$\alpha_2$显著为正，说明财政支农力度对农业保险发展水平产生增强型调节作用，即财政支农程度的提高有助于农业保险发展水平提升农业信贷规模及效率。反之，若其前面的系数α_2显著为负值，说明财政支农力度对农业保险发展水平产生干扰型调节作用，即财政支农程度的提高会抑制农业保险发展水平提升农业信贷规模及效率。$\sum control_{it}$为一系列控制变量，具体包括农业风险程度（$Risk$）、受教育程度（Edu）、城镇化率（Urb_rate）、金融机构效率（Fin_eff）及农业经济地位（Agr_sta）等。μ_i为省份个体效应、λ_t为年份时间效应、ε_{it}为随机干扰项。

（二）变量说明

农业信贷规模（Agr_loan）、农业信贷效率（Agr_loef）、农业保险发展水平（Agr_ins）及农业风险程度（$Risk$）、农作物播种面积（$Area$）等变量的选取在第五章已经进行相应说明，这里不再赘述。本部分主要对财政支农程度（Fis_sup）的选取进行详细阐述。由于未能有效分离出农业保险保费补贴和税务减免数据，本书参考叶明华和陈康（2022）、朱森杰等（2023）研究思路，采用财政农林水事务支出与财政总支出的比值对财政支农程度（Fis_sup）进行测度。一般而言，财政支农力度体现了政府对农业的重视程度，作为专业农业风险管理工具的农业保险，在政府重视农业的同时，也会趋于加大对农业保险的财政支持。

二、财政支农力度对农业保险影响农业信贷规模的调节效应检验

本部分基于式（7-1）从实证层面检验了财政支农力度能否调节政策性农业保险影响农业信贷规模的成效，表7-1汇报了该实证检验结果。其中，表7-1中第（1）、（2）、（3）列分别是财政支农力度对政策性农业保险发展总水平、保费收入维度农业保险发展水平及赔付支出维度农业保险发展水平影响农业信贷规模的调节效应检验结果。

表7-1 财政支农力度对农业保险影响农业信贷规模的调节效应检验结果

变量名称	被解释变量：$lnAgr\_loan$		
	（1）	（2）	（3）
Agr_ins	2.0282**		
	(0.8929)		
$Agr\_ins \times Fis\_sup$	7.5463**		
	(3.6811)		
Agr_insp		1.6067**	
		(0.7668)	
$Agr\_insp \times Fis\_sup$		5.9690**	
		(2.7255)	
Agr_insc			1.6368*
			(0.8757)
$Agr\_insc \times Fis\_sup$			7.4463**
			(3.0025)
Fis_sup	0.2622*	0.0936**	0.1313
	(0.1372)	(0.0458)	(1.4201)
$control$	Yes	Yes	Yes
$ProvinceFE$	Yes	Yes	Yes
$TimeFE$	Yes	Yes	Yes
$R\_squared$	0.7421	0.7412	0.7390
$Observations$	290	290	290

注：*、**、***分别代表10%、5%、1%显著性水平；括号内为估计系数的稳健标准误。

据表 7-1 中第（1）列可知，政策性农业保险发展总水平与财政支农力度交互项（$Agr\_ins \times Fis\_sup$）的系数在 5% 的水平上显著为正值，即该交互项能够正向影响农业信贷规模，表明财政支农力度在政策性农业保险发展总水平提升农业信贷规模的影响中发挥着正向调节作用，即加大财政支农力度将有助于激励政策性农业保险发展总水平更好发挥提升农业信贷规模的效用。

据表 7-1 中第（2）列可知，保费收入维度农业保险发展水平与财政支农力度交互项（$Agr\_insp \times Fis\_sup$）的系数在 5% 的水平上显著为正值，据此可知财政支农力度在保费收入维度农业保险发展水平提升农业信贷规模的影响中发挥着正向调节作用，即财政支农力度的加强有助于激励保费收入维度农业保险发展水平更好地发挥提升农业信贷规模的效用。

据表 7-1 中第（3）列可知，赔付支出维度农业保险发展水平与财政支农力度交互项（$Agr\_insp \times Fis\_sup$）的系数在 5% 的水平上显著为正值，表明财政支农力度在赔付支出维度农业保险发展水平提升农业信贷规模的影响中发挥着正向调节作用，即财政支农力度的加强有助于激励赔付支出维度农业保险发展水平更好地发挥提升农业信贷规模的效用。

三、财政支农力度对农业保险影响农业信贷效率的调节效应检验

本部分基于式（7-1）从实证层面检验了财政支农力度对政策性农业保险影响农业信贷效率的调节效应，实证检验结果如表 7-2 所示。其中，表 7-2 中第（1）、（2）、（3）列分别是财政支农力度对政策性农业保险发展总水平、保费收入维度农业保险发展水平及赔付支出维度农业保险发展水平影响农业信贷效率的调节效应检验结果。

据表 7-2 中第（1）列可知，政策性农业保险发展总水平与财政支农力度交互项（$Agr\_ins \times Fis\_sup$）的系数在 5% 的水平上显著为正值，即该交互项能正向影响农业信贷效率，表明财政支农力度在政策性农业保险发展总水平提升农业信贷效率的影响中发挥着正向调节作用，即提高财政支农力度将有助于激励政策性农业保险发展总水平更好地发挥提升农业信贷

表7-2 财政支农力度对农业保险影响农业信贷效率的调节效应检验结果

变量名称	被解释变量：Agr_loef		
	(1)	(2)	(3)
Agr_ins	0.2422**		
	(0.1058)		
$Agr\_ins \times Fis\_sup$	2.2561**		
	(1.0209)		
Agr_insp		0.5142***	
		(0.1955)	
$Agr\_insp \times Fis\_sup$		2.3174**	
		(1.1504)	
Agr_insc			0.2064**
			(0.0934)
$Agr\_insc \times Fis\_sup$			2.1457**
			(0.9696)
Fis_sup	2.1441**	1.6197*	2.2356***
	(0.8771)	(0.8806)	(0.7412)
control	Yes	Yes	Yes
σ_μ	0.2049***	0.2042***	0.2049***
	(0.0285)	(0.0284)	(0.0285)
σ_ε	0.1246***	0.1246***	0.1248***
	(0.0055)	(0.0055)	(0.0054)
ρ	0.7300	0.7286	0.7295
LR	261.9800	262.2100	261.3600
Observations	290	290	290

注：*、**、***分别代表10%、5%、1%显著性水平；括号内为估计系数的标准误。σ_μ为省份个体效应估计值，σ_ε为随机干扰项估计值。

效率的效用。

据表7-2中第（2）列可知，保费收入维度农业保险发展水平与财政支农力度交互项（$Agr\_insp \times Fis\_sup$）的系数在5%的水平上显著为正值，据此可知财政支农力度在保费收入维度农业保险发展水平提升农业信贷效率的影响中发挥着正向调节作用，即财政支农力度的加强有助于激励保费收入维度农业保险发展水平更好地发挥提升农业信贷效率的效用。

据表 7-2 中第（3）列可知，赔付支出维度农业保险发展水平与财政支农力度交互项（$Agr\_insp \times Fis\_sup$）的系数在 5% 的水平上显著为正值，表明财政支农力度在赔付支出维度农业保险发展水平提升农业信贷效率的影响中发挥着正向调节作用，即提高财政支农力度将有助于激励赔付支出维度农业保险发展水平更好地发挥提升农业信贷效率的效用。

第二节　基于数字金融的调节效应分析

随着数字技术的不断深化，加快推动互联网时代信息技术与经济社会融合发展已成为新时代经济发展的必然趋势。原中国银保监会于 2022 年颁布的《关于银行业保险业数字化转型的指导意见》从数字化金融产品的普及、创新及服务质量等层面，对我国银行、保险业数字化转型目标提出明确要求。在推进银行业和保险业数字化转型的时代背景下，数字金融所具有的便捷、共享、低成本、低门槛等特点，在缓解信息不对称、提升农业保险服务质量、增强农业保险与信贷联结（陈康等，2022；战明华等，2023；胡小英和王定祥，2023），进而促进农业保险提升农业信贷规模和效率过程中发挥着积极作用。

一方面，以数字信息技术为载体，数字金融服务不仅能够为保险公司搜集投保人风险信息提供便利，进而助力农业保险市场运行中信息不对称的缓解，创新开发适合农户需求的个性化农业保险产品。而且能够为提升保险机构风险管理服务效率及质量提供可行的路径，比如利用遥感系统监测农作物灾害风险，及时向参保人提供风险预警；开展线上承保理赔等。另一方面，数字金融发展有助于便利银行与保险公司间目标客户的信息共享，从而降低信息成本，加强农业保险与农业信贷的联动（林凯旋，2020）。此外，数字金融能够基于数字信息技术对农业信贷资金的使用方向进行监管,进而规范资金使用。

总之,数字金融不仅能促进农业保险风险管理功能的有效发挥,也能促进农业保险与农业信贷的联动,以此提高农业信贷规模及效率。为验证这一猜想,本部分进一步利用计量模型对数字金融的调节效应进行检验。

一、模型设定与变量说明

(一)模型设定

为检验数字金融对政策性农业保险影响农业信贷规模及效率的调节效应,本部分借鉴江艇(2022)的研究思路,构建的调节效应模型如下:

$$Y_{it} = \alpha_0 + \alpha_1 X_{it} + \alpha_2 X_{it} \times Fin\_dig_{it} + \alpha_3 Fin\_dig_{it} + \alpha_4 \sum control_{it} + \mu_i + \lambda_t + \varepsilon_{it} \tag{7-2}$$

式(7-2)为数字金融对农业保险影响农业信贷规模及效率的调节效应模型,主要是在第五章基准回归式(5-1)、式(5-2)、式(5-3)及式(5-7)、式(5-8)、式(5-9)的基础上引入了农业保险发展水平与数字金融的交互项($X_{it} \times Fin\_dig_{it}$)。在式(7-2)中,下标$i$表示省(市),$t$表示年份,$\alpha$为待估参数。被解释变量$Y_{it}$包括农业信贷规模($Agr\_loan_{it}$)和农业信贷效率($Agr\_loef_{it}$);解释变量$X_{it}$表示政策性农业保险发展水平,具体包含政策性农业保险发展总水平(Agr_ins_{it})、保费收入维度(Agr_insp_{it})和赔付支出维度(Agr_insc_{it})农业保险发展水平;Fin_dig_{it}是数字金融,为估计模型的调节变量;本部分重点关注数字金融与不同维度农业保险发展水平的交互项($X_{it} \times Fin\_dig_{it}$),若其前面的系数$\alpha_2$显著为正值,意味着数字金融对农业保险发展水平产生增强型调节作用,即数字金融的提高有助于农业保险发展水平提升农业信贷规模及效率。反之,若其前面的系数α_2显著为负值,说明数字金融对农业保险发展水平产生干扰型调节作用,即数字金融的提高会抑制农业保险发展水平提升农业信贷规模及效率。$\sum control_{it}$为一系列控制变量,具体包括农业风险程度($Risk$)、受教育程度(Edu)、城镇化率(Urb_rate)、金融机构效率($Fin\_$

eff)及农业经济地位(Agr_sta)等。μ_i为省份个体效应、λ_t为年份时间效应、ε_{it}为随机干扰项。

(二) 变量说明

农业信贷规模(Agr_loan)、农业信贷效率(Agr_loef)、农业保险发展水平(Agr_ins)及农业风险程度($Risk$)、农作物播种面积($Area$)等变量的选取在第五章已经进行相应说明,这里不再赘述。本部分主要对数字金融(Fin_dig)的选取进行详细阐述。

借鉴郭峰等(2020)、Tang 和 Geng(2024)的研究,选取数字普惠金融指数来衡量数字金融(Fin_dig)。该指数由北京大学数字金融研究院发布,能够对数字技术在金融服务中的应用水平及发展趋势进行全面反映,它不仅体现了金融服务的便捷和成本效益的提升,而且能够较为直观地反映出互联网金融交易规模的扩大及金融服务的深化。数字普惠金融指数进一步可细分为数字金融覆盖广度、使用深度和数字化程度这三个子维度。

二、数字金融对农业保险影响农业信贷规模的调节效应检验

本部分基于式(7-2)从实证层面检验了数字金融能否调节政策性农业保险影响农业信贷规模的成效,表 7-3 汇报了该实证检验结果。其中,表 7-3 中第(1)、(2)、(3)列分别是数字金融对政策性农业保险发展总水平、保费收入维度及赔付支出维度农业保险发展水平影响农业信贷规模的调节效应检验结果。

据表 7-3 中第(1)列可知,政策性农业保险发展总水平与数字金融交互项($Agr\_ins \times Fin\_dig$)的系数在10%的水平上显著为正值,即该交互项能够正向影响农业信贷规模,表明数字金融在政策性农业保险发展总水平提升农业信贷规模的影响中发挥着正向调节作用,即数字金融的提高有助于激励政策性农业保险发展总水平更好发挥提升农业信贷规模的效用。

据表 7-3 中第(2)列可知,保费收入维度农业保险发展水平与数字金融交互项($Agr\_insp \times Fin\_dig$)的系数在5%的水平上显著为正值,即该交互项能够正向影响农业信贷规模,据此可知数字金融在保费收入维度农

表 7-3　数字金融对农业保险影响农业信贷规模的调节效应检验结果

变量名称	被解释变量：$\ln Agr\_loan$		
	(1)	(2)	(3)
Agr_ins	0.8820*		
	(0.4793)		
$Agr\_ins \times Fin\_dig$	0.0050*		
	(0.0026)		
Agr_insp		0.6550*	
		(0.3376)	
$Agr\_insp \times Fin\_dig$		0.0040**	
		(0.0019)	
Agr_insc			-1.2940
			(0.8196)
$Agr\_insc \times Fin\_dig$			0.0059**
			(0.0025)
Fin_dig	0.0082***	0.0086***	0.0077***
	(0.0021)	(0.0021)	(0.0021)
control	Yes	Yes	Yes
ProvinceFE	Yes	Yes	Yes
TimeFE	Yes	Yes	Yes
R_squared	0.7579	0.7575	0.7570
Observations	290	290	290

注：*、**、***分别代表10%、5%、1%显著性水平；括号内为估计系数的稳健标准误。

业保险发展水平提升农业信贷规模的影响中发挥着正向调节作用，即数字金融提高有助于激励保费收入维度农业保险发展水平更好地发挥提升农业信贷规模的效用。

据表7-3中第（3）列可知，赔付支出维度农业保险发展水平与数字金融交互项（$Agr\_insp \times Fin\_dig$）的系数在5%的水平上显著为正值，即该交互项能够正向影响农业信贷规模，据此可知数字金融在赔付支出维度农业保险发展水平提升农业信贷规模的影响中发挥着正向调节作用，即数字金融提高有助于激励赔付支出维度农业保险发展水平更好地发挥提升农业信贷规模的效用。

三、数字金融对农业保险影响农业信贷效率的调节效应检验

本部分基于式（7-2）从实证层面检验了数字金融能否调节政策性农业保险影响农业信贷效率的成效，表7-4汇报了该实证检验结果。其中，表7-4中第（1）、（2）、（3）列分别是数字金融对政策性农业保险发展总水平、保费收入维度及赔付支出维度农业保险发展水平影响农业信贷效率的调节效应检验结果。

表7-4 数字金融对农业保险影响农业信贷效率的调节效应检验结果

变量名称	被解释变量：Agr_loef		
	(1)	(2)	(3)
Agr_ins	1.2762**		
	(0.5246)		
$Agr\_ins \times Fin\_dig$	0.0048***		
	(0.0014)		
Agr_insp		0.7264**	
		(0.3672)	
$Agr\_insp \times Fin\_dig$		0.0030***	
		(0.0008)	
Agr_insc			0.7260**
			(0.3156)
$Agr\_insc \times Fin\_dig$			0.0012**
			(0.0005)
Fin_dig	0.0003	0.0002	0.0001
	(0.0002)	(0.0002)	(0.0002)
control	Yes	Yes	Yes
σ_μ	0.2013***	0.2010***	0.2016***
	(0.0279)	(0.0279)	(0.0279)
σ_ε	0.1237***	0.1235***	0.1261***
	(0.0054)	(0.0054)	(0.0055)
ρ	0.7259	0.7259	0.7188
LR	267.2400	265.4400	257.7100
Observations	290	290	290

注：*、**、***分别代表10%、5%、1%显著性水平；括号内为估计系数的标准误。σ_μ为省份个体效应估计值，σ_ε为随机干扰项估计值。

据表 7-4 中第（1）列可知，政策性农业保险发展总水平与数字金融交互项（$Agr\_ins \times Fin\_dig$）的系数在 1% 的水平上显著为正值，即该交互项能够正向影响农业信贷效率，表明数字金融在政策性农业保险发展总水平提升农业信贷效率的影响中发挥着正向调节作用，即数字金融的提高有助于激励政策性农业保险发展总水平更好发挥提升农业信贷效率的效用。

据表 7-4 中第（2）列可知，保费收入维度农业保险发展水平与数字金融交互项（$Agr\_insp \times Fin\_dig$）的系数在 1% 的水平上显著为正值，即该交互项能够正向影响农业信贷效率，据此可知数字金融在保费收入维度农业保险发展水平提升农业信贷效率的影响中发挥着正向调节作用，表明数字金融提高有助于激励保费收入维度农业保险发展水平更好地发挥提升农业信贷效率的效用。

据表 7-4 中第（3）列可知，赔付支出维度农业保险发展水平与数字金融交互项（$Agr\_insp \times Fin\_dig$）的系数在 5% 的水平上显著为正值，即该交互项能够正向影响农业信贷效率，表明数字金融在赔付支出维度农业保险发展水平提升农业信贷效率的影响中发挥着正向调节作用，即数字金融提高有助于激励赔付支出维度农业保险发展水平更好地发挥提升农业信贷效率的效用。

第三节　基于农业保险市场结构的调节效应分析

理论上，农业保险发展速度会受到农业保险市场结构影响，因为农业保险市场结构不同，会导致差异化的农业保险业务空间范围、市场竞争成本等。一般而言，充分竞争有助于激发市场活力，促进产品优化升级。我国自 2007 年建立政策性农业保险体系以来，农业保险市场"多家竞争"模式一直占据着主导地位。然而，农业保险的准公共物品性质决定其市场不宜充分竞争。一方面，我国农业保险市场运行离不开政府主导，政府通过遴选方式决定一个地区的农业保险业务由哪几家保险公司进行经营，这为保险公司谋求农业保险经营权而向政府部门输送利益提供了一定空间（牛浩和陈盛伟，2019；陆宇等，2023）。另一方面，尽管农业保险市场展开充分竞争从理论上能优化农业保险服务效率和质量，但由于农业生产的分散性及广阔性，将增加保险公司运行成本，难以实现规模经济（庹国柱，2017）。

目前，国内研究对农业保险市场结构的探讨较为认可以安徽省为代表的"弱竞争"模式（庹国柱，2017；牛浩和陈盛伟，2019；陆宇等，2023）。当农业保险市场处于"弱竞争"模式时，保险公司无需考虑为市场准入进行利益输送，可以将这部分资金更好地利用在提升产品创新及服务质量上。另外，"弱竞争"模式更容易形成集中连片承保，从而更利于保险公司的展业、风控及理赔等业务的开展，有助于形成规模经济。总之，农业保险市场的"弱竞争"模式有利于降低农业保险经营公司的经营成本，从而有助于农业保险风险保障水平的提升，进而助力农业保险与农业信贷的联结，以此提升农业信贷规模及效率。为验证这一猜想，本部分进一步利用计量模型对农业保险市场结构的调节效应进行检验。

一、模型设定与变量说明

（一）模型设定

为检验农业保险市场结构对政策性农业保险影响农业信贷规模及效率的调节效应，本部分借鉴江艇（2022）的研究思路，构建的调节效应模型如下：

$$Y_{it} = \alpha_0 + \alpha_1 X_{it} + \alpha_2 X_{it} \times Ai\_HHI_{it} + \alpha_3 Ai\_HHI_{it} + \alpha_4 \sum control_{it} + \mu_i + \lambda_t + \varepsilon_{it} \qquad (7-3)$$

式（7-3）为农业保险市场结构对农业保险影响农业信贷规模及效率的调节效应模型，主要是在第五章基准回归式（5-1）、式（5-2）、式（5-3）及式（5-7）、式（5-8）、式（5-9）的基础上引入了农业保险发展水平与农业保险市场结构的交互项（$X_{it} \times Ai\_HHI_{it}$）。在式（7-3）中，下标 i 表示省（市），t 表示年份，α 为待估参数。被解释变量 Y_{it} 包括农业信贷规模（Agr_loan_{it}）和农业信贷效率（Agr_loef_{it}）；解释变量X_{it}表示政策性农业保险发展水平，具体包含政策性农业保险发展总水平（Agr_ins_{it}）、保费收入维度（Agr_insp_{it}）和赔付支出维度（Agr_insc_{it}）农业保险发展水平；Ai_HHI_{it}是农业保险市场结构，为估计模型的调节变量；本部分重点关注农业保险发展水平与农业保险市场结构的交互项（$X_{it} \times Ai\_HHI_{it}$），若其前面的系数$\alpha_2$显著为正，说明农业保险市场结构会对农业保险发展水平产生增强型调节作用，即农业保险市场越集中、市场竞争度越"弱"，则越有助于农业保险提升农业信贷规模及效率。反之，若其前面的系数α_2显著为负值，说明农业保险市场结构会对农业保险产生干扰型调节作用，即农业保险市场越多元、市场竞争度越"高"，则越会抑制农业保险提升农业信贷规模及效率。$\sum control_{it}$为一系列控制变量，具体包括农业风险程度（$Risk$）、受教育程度（Edu）、城镇化率（Urb_rate）、金融机构效率（Fin_eff）及农业经济地位（Agr_sta）等。μ_i为省份个体效应、λ_t为年份时间效应、ε_{it}为随机干扰项。

（二）变量说明

农业信贷规模（Agr_loan）、农业信贷效率（Agr_loef）、农业保险发展水平（Agr_ins）及农业风险程度（$Risk$）、农作物播种面积（$Area$）等变量的选取在第五章已经进行相应说明，这里不再赘述。本部分主要对农业保险市场结构（Ai_HHI）的选取进行详细阐述。

农业保险市场结构（Ai_HHI）主要指的是省域内农业保险市场集中情况，也可表示为农业保险市场的竞争程度。本书参考牛浩和陈盛伟（2019）、牛浩等（2022）、陆宇等（2023）的研究，利用赫芬达尔—赫希曼指数（HHI）对农业保险市场结构进行衡量。具体计算方式如下：

$$Ai\_HHI_{it} = \sum_{m=1}^{n} (s_{mit}/S_{it})^2 \qquad (7-4)$$

式（7-4）表示农业保险市场结构指的是在农业保险市场中各保险公司的保费收入与农业保险保费总收入之比的平方和。其中，s_{mit}为t年i省m公司的农业保险保费收入，S_{it}为t年i省总的农业保险保费收入。Ai_HHI_{it}数值越小，表示该行业市场的竞争程度越高，反之，则越低。

二、农业保险市场结构对农业保险影响农业信贷规模的调节效应检验

本部分基于式（7-3）从实证层面检验了农业保险市场结构能否调节政策性农业保险影响农业信贷规模的成效，表7-5汇报了该检验结果。其中，表7-5中第（1）、（2）、（3）列分别是农业保险市场结构对政策性农业保险发展总水平、保费收入维度及赔付支出维度农业保险发展水平影响农业信贷规模的调节效应检验结果。

表7-5 农业保险市场结构对农业保险影响农业信贷规模的调节效应检验结果

变量名称	被解释变量：lnAgr_loan		
	(1)	(2)	(3)
Agr_ins	-1.1378**		
	(0.4907)		
Agr_ins × Ai_HHI	3.6270***		
	(0.7606)		
Agr_insp		-0.8945***	
		(0.3256)	
Agr_insp × Ai_HHI		4.5339***	
		(0.6852)	
Agr_insc			-1.5471***
			(0.5610)
Agr_insc × Ai_HHI			3.2689***
			(0.8196)
Ai_HHI	-0.0835	-0.1183	-0.0048
	(0.1643)	(0.1604)	(0.1633)
control	Yes	Yes	Yes
ProvinceFE	Yes	Yes	Yes
TimeFE	Yes	Yes	Yes
R_squared	0.7617	0.7797	0.7530
Observations	290	290	290

注：*、**、*** 分别代表10%、5%、1%显著性水平；括号内为估计系数的稳健标准误。

据表7-5中第（1）列可知，政策性农业保险发展总水平与农业保险市场结构交互项（$Agr\_ins \times Ai\_HHI$）的系数在1%的水平上显著为正值，即该交互项能够正向影响农业信贷规模，据此可知农业保险市场结构在政策性农业保险发展总水平提升农业信贷规模的影响中发挥着正向调节作用，即农业保险市场的"弱竞争"将有助于激励政策性农业保险发展总水平更好地发挥提升农业信贷规模的效用。

据表7-5中第（2）列可知，保费收入维度农业保险发展水平与农业保险市场结构交互项（$Agr\_insp \times Ai\_HHI$）的系数在1%的水平上显著为正值，即该交互项能够正向影响农业信贷规模，据此可知农业保险市场结构在保费收入维度农业保险发展水平提升农业信贷规模的影响中发挥着正向调节作用，即农业保险市场的"弱竞争"有助于激励保费收入维度农业保险发展水平更好地发挥提升农业信贷规模的效用。

据表7-5中第（3）列可知，赔付支出维度农业保险发展水平与农业保险市场结构交互项（$Agr\_insp \times Ai\_HHI$）的系数在1%的水平上显著为正值，也即该交互项能够正向影响农业信贷规模，据此可知农业保险市场结构在赔付支出维度农业保险发展水平提升农业信贷规模的影响中发挥着正向调节作用，即农业保险市场的"弱竞争"有助于激励赔付支出维度农业保险发展水平更好地发挥提升农业信贷规模的效用。

三、农业保险市场结构对农业保险影响农业信贷效率的调节效应检验

本部分基于式（7-3）从实证层面检验了农业保险市场结构能否调节政策性农业保险影响农业信贷效率的成效，实证检验结果如表7-6所示。其中，表7-6中第（1）、（2）、（3）列分别是农业保险市场结构对政策性农业保险发展总水平、保费收入维度及赔付支出维度农业保险发展水平影响农业信贷效率的调节效应检验结果。

据表7-6中第（1）列可知，政策性农业保险发展总水平与农业保险市场结构交互项（$Agr\_ins \times Ai\_HHI$）的系数在1%的水平上显著为正值，

表7-6 农业保险市场结构对农业保险影响农业信贷效率的调节效应检验结果

变量名称	被解释变量：Agr_loef		
	(1)	(2)	(3)
Agr_ins	0.9842***		
	(0.2740)		
$Agr\_ins \times Ai\_HHI$	1.2162***		
	(0.4693)		
Agr_insp		0.6244***	
		(0.2046)	
$Agr\_insp \times Ai\_HHI$		0.8849**	
		(0.4373)	
Agr_insc			1.0544***
			(0.3063)
$Agr\_insc \times Ai\_HHI$			1.3434***
			(0.4867)
Ai_HHI	-0.0812	-0.0796	-0.1212
	(0.0973)	(0.0991)	(0.0942)
control	Yes	Yes	Yes
σ_μ	0.1998***	0.1981***	0.2000***
	(0.0277)	(0.0276)	(0.0277)
σ_ε	0.1240***	0.1248***	0.1242***
	(0.0054)	(0.0055)	(0.0054)
ρ	0.7220	0.7157	0.7219
LR	262.0100	257.7100	262.8700
Observations	290	290	290

注：*、**、*** 分别代表10%、5%、1%显著性水平；括号内为估计系数的标准误。σ_μ 为省份个体效应估计值，σ_ε 为随机干扰项估计值。

即该交互项能够正向影响农业信贷效率，据此可知农业保险市场结构在政策性农业保险发展总水平提升农业信贷效率的影响中发挥着正向调节作用，即农业保险市场集中度越高，越有助于激励政策性农业保险发展总水平更好地发挥提升农业信贷效率的效用。

据表7-6中第（2）列可知，保费收入维度农业保险发展水平与农业保险市场结构交互项（$Agr\_insp \times Ai\_HHI$）的系数在5%的水平上显著为正值，即该交互项能够正向影响农业信贷效率，据此可知农业保险市场结构在保费收入维度农业保险发展水平提升农业信贷效率的影响中发挥着正向调节作用，即农业保险市场集中度越高，越有助于激励保费收入维度农业保险发展水平更好地发挥提升农业信贷效率的效用。

据表 7–6 中第（3）列可知，赔付支出维度农业保险发展水平与农业保险市场结构交互项（$Agr\_insp \times Ai\_HHI$）的系数在 1% 的水平上显著为正值，即该交互项能够正向影响农业信贷效率，据此可知农业保险市场结构在赔付支出维度农业保险发展水平提升农业信贷效率的影响中发挥着正向调节作用，即农业保险市场集中度越高，越有助于激励赔付支出维度农业保险发展水平更好地发挥提升农业信贷效率的效用。

第四节 本章小结

为了探究政策性农业保险对农业信贷规模及效率的影响成效会受到哪些因素影响及其成因，本章重点从政策性农业保险与农业信贷联结所依赖的财政支农力度、数字金融、农业保险市场结构等外部环境特征层面，在理论阐释的基础上，进一步采用调节效应模型检验了上述三个影响因素对政策性农业保险影响农业信贷规模及效率的调节效应。

检验结果显示，财政支农力度、数字金融和农业保险市场结构与政策性农业保险的交乘项系数均至少在 10% 水平上显著为正值，这意味着财政支农力度、数字金融和农业保险市场结构均能正向调节政策性农业保险影响农业信贷规模及效率的成效，即加大财政支农力度、提升数字金融和农业保险市场"弱竞争"均有助于提升政策性农业保险影响农业信贷规模及效率的成效。该结果无论是对于政策性农业保险发展总水平、还是保费收入维度及赔付支出维度的农业保险发展水平均成立。本书认为该结果可能的原因是，财政支农力度、数字金融化水平提升及"弱竞争"市场模式有助于农业保险市场的有效运行，这不仅能够提升农业保险风险管理效能，而且能够提升农业保险与农业信贷的联结度、规范农业信贷资金使用等，从而有助于提高农业信贷规模及效率。

第八章 研究结论、对策建议与未来展望

第一节 研究结论

加大农业信贷资金"量"投入的同时,注重信贷资金"质"的提升,是有效发挥信贷资金成效,助推乡村振兴战略实施的重要举措。然而,信贷资金在运用过程中风险因素的影响会导致其效益不高。为此,本书立足风险管理视角,从理论和实证两个层面探析了政策性农业保险影响农业信贷规模及效率的成效及作用机制。理论分析通过构建经济部门决策行为模型,考察政策性农业保险对农业信贷规模及效率的影响机理;实证分析则在理论分析的基础上,结合我国省级面板数据检验政策性农业保险对农业信贷规模及效率的影响成效、作用机制及影响成效发挥的因素。主要研究结论如下:

其一,特征事实分析表明,政策性农业保险发展水平、农业信贷规模及效率在样本考察期内,均呈现整体上升趋势,但表现出区域差异性。进一步的相关性分析表明,政策性农业保险发展水平与农业信贷规模及农业信贷效率的相关性均处于较高水平,并且其相关性也会在不同区域表现出差异性。具体而言:

(1) 通过对我国政策性农业保险发展水平的演化特征分析可知,我国政策性农业保险发展水平整体呈现上升趋势,其中,新疆、黑龙江、内蒙

古、北京、西藏、上海、宁夏、青海、湖南和吉林等省（区、市）的政策性农业保险发展水平处于全国前列。东北部地区的政策性农业保险发展水平最高，西部地区、东部地区紧跟其后，政策性农业保险发展水平最低的区域是中部地区。粮食主产区、产销平衡区及粮食主销区的政策性农业保险发展水平在样本考察期内随着时间演变呈现交错发展态势。先是：粮食主产区>粮食主销区>产销平衡区，再是：粮食主产区>产销平衡区>粮食主销区，最后是：产销平衡区>粮食主产区>粮食主销区。

（2）通过对我国农业信贷规模的演化特征分析可知，我国农业信贷规模总体保持了稳定上升趋势，其中，湖北、湖南、四川、山东、安徽、河北等粮食主产区域省份的农业信贷规模相对较低。另外，全国整体和分经济区域、分粮食产区的农业信贷规模核密度图在样本考察期内基本上呈现了中心轴向右移动趋势，且表现出扁平化趋势，表明我国农业信贷规模无论是整体还是分地区层面均呈现了明显增加，但是地区间的差异却不断变大。

（3）通过对我国农业信贷效率的演化特征分析可知，我国农业信贷效率在样本考察期内处于整体上升趋势，但也存在云南、陕西等省份的农业信贷效率出现了不同程度下降。另外，我国农业信贷效率较高的省份主要集中在中东部区域。农业信贷效率的核密度图整体趋势与农业信贷规模基本类似，表现出中心轴整体向右缓慢移动，且分布图的延展性不断扩大，表明我国农业信贷效率总体处于增加态势，但是地区间的差距却有扩大的趋势。

（4）通过对我国农业信贷市场存在的问题分析发现，一是 2012—2021 年，我国农业信贷资金缺口整体呈现上升趋势，并且在 2012—2016 年及 2017—2020 年扩大速度较快。另外，进一步的农业信贷资金缺口预测显示，2022—2026 年我国农业信贷资金缺口有进一步扩大的趋势。二是 2012—2021 年，无论是农业信贷规模与农业经济发展的协调度系数还是农业信贷规模与农业收入的协调度系数，均大致处于 0.5—0.6，表明农业信贷规模与农业经济发展及农业收入基本上处于基本不协调阶段。

（5）基于灰色关联理论对农业保险发展水平与农业信贷规模及效率的

相关性分析可知，农业保险与农业信贷规模及农业信贷效率均具有较高的相关性，灰色关联度数值均位于 0.7—0.9。另外，农业保险与农业信贷规模及农业信贷效率的相关性具有区域差异性：农业保险与农业信贷规模的相关度在中部及东北部地区、粮食主产区内最高，农业保险与农业信贷效率的相关度在西部地区及产销平衡区内最高。

其二，理论分析表明，在包含政策性农业保险的情形下，银行的农业信贷规模更大、农业信贷效率更高。具体而言：

（1）政策性农业保险能够有效提升农业信贷规模，且政策性农业保险的农业风险管理及农业稳收增收是其主要的作用路径。在行为决策理论框架下，通过求解有无农业保险情况下银行放贷额度最大化方程并比较分析可知，参加政策性农业保险情景下的银行放贷规模均要大于未参加农业保险情景下的放贷规模，并且随着政策性农业保险保障额度的提升，信息完全条件下的银行放贷规模与信息不完全的银行放贷规模的差距逐渐缩小。另外，政策性农业保险风险管理功能的发挥能够提升农户成为高产出水平类型的概率，进而有助于提升银行放贷额度。并且考虑到银行放贷额度最大化方程隐含了农业经营收入是农户还款资金的主要来源，农业经营收入状况会直接影响银行愿意放贷的规模。进一步扩展家庭生产部门的模型，分析政策性农业保险对农业收入的影响可知，政策性农业保险能够小幅降低农业收入上限，大幅提升农业收入下限，能够从整体层面有效促进农业稳收增收，进而提升银行放贷规模。

（2）政策性农业保险能够有效提高农业信贷效率，且农业风险管理、农业经营技术和农业规模化经营是其主要的作用路径。在新古典增长模型框架下，通过数值模拟分析发现，随着农业风险冲击的增大，相较于仅包含农业信贷情形，同时包含农业信贷与农业保险情形下的农业信贷效率下降较为缓慢，并且在风险冲击较大时，同时包含农业信贷和农业保险情形下的农业信贷效率会显著大于仅包含农业信贷情形下的农业信贷效率。另外，政策性农业保险能够通过降低农业风险发生的概率及风险冲击损失程度、提高农业经营技术化水平及农业规模经营程度，提高农业信贷效率。

其三，基准回归检验结果表明，政策性农业保险能够显著正向影响农业信贷规模及效率，并且该结果在考虑内生性和稳健性检验后依然成立，但是在不同经济区域和粮食产区表现出异质性。具体而言：

（1）政策性农业保险发展水平能够显著正向影响农业信贷规模，该结果在不同维度农业保险发展水平下依然成立。为检验上述结果的稳健性，分别以因子分析法重新度量政策性农业保险发展水平、利用农业信贷规模绝对量作为被解释变量、引入农业保险发展水平滞后一阶作为工具变量，检验结果依然稳健。另外，在区域异质性方面，相较于东部地区及粮食主产区，政策性农业保险发展水平对提升中部、东北部、西部地区及非粮食主产区的农业信贷规模更为显著。进一步利用农户微观数据对政策性农业保险影响农户农业信贷可得性及需求满足度进行检验的结果显示，政策性农业保险能够显著正向影响农户获得农业信贷可得性，而对农户农业信贷需求满足度的影响不显著。

（2）政策性农业保险发展水平能够显著正向影响农业信贷效率，该结果在不同维度农业保险发展水平下依然成立。为检验上述结果的稳健性，分别以因子分析法重新度量政策性农业保险发展水平、变换投入指标重新测度农业信贷效率、引入农业保险发展水平滞后一阶作为工具变量，检验结果依然稳健。另外，在区域异质性方面，相较于东部地区及粮食主产区，政策性农业保险发展水平对提升中部、东北部、西部地区及非粮食主产区的农业信贷效率更为显著。

其四，作用机制检验表明，政策性农业保险不仅能够通过农业风险管理、稳定农业收入波动和农业收入增长有效促进农业信贷规模增加，也能通过农业风险管理、农业经营技术和农业规模化经营有效提升农业信贷效率水平。具体而言：

（1）政策性农业保险能够通过农业风险管理、稳定农业收入波动和提高农业收入有效促进农业信贷规模增加。一是农业风险管理的机制检验结果显示，政策性农业保险能够有效发挥农业风险管理功能以提升农业信贷规模。该结果在不同维度农业保险发展水平下、更换解释变量和被解释变量后依旧成立。二是政策性农业保险对农业收入波动具有显著的负向影响，农业收入波动对农业信贷规模的影响系数也显著为负，并且农业保险对农业信贷规模的影响系数显著小于未控制农业收入波动情况下的农业保险系数，这意味着政策性农业保险能够通过降低农业收入波动提升农业信贷规模，该结果在不同维度农业保险发展水平下、基于因子分析法测度政策性农业保险发展水平、以农业信贷规模绝对量更换被解释变量后依旧成立。三是政策性农业保险对农业收入增长具有显著的正向影响，农业收入增长对农业信贷规模的影响系数也显著为正值，并且农业保险对农业信贷规模的影响系数显著小于未控制农业收入增长情况下的农业保险系数，这意味着政策性农业保险能够通过促进农业收入增长提升农业信贷规模，该结果在不同维度农业保险发展水平下、基于因子分析法测度政策性农业保险发展水平、以农业信贷规模绝对量更换被解释变量后该结果依旧成立。

（2）政策性农业保险能够通过农业风险管理、农业经营技术和农业规模化经营有效提升农业信贷效率水平。一是农业风险对农业信贷效率的影响系数显著为负，而政策性农业保险发展水平与农业风险程度的交乘项对农业信贷效率的影响系数显著为正值，这意味着政策性农业保险能够有效发挥农业风险管理功能以提升农业信贷效率。该结果在不同维度农业保险发展水平下、更换解释变量和被解释变量后依然成立。二是政策性农业保险对农业经营技术具有显著的正向影响，农业经营技术对农业信贷效率的影响系数也显著为正值，并且农业保险对农业信贷效率的影响系数显著小于未控制农业经营技术情况下的农业保险系数，这意味着政策性农业保险能够通过促进农业经营技术水平提升农业信贷效率，该结果在不同维度农业保险发展水平下、基于因子分析法测度政策性农业保险发展水平、更换投入指标重新测度农业信贷效率后该结果依旧成立。三是政策性农业保险对农业规模化经营具有显著的正向影响，农业规模化经营对农业信贷效率的影响系数也显著为正值，并且农业保险对农业信贷效率的影响系数显著小于未控制农业规模化经营情况下的农业保险系数，这意味着政策性农业保险能够通过促进农业规模化经营提升农业信贷效率，该结果在不同维度农业保险发展水平下、基于因子分析法测度政策性农业保险发展水平、更换投入指标重新测度农业信贷效率后该结果依旧成立。

其五，政策性农业保险影响农业信贷规模及效率的调节效应检验结果显示，财政支农力度、数字金融和农业保险市场结构能正向调节政策性农业保险影响农业信贷规模及效率的成效。具体而言：

财政支农、数字金融和农业保险市场结构与政策性农业保险的交乘项对农业信贷规模及效率的影响系数均显著为正值，这意味着随着财政支农力度的提升、数字金融提高及农业保险市场"弱竞争"，政策性农业保险提升农业信贷规模及效率的效果更大。上述结果在不同维度农业保险发展水平下依旧成立。

第二节 对策建议

为提升政策性农业保险促进农业信贷规模及效率的成效，助力乡村振兴战略实施，本书基于上述研究结论，从政府、保险公司、信贷机构、农户四个层面提出如下对策建议：

第一，政府部门统筹引领，积极出台农业保险及其与农业信贷联结相关政策进行引导，并加大财政支农力度，为农业保险发展、农业保险与农业信贷协同提供政策、资金支持。

（1）积极统筹引领，出台引导农业保险与农业信贷发展的指导意见，在明确农业保险与农业信贷重要地位的同时，引导金融机构与农业保险经营公司深化协同合作。鉴于政策性农业保险能够有效推进农业信贷规模及效率提升，并且农业保险与农业信贷的联结强度也会影响到其作用效果的发挥，而政府政策引导对于政策性农业保险发展及农业保险与农业信贷联结具有导向作用。尽管我国已初步出台了诸多农业保险发展规范指导政策，但相关政策对农业保险经营管理、定价核算、风险转移等相关规定仍较为模糊，并且对农业保险与农业信贷联结的政策规定相对较少。为此，建议政府部门在统筹引领完善我国农村金融体系的同时，从行政法规、部门规章、规范性文件等诸多层面完善农业保险及其与农业信贷联结的政策支持体系，一是对农业保险的财政支持、经营运行、精算定价等重要方面进行规范指导，促进农业保险"扩面、增品、提标"成效，有效推进我国农业保险高质量发展。二是在积极明确农业保险与农业信贷协同在完善农村金融体系中重要地位的同时，从保险公司与信贷机构的代理合作、信息共享、网点整合等方面对农业保险与农业信贷联结进行政策支持。

（2）以财政支持为手段，不仅注重对农业保险财政补贴资金的结构优化，还需将财政资金向具有农业保险联结的农业信贷利率进行倾斜，有效发挥财政资金在促进农业保险及其与农业信贷联结的成效。鉴于财政支农力度能正向调节政策性农业保险提升农业信贷规模及效率的成效，有必要加大政府部门财政支农力度。为此建议政府部门：一是对于农业保险的财政支持，一方面，在积极将更多关系国计民生农产品保险纳入补贴范围的同时，促进保费补贴比例与保险费率相挂钩，可以依据不同保障水平等级将保险产品划分为"普惠型"和"非普惠型"，并依据不同保障水平下的费率状况，将保费补贴与费率进行联结。另一方面，在区域间补贴结构优化上，可结合地方农业地位，在重点考量地方财政实力的基础上，将财政资金更多地向农业大省、财政弱省进行倾斜，持续加大地区间补贴政策差异化程度。二是对于农业保险与农业信贷联结的财政支持，可以考虑为保险公司与信贷机构提供一定的互动优惠。具体而言，可以考虑为银行代理的农业保险保费收入进行税收减免、对与农业保险联结的农业信贷利率进行贴息等。

第二，保险公司坚守风险保障本源，以"扩面、增品、提标"为目标，积极利用数字技术工具精准刻画农户保险需求，提高理赔效率，并注重开发针对具有信贷需求农作物品种的保险产品，强化保险产品与农业信贷合约的对接。

（1）搭建农业保险数字信息技术平台，从"事前—事中—事后"全流程层面提升农业保险服务质量。由于政策性农业保险发展水平提升有助于农业信贷规模及效率的提高，并且在保费收入和赔付支出两个维度均对农业信贷规模及效率提升具有显著的正向影响，加之数字金融化水平提高是促进农业保险提升农业信贷规模及效率成效的重要因素，因此，提高政策性农业保险发展水平及数字金融化水平对于缓解农业信贷约束、发挥信贷资金成效具有积极作用。为此,建议保险公司应积极利用数字金融工具,一是在事前广泛搜集农户风险信息,在及时捕捉农户风险保障需求,开发与之适应的保险产品的同时,对农业保险产品进行精准定价。二是在事中实时监测农业风险相关信息,并及时向参保农户进行预警及相应风控措施,以实现"风险减量"。三是在事后对农业经营损失进行"天空地"一体化评估,进一步结合参保农户拥有的手机等移动终端上传受灾信息,在进行迅速查勘定损的同时,利用线上远程理赔结算程序,实现移动支付赔款,有效提升理赔结算效率。

(2)构建多层次农业保险保障水平体系,创新开发与农业信贷合约相连的保险产品,为农业信贷提供更高保障。农业保险保障水平与农业经济损失直接联系,不仅是农业保险发挥风险损失补偿作用的基本条件,也是降低与农业保险联结的农业贷款违约风险的重要保障。理论分析表明,提高农业保险保障水平有助于缓解借贷双方间的信息不对称,提升银行放贷规模,并且农业保险损失补偿效应的发挥有助于提高农业信贷资金使用成效。因此,提升农业保险保障水平、增强其与农业信贷的连接性是促进农业信贷规模及效率提升的关键。为此,建议保险公司:一是在适当提高农业保险保额或扩充保险责任的同时,注重从优化保险合约层面提高农业保险保障水平,可以降低农业保险相对免赔率,取消或参照美国农业保险中的"补种安排"条款调整农业保险分阶段赔付规定等。二是从保险产品开发创新角度,积极通过调研实践探寻具有较高信贷需求的种养品种,并有针对性地开发该品种保险产品,丰富农业保险与农业信贷合作产品种类,在提升农业保险与农业信贷在目标品种匹配度的同时,适时创新保险品种,为农业信贷提供较高的风险保障。

第三,信贷机构紧盯"贷前调查、贷中审批、贷后监管"等关键环节,可以将包含农业保险投保及产品等信息纳入农户信用等级评估体系,并积极利用数字金融工具或信贷合约规定对信贷资金的使用进行监督,规范资金使用程序,提升农业信贷资金使用成效。

(1)积极构建包含农业保险相关信息的综合信用评估体系,在风险可控的前提下,对参保农户的贷款额度、期限及利率给予一定放松和优惠。

农业保险风险保障功能的有效发挥能够在平滑农户收入波动风险的同时，提升农户收入水平，这有助于降低农业信贷违约风险，因此，农户的农业保险参保行为在一定程度上能够反映其信贷违约风险状况，应该成为信贷机构在审核农户贷款资质时需要重点考量的指标之一。为此，建议农业信贷机构：一是在将农业保险纳入信用评估体系，在提升风险管控模型精准度的同时，适当降低农户信贷获得门槛，使更多农户能够获得农业贷款。二是积极与农业保险经营公司进行对接，在获取更多农户生产经营风险信息的同时，对于申请较高贷款额度的农户，可以在考虑参保行为的基础上，进一步结合保险公司提供的风险信息进行深入审查。对于申请较长贷款期限的农户，可以联合保险公司与农户签署贷款期限内的连续参保协议，以降低贷款违约风险。

（2）利用信贷合约条款规定或数字金融技术工具，对农业信贷资金的用途进行农业生产经营范围限定和监管。在农业信贷使用过程中，难免会出现信贷资金被挪用或滥用的现象，这不仅增加了农业生产经营风险，降低了农业信贷资金使用成效，而且会导致资金使用范围与农业保险标的物不匹配，不利于农业保险与农业信贷联结。为此，建议农业信贷机构：一是立足农业信贷合约条款，尤其是在借款人承诺条款中，让贷款农户重点明确农业信贷资金使用范围及违约后可能承担的法律责任，以增强借款农户合规使用信贷资金的意识。二是联合信息技术部门，积极搭建农业信贷资金管理平台，将借款农户的农业信贷资金流动的日期和方向实时记录，以实现对农业信贷资金的实时监管。

第四，农户可以借助互联网信息工具或组织培训等学习契机，不仅要注重自身风险意识的提升，在生产实践中积极利用保险等工具管理生产风险，而且要重视对农业保险与农业信贷相关法律法规的学习，规范自身农业保险及信贷资金的使用行为。

（1）善于利用各种信息渠道来提升自身风险意识，重视对农业保险等专业风险管理工具的理解和应用。农户作为农业保险的参保主体，其风险意识提升是产生风险管理需求的前提条件，而只有清楚认识农业保险合约，才能理解农业保险在管理农业生产经营风险中的重要作用。然而，农户对农业保险认知偏低是影响农业保险发展的重要限制因素。因此，提升农业保险发展水平以促进农业信贷规模及效率提高，有必要重视农户风险意识、农业保险素养的提升。提升农户风险管理意识不仅需要政府、保险公司利用各种途径宣传农业风险及农业保险，更需要农户主动把握各种学习契机。为此，建议农户积极利用电脑、手机等互联网等信息传播技术及参加农业风险相关主题培训、讲座等路径，一方面，主动去了解并认识本地区农业生产经营风险的类别、影响及相应防范举措。另一方面，主动去学习保险的本质及功能意义，主动咨询保险公司工作人员或协保人员关于农业保险合约条款含义，清楚认识农业保险相应的保险责任、保险金额及赔付触发条件等，以对农业保险具有清楚及正确的认识。

（2）加强对农业保险与农业信贷相关法律法规的学习，在法律法规允许的范围内规范使用农业保险及农业信贷资金。农户作为参保主体及信贷资金使用者，由于与保险公司、信贷机构之间存在信息不对称，在农业生产经营实践中往往会出于自身利益的考量，出现虚假投保、虚假理赔等违法举措，以及懈怠农业生产经营管理、将信贷资金投入更高的生产项目或挪用到其他非农业生产领域等道德风险行为，这不仅会阻碍农业保险发展水平的提高，也会增加信贷违约风险，恶化农业信贷资金使用成效。因此，在农业保险与农业信贷相关法律法规体系不断完善的趋势下，农户自身需加强对相关法律法规的学习和理解，提升自身合规经营意识。为此，建议农户基于互联网媒体、组织培训等各种信息渠道，一是主动学习农业保险相关法律法规，了解虚假投保、虚假理赔等违法行为的后果，以此警示自身合法合规使用农业保险。二是主动了解将信贷资金投入更高生产项目或挪用到其他非农业生产领域可能造成违约行为应承担的法律责任，提升自身正确使用信贷资金的意识。

第三节　研究局限与未来展望

本书基于风险管理视角，对农业保险影响农业信贷规模及效率的效果和机制进行了系统分析，以期拓展农业保险与农业信贷相关研究。然而，本书也存在如下研究局限，在后续研究中可进一步完善。

第一，由于数据限制，本书主要从宏观层面探析了农业保险对农业信贷规模及效率的影响，而研究结论仍需从中观信贷机构或微观农户层面进一步考证。随着信贷机构及农户数据的不断充实积累，在数据条件允许的情况下，后续研究可以立足信贷机构或农户层面构建农业保险、农业信贷效率等指标体系，在探析农业保险对农业信贷规模及效率影响成效的同时，进一步分析信贷机构类型或农户个体特征等因素对上述机制的影响差异。

第二，本书研究重点探析了政策性农业保险影响农业信贷规模及效率的成效及其作用机制，研究发现政策性农业保险能够有效提升农业信贷规模及效率。然而，由于本书利用 SE–SBM 模型测度农业信贷效率的投入指标与农业信贷规模测度指标一致，导致难以从计量视角准确识别农业信贷规模与农业信贷效率之间的因果关系。因此，本书并未对农业信贷规模和效率的关系进行深入探究。后续研究可以从资源配置效率、投入产出成效及金融可持续发展等角度进一步优化农业信贷效率测度，避免在农业信贷效率测度过程中出现农业信贷规模指标，并在此基础上深入分析农业信贷规模及效率之间的联系，以增强农业保险对农业信贷规模及效率影响研究逻辑的完整性。

参考文献

[1] Acemoglu D. Introduction to modern economic growth [M]. Princeton University Press, 2009.

[2] Agbenyo W., Jiang Y. S., Wang J. Y., Gideon N., Dunya R., Frempong L. N. Does weather index – based insurance adoption influence Cocoa output? An endogenous swicth regression approach [J]. Climate and Development, 2023 (23).

[3] Ahmed N., Hamid Z., Mahboob F., Rehman K. U., Ali M. S. E., Senkus P., Skrzypek A. Causal linkage among agricultural insurance, air pollution, and agricultural green total factor productivity in United States: Pairwise granger causality approach [J]. Agriculture, 2022 (12): 1320.

[4] Ai T. Y., Zhang J. S., Shao J. W. Study on the coordinated poverty reduction effect of agricultural insurance and agricultural credit and its regional differences in China [J]. Economic Analysis and Policy, 2023, 78 (C): 835 – 844.

[5] Alesina A., Zhuravskaya E. Segregation and the quality of government in a cross section of countries [J]. The American Economic Review, 2011, 101 (5): 1872 – 1911.

[6] Andersen P., Petersen N. C. A procedure for ranking efficient units in data envelopment analysis [J]. Management Science, 1993 (39): 1261 – 1264.

[7] Anh N. T., Gan C., Anh D. Does credit boost agricultural performance? Evidence from Vietnam [J]. International Journal of Social Economics, 2020, 47 (9): 1203 – 1221.

[8] Arzac E. R., Schwartz R. A., Whitcomb D. K. A theory and test of credit rationing: Some further results [J]. The American Economic Review, 1981, 71 (4): 735-737.

[9] Ascui F., Cojoianu T. F. Implementing natural capital credit risk assessment in agricultural lending [J]. Business Strategy and the Environment, 2019, 28 (6): 1234-1249.

[10] Belissa T., Lensink R., Winkel A. Effects of index insurance on demand and supply of credit: evidence from Ethiopia [J]. American Journal of Agricultural Economics, 2020, 102 (5): 1511-1531.

[11] Binswanger H. P. Risk aversion, collateral requirements and the markets for credit and insurance in rural areas, in Hazell P., Pomareda C. and Valdes A. (eds.), crop insurance for agriculture development [M]. Baltimore and London: The Johns Hopkins University Press, 1986.

[12] Bulte E., Lensink R. Why agricultural insurance may slow down agricultural development [J]. American Journal of Agricultural Economics, 2023, 105 (4): 1197-1220.

[13] Campbell J. Y. Household finance [J]. Journal of Finance, 2005, 61 (4): 1553-1604.

[14] Chaiya C., Sikandar S., Pinthong P, Saqib S. E., Ali N. The impact of formal agricultural credit on farm productivity and its utilization in Khyber Pakhtunkhwa, Pakistan [J]. Sustainability, 2023, 15 (2): 1-14.

[15] Chakir R., Hardelin J. Crop insurance and pesticides in French agriculture: an empirical analysis of multiple risks management [C]. International Congress. European Association of Agricultural Economists, 2010.

[16] Coble K. H., Barnett B. J. Why do we subsidize crop insurance? [J]. American Journal of Agricultural Economics, 2013, 95 (2): 498-504.

[17] Cochrane W. W. Farm prices, myth and reality [J]. American Journal of Agricultural Economics, 1958, 40 (3): 768-771.

[18] Dai Y. W., Chang H. H., Liu W. P. Do forest producers benefit

from the forest disaster insurance program? Empirical evidence in Fujian province of China [J]. Forest Policy and Economics, 2015 (50): 127 – 133.

[19] Dai J., Kesternich M., Loschel A., Ziegler A. Extreme weather experiences and climate change beliefs in China: an econometric analysis [J]. Ecological Economics, 2015, 116 (6): 310 – 321.

[20] Dia M., Takouda P. M., Golmohammadi A. Correction to: assessing the performance of Canadian Credit Unions using a three – stage network bootstrap DEA [M]. Annals of Operations Research, 2020.

[21] Ding Y., Sun C. Does agricultural insurance promote primary industry production? Evidence from a quasi – experiment in China [J]. The Geneva Papers on Risk and Insurance – Issues and Practice, 2022, 47 (2): 434 – 459.

[22] Fama E. F. Efficient capital markets: A review of theory and empirical work [J]. Journal of Finance, 1970 (35): 383 – 417.

[23] Feng S. Z., Han Y. J., Qiu H. G. Does crop insurance reduce pesticide usage? Evidence from China [J]. China Economic Review, 2021 (69): 101679.

[24] Freudenreich H., Musshoff O. Insurance for technology adoption: an experimental evaluation of schemes and subsidies with maize farmers in Mexico [J]. Journal of Agricultural Economics, 2018, 69 (1): 96 – 120.

[25] Gallenstein R. A., Flatnes J. E., Dougherty J. P., Sam A. G. Mishra K. The impact of index – insured loans on credit market participation and risk – taking [J]. Agricultural Economics, 2021, 52 (1): 141 – 156.

[26] Goldsmith R. W. Financial structure and development [M]. New Haven: Yale University Press, 1969.

[27] Goodwin B. K., Vandeveer M. L., Deal J. L. An empirical analysis of acreage effects of participation in the federal crop insurance program [J]. American Journal of Agricultural Economics, 2004, 86 (4): 1058 – 1077.

[28] Gourio F. Disaster risk and business cycles [J]. American Economic Review, 2012, 102 (6): 2734 – 2766.

[29] Gultekin U. Factors determining farmers' access to agricultural credit in Turkey [J]. Ciencia Rural, 2023 (53).

[30] Hazell P. B. The appropriate role of agricultural insurance in developing countries [J]. Journal of International Development, 1992, 4 (6): 567 – 581.

[31] Horowitz J. K., Lichtenberg E. Insurance, moral hazard, and chemical use in agriculture [J]. American Journal of Agricul Tural Economics, 1993, 75 (4): 926 – 935.

[32] Hu L., Lopez R. A., Zeng Y. The impact of credit constraints on the performance of chinese agricultural wholesalers [J]. Applied Economics, 2016, 51 (35): 3864 – 3875.

[33] Ifft J., Kuethe T., Morehart M. Does Federal Crop Insurance lead to higher farm debt use? Evidence from the Agricultural Resource Management Survey [J]. Agricultural Finance Review, 2015, 75 (3): 349 – 367.

[34] Ifft J., Kuethe T., Lyons G., Schultz A., Zhu J. Crop insurance's impact on commercial bank loan volumes: Theory and evidence [J]. Applied Economic Perspectives and Policy, 2023, 46 (1): 318 – 337.

[35] Jaffee D., Stiglitz J. E. Credit rationing, in Friedman, Benjamin M. and Hahn, Frank H. (eds.): Handbook of Monetary Economics [M]. New York: North – Holland, 1990.

[36] Jappelli T. Who is credit constrained in the U. S. economy? [J]. The Quarterly Journal of Economics, 1990, 105 (1): 219 – 234.

[37] Jeffrey W. Financial markets and the allocation of capital [J]. Journal of Financial Economics, 2000, 58 (1 – 2): 187 – 214.

[38] Jiang S. J., Wang L. L. Xiang F. Y. The effect of agriculture insurance on agricultural carbon emissions in China: The mediation role of low – carbon technology innovation [J]. Sustainability, 2023, 15 (5): 1 – 20.

[39] Joao M. A. C., de Castro A. M. The impact of agricultural credit on the growth of the agricultural sector in Angola [J]. Sustainability, 2023, 15

(20): 1-14.

[40] Li S., Yu W. The dual-driven impact of "internet + agricultural insurance" on the agricultural carbon welfare performance in China [J]. Polish Journal of Environmental Studies, 2022 (31): 2183-2196.

[41] Li X., Huo X. Impacts of land market policies on formal credit accessibility and agricultural net income: Evidence from China's apple growers [J]. Technological Forecasting and Social Change, 2021 (173).

[42] Li Y. F., Li Y., Zhou Y., Shi Y., Zhu X. Investigation of a coupling model of coordination between urbanization and the environment [J]. Journal of Environmental Management [J]. 2012, 98 (15): 127-33.

[43] Li Y. R., Wang Z. Y. Analysis on the effect of farmer income of policy-based agricultural insurance [J]. Acta Agriculturae Scandinavica, Section B - Soil & Plant Science, 2022, 72 (1): 1-15.

[44] Liao P., Zhou X., Fan Q. Does agricultural insurance help farmers escape the poverty trap? Research based on multiple equilibrium models [J]. The Geneva Papers on Risk and Insurance - Issues and Practice, 2020, 45 (1): 203-223.

[45] Mao H., Chen S. J., Ying R. Y., Fu Y. How crop insurance influences agrochemical input use: Evidence from cotton farmers in China [J]. Australian Journal of Agricultural and Resource Economics, 2023, 67 (2): 224-244.

[46] Miao R. Q. Climate, insurance and innovation: the case of drought and innovations in drought-tolerant traits in US agriculture [J]. European Review of Agricultural Economics, 2020, 47 (5): 1826-1860.

[47] Mieno T., Walters C. G., Fulginiti L. E. Input use under crop insurance: The role of actual production history [J]. American Journal of Agricultural Economics, 2018, 100 (5): 1469-1485.

[48] Minten B., Barrett C. B. Agricultural technology, productivity, and poverty in Madagascar [J]. World Development, 2008, 36 (5): 797-822.

[49] Miraj A. B., Mkhitaryan D., Zeng X. B., Zhang Z. R. The impact of agricultural insurance on farmers' income: Guangdong Province (China) as an example [J]. PLoS ONE, 2022 (10).

[50] Mishra K., Gallenstein R. A., Miranda M. J., Sam A. G., Toledo P. Mulangu F. Insured loans and credit access: evidence from a randomized field experiment in northern Ghana [J]. American Journal of Agricultural Economics, 2021, 103 (3): 923-943.

[51] Möhring N., Dalhaus T., Enjolras G., Finger R. Crop insurance and pesticide use in European agriculture [J]. Agricultural Systems, 2020 (184).

[52] Mu L., Wang Y., Mao, H. Does agricultural insurance drive variations in carbon emissions in China? Evidence from a quasi-experiment [J]. Polish Journal of Environmental Studies, 2023 (32): 653-665.

[53] Murro P., Peruzzi V. Relationship lending and the use of trade credit: the role of relational capital and private information [J]. Small Business Economics, 2022, 59 (1): 327-360.

[54] Nascimento D. H., Carrasco-Gutierrez C. E., Tessmann M. S. Rural credit and agricultural production: Empirical evidence from Brazil [J]. International Journal of Finance & Economics, 2023, 28 (4): 4236-4245.

[55] Ndegwa M. K., Shee A., Turvey C. G., You L. Uptake of insurance-embedded credit in presence of credit rationing: evidence from a randomized controlled trial in Kenya [J]. Agricultural Finance Review, 2020 (80): 745-766.

[56] Nkegbe P. K. Credit access and technical efficiency of smallholder farmers in northern Ghana: Double bootstrap DEA approach [J]. Agricultural Finance Review, 2018, 78 (5): 626-639.

[57] Quiggin J. Testing between alternative models of choice under uncertainty: Comment [J]. Journal of Risk and Uncertainty, 1993, 6 (2): 161-164.

[58] Ravn M. O., Uhlig H. On adjusting the Hodrick-Prescott Filter for

the frequency of observations [J]. Review of Economics and Statistics, 2022, 84 (1): 371-380.

[59] Rosen S. Specialization and human capital [J]. Journal of Labor Economics, 1983, 1 (1): 43-49.

[60] Saqib S. E., Kuwornu J. K. M., Panezia S., Ali U. Factors determining subsistence farmers' access to agricultural credit in flood-prone areas of Pakistan [J]. Kasetsart Journal of Social Sciences, 2018, 39 (2): 262-268.

[61] Salazar C., Jaime M., Pinto C., Acuña A. Interaction between crop insurance and technology adoption decisions: The case of wheat farmers in Chile [J]. Australian Journal of Agricultural and Resource Economics, 2019, 63 (3): 593-619.

[62] Seven U., Tumen S. Agricultural credits and agricultural productivity: Cross-country evidence [J]. Singapore Economic Review, 2020 (65): 161-183.

[63] Shee, A., Turvey C. G., Marr A. Heterogeneous demand and supply for an Insurance-linked credit product in Kenya: A stated choice experiment approach [J]. Journal of Agricultural Economics, 2021, 72 (1): 244-267.

[64] Shee, A., Turvey C. G., You L. Design and rating of risk-contingent credit for balancing business and financial risks for Kenyan farmers [J]. Applied Economics, 2019, 51 (50): 5447-5465.

[65] Smith V. H., Goodwin B. K. Crop insurance, moral hazard, and agricultural chemical use [J]. American Journal of Agricultural Economics, 1996, 78 (2): 428-438.

[66] Smith V. H., Goodwin B. K. The environmental consequences of subsidized risk management and disaster assistance programs [J]. Annual Review of Resource Economics, 2013 (5): 35-60.

[67] Stiglitz J. E. Peer monitoring and credit markets [J]. The World Bank Economic Review, 1990, 4 (3): 351-366.

[68] Stiglitz J. E., Weiss A. Credit rationing in markets with imperfect

information [J]. American Economics Review, 1981, 71 (3): 393-410.

[69] Tang Y., Geng B. Y. Digital finance development level and corporate debt financing cost [J]. Finance Research Letters, 2024 (60).

[70] Tone K. A slacks-based measure of efficiency in data envelopment analysis [J]. European Journal of Operational Research, 2001, 130 (3): 498-509.

[71] Visser M., Jumare H., Brick K. Risk preferences and poverty traps in the uptake of credit and insurance amongst small-scale farmers in South Africa [J]. Journal of Economic Behavior & Organization, 2020 (180): 826-836.

[72] Wang F., Du L., Tian M. Does agricultural credit input promote agricultural green total factor productivity? Evidence from spatial panel data of 30 provinces in China [J]. International Journal of Environmental Research and Public Health, 2023, 20 (1): 529.

[73] Wu Y., Xi X., Tang X., Luo D., Gu B. J., Lam S., Vitousek P., Chen D. L. Policy Distortions, Farm Size, and the Overuse of Agricultural Chemicals in China [J]. Proceedings of the National Academy of Sciences of the United States of America, 2018, 115 (27): 7010-7015.

[74] Wurgler J. Financial markets and the allocation of capital [J]. Journal of Financial Economics, 2000 (58): 187-214.

[75] Xiong X., Tian J., Ruan H. A DEA-model evaluation of the efficiency of peasant household credit investigation system in rural credit cooperatives: A positive research in Hubei Province, China [J]. China Agricultural Economic Review, 2011 (3): 54-66.

[76] Xu J., Liao P. Crop insurance, premium subsidy and agricultural output [J]. Journal of Integrative Agriculture, 2014, 13 (11): 2537-2545.

[77] Yu J., Smith A., Sumner D. A. Effects of crop insurance premium subsidies on crop acreage [J]. American Journal of Agricultural Economics, 2018, 100 (1): 91-114.

[78] Zeng H. Qi B. Wang M. Agricultural insurance and agricultural eco-

nomic growth: The case of Zhejiang province in China [J]. International Journal of Environmental Research and Public Health, 2022, 19 (20): 1-21.

[79] Zhang L., Yang Y., Li X. Research on the relationship between agricultural insurance participation and chemical input in grain production [J]. Sustainability, 2023, 15 (4): 1-15.

[80] Zhao N., Lv D. Can Joining the agricultural industry chain alleviate the problem of credit rationing for farmers? [J]. Agriculture, 2023, 13 (7): 1-28.

[81] Zhao Y., Chai Z., Delgado M. S., Preckel P. V. An empirical analysis of the effect of crop insurance on farmers' income: Results from Inner Mongolia in China [J]. China Agricultural Economic Review, 2008 (8): 299-313.

[82] Zheng H. G., Zhang Z. B. Analyzing characteristics and implications of the mortgage default of agricultural land management rights in recent China based on 724 court decisions [J]. Land, 2021, 10 (7): 729.

[83] Zou B. L., Ren Z. J., Mishra A. K., Hirsch S. The role of agricultural insurance in boosting agricultural output: An aggregate analysis from Chinese provinces [J]. Agribusiness, 2022, 38 (4): 923-945.

[84] 巴罗·罗伯特，夏威尔·萨拉-依-马丁. 经济增长 [M]. 上海：上海人民出版社, 2010.

[85] 柴智慧. 参与农作物保险是否促进农户农地转入？——基于内蒙古的微观实证 [J]. 保险研究, 2021 (12): 39-54.

[86] 陈国进, 晁江锋, 武晓利, 等. 罕见灾难风险和中国宏观经济波动 [J]. 经济研究, 2014, 49 (08): 54-66.

[87] 陈建学, 陈盛伟, 牛浩. 农业保险发展对农业碳排放的影响机制研究——基于行为改变视角的中介效应分析 [J]. 世界农业, 2023, 529 (05): 91-103.

[88] 陈俊聪, 王怀明. 农业保险与农业面源污染：影响因素及其度量——基于联立方程组模型的情景模拟 [J]. 上海财经大学学报, 2015,

17（05）：34-43+56.

[89] 陈康，叶明华，王世保．农业保险、农业信贷与农户稳收增收——基于联立方程模型的实证分析［J］．兰州学刊，2024（01）：145-160.

[90] 陈康，叶明华，王同江．数字金融服务如何影响农业保险的发展？——来自24个主要农业省份的经验证据［J］．兰州学刊，2022（04）：64-78.

[91] 陈强．高级计量经济学及Stata应用［M］．北京：高等教育出版社，2014.

[92] 陈巍，蒋远胜．涉农信贷、农业保险与农村居民收入增长——基于资本流动视角的实证检验［J］．财经理论与实践，2023，44（01）：26-33.

[93] 陈燕，林乐芬．政策性农业保险的福利效应——基于农民视角的分析［J］．中国农村观察，2023，169（01）：116-135.

[94] 成刚．数据包络分析方法与MaxDEA软件［M］．北京：知识产权出版社，2021.

[95] 褚保金，卢亚娟，张龙耀．信贷配给下农户借贷的福利效果分析［J］．中国农村经济，2009（06）：51-61.

[96] 丁丹．农业信贷配给与农村经济发展——基于辽宁省数据的VAR模型实证研究［J］．农业经济，2018（04）：99-101.

[97] 丁宇刚，孙祁祥．农业保险可以减轻自然灾害对农业经济的负面影响吗？［J］．财经理论与实践，2021，42（02）：43-49.

[98] 邓聚龙．灰色系统基本方法［M］．武汉：华中科技大学出版社，2005.

[99] 董晓林，吕沙，汤颖梅．"信贷联结型"银保互动能否缓解农户信贷配给——基于选择实验法的实证分析［J］．农业技术经济，2018（06）：71-80.

[100] 董昕．农业信贷投入对西部地区农民收入影响的空间特征［J］．统计与信息论坛，2019，34（05）：79-85.

[101] 董艳，陈秋生，王聪．区域金融发展如何影响农业信贷与农民创业——基于CHFS的实证研究［J］．经济理论与经济管理，2020（06）：

72-86.

[102] 董竹, 覃基广. 我国农村信贷效率实证研究 [J]. 商业研究, 2012 (09): 141-144.

[103] 杜江, 王锐, 王新华. 环境全要素生产率与农业增长: 基于 DEA-GML 指数与面板 Tobit 模型的两阶段分析 [J]. 中国农村经济, 2016 (03): 65-81.

[104] 范柏乃, 张维维, 贺建军. 我国经济社会协调发展的内涵及其测度研究 [J]. 统计研究, 2013, 30 (07): 3-8.

[105] 范方志. 农户信贷提升了农业生产技术效率吗?——基于农户微观调研数据的分析 [J]. 中央财经大学学报, 2020 (05): 33-41.

[106] 方首军, 黄泽颖, 孙良媛. 农业保险与农业信贷互动关系的理论分析与实证研究: 1985-2009 [J]. 农村金融研究, 2012 (07): 60-65.

[107] 冯林, 刘阳. 从分险、赋能到激活竞争: 农业政策性担保机构何以降低农贷利率 [J]. 中国农村经济, 2023 (04): 108-124.

[108] 冯文丽, 史晓. 京津冀农业保险发展差距及影响因素的实证分析 [J]. 经济与管理, 2018, 32 (05): 8-13.

[109] 富丽莎, 秦涛, 汪三贵. 农业保险的要素配置效应及其作用机制——基于助力现代农业发展视角 [J]. 资源科学, 2022, 44 (10): 1980-1993.

[110] 富丽莎, 汪三贵, 秦涛. 农业保险的增收效应及其作用机制 [J]. 中国人口·资源与环境, 2022, 32 (12): 153-165.

[111] 甘犁, 尹志超, 谭继军. 中国家庭金融报告 2014 [M]. 成都: 西南财经大学出版社.

[112] 高凯, 丁少群, 王信. 我国农业保险发展的省际差异性及其形成机制研究 [J]. 保险研究, 2020, 384 (04): 53-68.

[113] 盖庆恩, 李承政, 张无垢, 等. 从小农户经营到规模经营: 土地流转与农业生产效率 [J]. 经济研究, 2023, 58 (05): 135-152.

[114] 谷政, 王素芹. 中国农业保险政策演进研究——基于文本分析法 [J]. 贵州财经大学学报, 2023 (06): 33-43.

[115] 郭峰, 王靖一, 王芳, 等. 测度中国数字普惠金融发展: 指数编制与空间特征 [J]. 经济学 (季刊), 2020, 19 (04): 1401-1418.

[116] 郭婧, 马光荣. 宏观经济稳定与国有经济投资: 作用机理与实证检验 [J]. 管理世界, 2019, 35 (09): 49-64+199.

[117] 韩朝华. 个体农户和农业规模化经营: 家庭农场理论评述 [J]. 经济研究, 2017, 52 (07): 184-199.

[118] 洪婧. 我国农村资金配置效率的评价及其影响因素分析 [D]. 厦门: 厦门大学, 2009.

[119] 胡慧芳, 欧忠辉, 唐彤彤. 财税政策对企业研发的影响实效——以战略性新兴产业为经验证据 [J]. 东南学术, 2022 (05): 141-152.

[120] 胡小英, 王定祥. 数字金融与金融运营效率——基于动态 DEA 与 PVAR 模型的因果关系研究 [J]. 金融论坛, 2023, 28 (01): 10-19.

[121] 黄红光, 白彩全, 易行. 金融排斥、农业科技投入与农业经济发展 [J]. 管理世界, 2018, 34 (09): 67-78.

[122] 黄琦, 陶建平, 张红梅. 农业保险市场结构、空间依赖性与农业保险条件收敛研究 [J]. 中国管理科学, 2017, 25 (05): 25-32.

[123] 黄颖, 吕德宏. 农业保险、要素配置与农民收入 [J]. 华南农业大学学报 (社会科学版), 2021, 20 (02): 41-53.

[124] 黄宇虹, 樊纲治. 土地经营权流转与农业家庭负债状况 [J]. 金融研究, 2017, 450 (12): 95-110.

[125] 贾洪文, 李学敏. 甘肃省农户信贷效率及其影响因素研究——基于 DEA-Malmquist 指数与 Tobit 模型的实证分析 [J]. 兰州财经大学学报, 2019, 35 (04): 10-21.

[126] 江生忠, 张煜. 农业保险对农村经济的助力效果分析——基于 3SLS 方法 [J]. 保险研究, 2018, 358 (02): 102-111.

[127] 江艇. 因果推断经验研究中的中介效应与调节效应 [J]. 中国工业经济, 2022 (05): 100-120.

[128] 金绍荣, 任赞杰, 慕天媛. 农业保险、农业全要素生产率与农业经济增长 [J]. 宏观经济研究, 2022, 278 (01): 102-114+160.

[129] 李标, 王黎, 孙煜程. 农村信贷供给影响城乡收入差距的机制与效应研究 [J]. 农业技术经济, 2020 (07): 61-78.

[130] 李秉龙, 薛兴利. 农业经济学 [M]. 北京: 中国农业大学出版社, 2015.

[131] 李婵娟, 程欣炜. 我国省域农业保险发展水平测度与空间收敛性分析 [J]. 统计与决策, 2021, 37 (17): 145-149.

[132] 李德荃. 关于我国农村信贷缺口的估计 [J]. 东岳论丛, 2017, 38 (10): 75-85.

[133] 李光峰. 河南农业信贷效率测度和影响因素研究 [D]. 西安: 陕西师范大学, 2016.

[134] 李广子, 刘力. 产业政策与信贷资金配置效率 [J]. 金融研究, 2020, 479 (05): 114-131.

[135] 李江华, 赵楠. 中国农业信贷资金配置: 效率测度与地区差异研究 [M]. 北京: 中国统计出版社, 2015.

[136] 李琴英, 陈康, 陈力朋. 种植业保险参保行为对农户化学要素投入倾向的影响——基于不同政策认知情景的比较研究 [J]. 农林经济管理学报, 2020, 19 (03): 280-287.

[137] 李琴英, 陈芮格. 政策性农业保险达到最优规模了吗?——以河南省18个地市农业保险对农业产出的影响为例 [J]. 郑州大学学报 (哲学社会科学版), 2021, 54 (05): 50-55.

[138] 李琴英, 崔怡, 陈力朋. 政策性农业保险对农村居民收入的影响——基于2006—2015年省级面板数据的实证分析 [J]. 郑州大学学报 (哲学社会科学版), 2018, 51 (05): 72-78.

[139] 李宪宝. 异质性农业经营主体技术采纳行为差异化研究 [J]. 华南农业大学学报 (社会科学版), 2017, 16 (03): 87-94.

[140] 李屹然, 谢家智. 金融分权与涉农贷款投入 [J]. 农村经济, 2019 (02): 79-87.

[141] 李棠, 孙乐, 陈盛伟. 农业保险对农业技术采纳行为的影响研究——基于种植业家庭农场的调研数据 [J]. 中国农业资源与区划, 2022,

43（07）：172-182.

[142] 林凯旋．农业信贷与保险联动支持农业发展：内在逻辑与改进路径［J］．保险研究，2020（04）：69-76.

[143] 刘殿国，张又嘉．金融发展对经济增长要素效率的影响研究［J］．中国软科学，2022（S1）：83-97.

[144] 刘汉成，陶建平．中国政策性农业保险：发展趋势、国际比较与路径优化［J］．华中农业大学学报（社会科学版），2020（06）：67-75+163-164.

[145] 刘赛红，王志飞．农村信贷投入、农业振兴与城乡居民收入差距研究［J］．云南财经大学学报，2019，35（03）：94-104.

[146] 刘玮，孙丽兵，庹国柱．农业保险对农户收入的影响机制研究——基于有调节的中介效应［J］．农业技术经济，2022，326（06）：4-18.

[147] 刘新平．信贷结构、信贷效率与经济增长［D］．杭州：浙江大学，2017.

[148] 刘亚洲，钟甫宁．风险管理VS收入支持：我国政策性农业保险的政策目标选择研究［J］．农业经济问题，2019（04）：130-139.

[149] 刘艳华．农业信贷配给对农村居民消费的间接效应——基于面板门槛模型的阐释［J］．农业经济问题，2016，37（07）：98-105+112.

[150] 刘艳华，王家传．中国农村信贷配给效率的实证分析［J］．农业经济问题，2009，30（05）：23-28+110.

[151] 刘艳华，郑平．农业信贷配给对农民消费间接效应的双重特征——基于面板门限模型和空间面板模型的实证分析［J］．金融经济学研究，2016，31（03）：38-50.

[152] 刘艳华，朱红莲．农业信贷配给与农村居民收入的地区差异——基于平滑转换模型的阐释［J］．农业技术经济，2017，270（10）：68-78.

[153] 刘志荣．农业信贷担保服务体系建设的模式、困境及发展选择［J］．江淮论坛，2016（03）：12-18.

[154] 刘祚祥，黄权国．信息生产能力、农业保险与农村金融市场的

信贷配给——基于修正的 S－W 模型的实证分析 [J]. 中国农村经济, 2012 (05): 53－64.

[155] 龙青, 李成. 银行物理网点分布对信贷效率的影响研究 [J]. 西南大学学报（社会科学版）, 2022, 48 (03): 121－132.

[156] 卢飞, 张建清, 刘明辉. 政策性农业保险的农民增收效应研究 [J]. 保险研究, 2017 (12): 67－78.

[157] 路晓蒙, 李阳, 甘犁, 等. 中国家庭金融投资组合的风险——过于保守还是过于冒进? [J]. 管理世界, 2017 (12): 92－108.

[158] 路晓蒙, 吴雨. 转入土地、农户农业信贷需求与信贷约束——基于中国家庭金融调查（CHFS）数据的分析 [J]. 金融研究, 2021 (05): 40－58.

[159] 陆宇, 易福金, 王克. 农业保险市场竞争强度与风险保障水平——基于寻租视角的分析 [J]. 中国农村观察, 2023 (05): 104－125.

[160] 罗必良. 论服务规模经营——从纵向分工到横向分工及连片专业化 [J]. 中国农村经济, 2017 (11): 2－16.

[161] 罗宾斯, 库尔特. 管理学 [M]. 北京: 中国人民大学出版社, 2017.

[162] 罗剑朝, 胡杰. 农业信贷担保、信贷供给与农业经济发展 [J]. 财贸研究, 2023, 34 (03): 68－79.

[163] 罗向明, 张伟, 谭莹. 政策性农业保险的环境效应与绿色补贴模式 [J]. 农村经济, 2016, 409 (11): 13－21.

[164] 吕开宇, 李春肖, 张崇尚. 基于主成分分析法和熵值法的地区农业保险发展水平分析——来自 2008—2013 年中国省级层面的数据 [J]. 农业技术经济, 2016, 251 (03): 4－15.

[165] 吕坤, 周爱民. 财政金融监管支出对信贷服务效率的影响 [J]. 当代经济研究, 2016 (04): 86－91.

[166] 马苗, 张艳宁, 赵健. 灰色理论及其在图像工程中的应用 [M]. 北京: 清华大学出版社, 2011.

[167] 马九杰, 崔恒瑜. 农业保险发展的碳减排作用: 效应与机制

[J]. 中国人口·资源与环境, 2021, 31 (10): 79-89.

[168] 马九杰, 崔恒瑜, 吴本健. 政策性农业保险推广对农民收入的增进效应与作用路径解析——对渐进性试点的准自然实验研究 [J]. 保险研究, 2020 (02): 3-18.

[169] 马九杰, 杨晨, 崔恒瑜, 等. 农业保险的环境效应及影响机制——从中国化肥面源污染视角的考察 [J]. 保险研究, 2021, 401 (09): 46-61.

[170] 曼昆. 经济学原理 [M]. 北京: 北京大学出版社, 2020.

[171] 毛慧, 胡蓉, 周力, 等. 农业保险、信贷与农户绿色农业技术采用行为——基于植棉农户的实证分析 [J]. 农业技术经济, 2022 (11): 95-111.

[172] 宁国强, 兰庆高, 武翔宇. 种粮大户正规信贷约束程度的测度与分析 [J]. 华南农业大学学报 (社会科学版), 2016, 15 (04): 31-41.

[173] 牛浩, 陈盛伟. "弱竞争"的市场模式提升了农业保险发展速度吗？ [J]. 保险研究, 2019, 376 (08): 52-69.

[174] 牛浩, 陈盛伟. 政策性农业保险实现"真赔"了吗——基于全国2011—2018年的省级面板数据 [J]. 农业经济问题, 2022 (10): 113-122.

[175] 彭澎, 吴承尧, 肖斌卿. 银保互联对中国农村正规信贷配给的影响——基于4省1014户农户调查数据的分析 [J]. 中国农村经济, 2018 (08): 32-45.

[176] 齐甜, 畅倩, 姚柳杨, 等. 农业保险促进保护性耕作了吗？——以三大粮食主产区为例 [J]. 干旱区资源与环境, 2023, 37 (07): 75-83.

[177] 热依拉·依里木, 刘明. 乡村借贷、非正式治理与信贷效率——基于维吾尔借贷契约的历史启示 [J]. 上海经济研究, 2017, 348 (09): 119-128.

[178] 任栋, 曹改改, 龙思瑞. 基于人类发展指数框架的中国各地社会发展协调度分析 [J]. 数量经济技术经济研究, 2021, 38 (06): 88-106.

[179] 任天驰, 张洪振, 杨晓慧, 等. 农业保险保障水平与农户生产

投资：一个倒"U"型关系——基于鄂、赣、川、滇四省调查数据［J］.中国农村观察，2021，161（05）：128－144.

［180］任乐，王性玉，赵辉.农户信贷可得性和最优贷款额度的理论分析与实证检验——基于农业保险抵押品替代视角［J］.管理评论，2017，29（06）：32－42.

［181］阮贵林，孟卫东.农业保险、农业贷款与农户人均纯收入——基于中国省级面板数据的实证分析［J］.当代经济科学，2016，38（05）：69－76＋98＋126.

［182］萨缪尔森，诺德豪斯.经济学［M］.北京：商务印书馆，2012.

［183］邵全权，郭梦莹.发展农业保险能促进农业经济增长吗？［J］.经济学动态，2020，708（02）：90－102.

［184］邵全权，王博，柏龙飞.风险冲击、保险保障与中国宏观经济波动［J］.金融研究，2017（06）：1－16.

［185］沈军，白钦先.金融结构、金融功能与金融效率——一个基于系统科学的新视角［J］.财贸经济，2006（01）：23－28＋96.

［186］舒文军.金融素养对家庭信贷效率的影响［D］.成都：西南财经大学，2022.

［187］宋汉光.农业信贷效率研究［M］.北京：中国金融出版社，2012.

［188］宋汉光.农业信贷效率问题研究［D］.福州：福建农林大学，2011.

［189］宋凌峰，马莹，肖雅慧.农业生产波动视角下农业信贷、保险对农业经济的协同效果研究［J］.华中农业大学学报（社会科学版），2023，164（02）：34－45.

［190］孙才志，张少芳.中国海洋经济包容性与效率的协同关系［J］.经济地理，2023，43（05）：57－67.

［191］孙建国.新中国成立初期农贷绩效分析（1950－1957）——以河南省为例［J］.安徽师范大学学报（人文社会科学版），2017，45（06）：705－711.

[192] 唐勇, 吕太升. 农业信贷、农业保险与农业全要素生产率增长——基于交互效应视角 [J]. 哈尔滨商业大学学报（社会科学版）, 2021, 178 (03): 116-128.

[193] 庹国柱. 论农业保险市场的有限竞争 [J]. 保险研究, 2017 (02): 11-16.

[194] 庹国柱. 农业保险经营的风险及其防控 [J]. 中国保险, 2018, 362 (02): 7-13.

[195] 庹国柱, 张峭. 论我国农业保险的政策目标 [J]. 保险研究, 2018 (07): 7-15.

[196] 汪昌云, 钟腾, 郑华懋. 金融市场化提高了农户信贷获得吗？——基于农户调查的实证研究 [J]. 经济研究, 2014, 49 (10): 33-45+178.

[197] 王立勇, 房鸿宇, 谢付正. 中国农业保险补贴政策绩效评估：来自多期DID的经验证据 [J]. 中央财经大学学报, 2020 (09): 24-34.

[198] 王立勇, 张良贵, 刘文革. 不同黏性条件下金融加速器效应的经验研究 [J]. 经济研究, 2012, 47 (10): 69-81+160.

[199] 王满银. 协调度模型的比较与选用 [J]. 统计与决策, 2022, 38 (12): 23-28.

[200] 王倩, 王艳, 朱莹, 等. 中国农业保险、农业贷款与农民收入耦合协调发展研究 [J]. 世界农业, 2021 (01): 109-119+131.

[201] 王韧, 陈嘉婧, 周宇婷, 等. 农业保险助力农业强国建设：内在逻辑、障碍与推进路径 [J]. 农业经济问题, 2023 (09): 110-123.

[202] 王韧, 黄渊基, 刘莹, 等. 中国省域农业保险发展水平的时空格局及影响因素 [J]. 经济地理, 2018, 38 (06): 117-125.

[203] 王韧, 匡祎琦, 农通理, 等. 我国农业保险空间格局动态演变及收敛研究 [J]. 经济地理, 2021, 41 (07): 164-172.

[204] 王向楠. 农业贷款、农业保险对农业产出的影响——来自2004-2009年中国地级单位的证据 [J]. 中国农村经济, 2011, 322 (10): 44-51.

[205] 王振山. 金融效率论 [M]. 北京：经济管理出版社, 2000.

[206] 魏华林,林宝清. 保险学 [M]. 北京:高等教育出版社,2014:15.

[207] 温涛,王煜宇. 政府主导的农业信贷、财政支农模式的经济效应——基于中国1952—2002年的经验验证 [J]. 中国农村经济,2005 (10):20-29.

[208] 温涛,熊德平. "十五"期间各地区农村资金配置效率比较 [J]. 统计研究,2008 (04):82-89.

[209] 吴雨,宋全云,尹志超. 农户正规信贷获得和信贷渠道偏好分析——基于金融知识水平和受教育水平视角的解释 [J]. 中国农村经济,2016 (05):43-55.

[210] 谢沂芹,胡士华. 信贷配置效率对农业全要素生产率的影响机制——基于中国2011—2018年省级面板数据实证 [J]. 西南大学学报(自然科学版),2021,43 (03):124-131.

[211] 徐胜,赵欣欣,姚双. 绿色信贷对产业结构升级的影响效应分析 [J]. 上海财经大学学报,2018,20 (02):59-72.

[212] 徐雯,张锦华. 政策性农业保险的碳减排效应——来自完全成本保险和收入保险试点实施的证据 [J]. 保险研究,2023,418 (02):20-33.

[213] 徐媛媛,崔小年,王聪,等. "保险+期货"模式能实现农产品市场风险管理闭环吗？[J]. 保险研究,2022 (07):69-84+95.

[214] 杨彩林,李雯雅. 农户信贷效率测度及其影响因素研究——基于湖南省的实证分析 [J]. 武汉金融,2021 (09):33-40.

[215] 杨栋,郭玉清. 中国农业贷款效率——基于双方程误差修正模型 [J]. 金融研究,2007 (09):151-159.

[216] 杨盛钰. 地方政府债务对城市商业银行信贷效率影响的分析 [D]. 济南:山东大学,2021.

[217] 鄢姣. 中国农业适度规模经营研究:一个文献综述 [J]. 农业经济与管理,2021 (01):21-29.

[218] 叶明华,陈康. 农业保险与农业担保协同增信的机理与实现路

径［J］. 上海保险，2021（11）：23-27.

［219］叶明华，陈康. 农业"保险+信贷"政策对农业信贷发展的影响［J］. 华南农业大学学报（社会科学版），2022，21（06）：66-77.

［220］叶兴庆. 我国农业经营体制的40年演变与未来走向［J］. 农业经济问题，2018（06）：8-17.

［221］尹志超，郭沛瑶，张琳琬."为有源头活水来"：精准扶贫对农户信贷的影响［J］. 管理世界，2020，36（02）：59-71+194+218.

［222］玉国华. 农村信贷投入、劳动力转移与城乡收入差距：理论与实证［J］. 农业技术经济，2021（11）：78-92.

［223］俞佳立，杨上广，钱芝网. 财政分权与地方财政医疗卫生支出效率［J］. 北京理工大学学报（社会科学版），2023，25（01）：172-188.

［224］余坤莲. 基于DEA分析法的西部地区农村信贷资金配置效率及其影响因素研究［J］. 开发性金融研究，2019（01）：29-41.

［225］袁纯清. 农业保险高质量发展要坚持六个导向［J］. 保险研究，2023（05）：3-8.

［226］袁辉，谭迪. 政策性农业保险对农业产出的影响效应分析——以湖北省为例［J］. 农村经济，2017（09）：94-100.

［227］袁若兰，廖文梅，邱海兰. 农业技术培训、经营规模对农业生产效率的影响——以水稻栽培技术为例［J］. 中国农业资源与区划，2023，44（07）：216-226.

［228］战明华，孙晓珂，张琰. 数字金融背景下保险业发展的机遇与挑战［J］. 保险研究，2023（04）：3-14.

［229］张宝海，李嘉缘，李永乐，等. 三大粮食作物完全成本保险和收入保险试点情况调研报告［J］. 保险理论与实践，2021（06）：1-12.

［230］张兵，许国玉. 江苏省农村信贷资金配置效率——基于面板数据的经验分析［J］. 中国农村经济，2007（06）：54-61+70.

［231］张朝华，于婷. 农村信贷投入、服务外包水平与城乡收入差距［J］. 经济体制改革，2023（01）：89-98.

［232］张驰，张崇尚，仇焕广，等. 农业保险参保行为对农户投入的

影响——以有机肥投入为例［J］．农业技术经济，2017，266（06）：79-87．

［233］张东玲，焦宇新．农业保险、农业全要素生产率与农户家庭经济韧性［J］．华南农业大学学报（社会科学版），2022，21（02）：82-97．

［234］张海洋，平新乔．土地流转、信息甄别与农村信用社贷款定价［J］．世界经济，2012，35（03）：68-88．

［235］张华志，黄全祥．乡村产业振兴的信贷资金缺口分析［J］．财经科学，2022（11）：58-72．

［236］张利庠，栾梦娜，刘秋池．中国肉鸡价格预测预警研究［J］．农林经济管理学报，2023，22（01）：94-102．

［237］张露，罗必良．规模经济抑或分工经济——来自农业家庭经营绩效的证据［J］．农业技术经济，2021（02）：4-17．

［238］张奇．我国农业信贷效率评价及区域差异研究［D］．广州：暨南大学，2018．

［239］张伟，黄颖，谭莹，等．灾害冲击下贫困地区农村金融精准扶贫的政策选择——农业信贷还是农业保险［J］．保险研究，2020（01）：21-35．

［240］张伟，罗向明，曾华盛，等．政策性农业保险对不同群体的收入再分配效应［J］．保险研究，2021，398（06）：72-88．

［241］张晓燕，姬家豪．金融科技与金融监管的动态匹配对金融效率的影响［J］．南开管理评论，2023，26（01）：43-56．

［242］张雄，胡新艳．农业服务外包对农户信贷投入的替代效应研究［J］．金融经济学研究，2021，36（06）：18-33．

［243］张秀梅，郎有泽，楼国强．数字普惠金融对农业信贷配给的影响及机制分析［J］．投资研究，2023，42（10）：4-25．

［244］张哲晰，穆月英，侯玲玲．参加农业保险能优化要素配置吗？——农户投保行为内生化的生产效应分析［J］．中国农村经济，2018（10）：53-70．

［245］张志新，林立，黄海蓉．农业技术进步的农民增收效应：来自中国14个农业大省的证据［J］．中国科技论坛，2020（08）：138-147．

[246] 张仲芳. 财政分权、卫生改革与地方政府卫生支出效率——基于省级面板数据的测算与实证 [J]. 财贸经济, 2013 (09): 28-42.

[247] 张壮, 田云, 陈池波. 政策性农业保险能引导农业碳减排吗? [J]. 湖南农业大学学报 (社会科学版), 2023, 24 (02): 29-38.

[248] 赵桂芹, 陈莹, 孔祥钊. 医疗保险、农业信贷与精准扶贫 [J]. 经济学 (季刊), 2023, 23 (02): 712-730.

[249] 赵楠, 李江华. 中国农业信贷效率及其影响因素研究 [J]. 数量经济技术经济研究, 2015, 32 (04): 22-37+70.

[250] 赵楠, 王辛睿, 李江华. 中国各地区农业信贷效率的区域聚集特征分析 [J]. 西南民族大学学报 (人文社会科学版), 2015, 36 (02): 125-130.

[251] 郑军, 邓明珠. 农业保险、农业规模经营与农业绿色发展 [J]. 华东经济管理, 2024, 38 (01): 59-70.

[252] 郑军, 赵维娜. 农业保险对中国绿色农业生产的影响——基于农业技术进步的中介效应 [J]. 资源科学, 2023, 45 (12): 2414-2432.

[253] 中国农业风险管理研究会. 中国农业风险管理发展报告 [M]. 北京: 中国农业出版社, 2023.

[254] 周法法, 郑义, 李军龙. 农业保险发展与农业绿色全要素生产率: 内在机制与实证检验 [J]. 世界农业, 2022 (10): 70-82.

[255] 周稳海, 赵桂玲, 尹成远. 农业保险对农业生产影响效应的实证研究——基于河北省面板数据和动态差分 GMM 模型 [J]. 保险研究, 2015 (05): 60-68.

[256] 周一鹿. 中国农业信贷资金配置效率研究 [D]. 重庆: 西南大学, 2010.

[257] 祝国平, 刘吉舫. 农业保险是否支持了农业信贷?——来自全国 227 个地级市的证据 [J]. 农村经济, 2014 (10): 77-81.

[258] 朱德云, 袁月, 高平. 财政分权对地方财政医疗卫生支出效率的非线性影响 [J]. 财经科学, 2020 (08): 118-132.

[259] 朱宁, 赖晓璇. 我国绿色信贷效率评价及改善路径研究 [J].

金融监管研究，2020（06）：41-58.

［260］朱森杰，尹忢昊，袁祥州，等.农业保险促进了农业碳生产率提升吗？［J/OL］.中国农业资源与区划，2024-02-26. http：//kns.cnki.net/kcms/detail/11.3513.s.20230810.1635.006.html.

［261］朱喜，李子奈.改革以来我国农村信贷的效率分析［J］.管理世界，2006（07）：68-76.

［262］邹静娴，张斌，魏薇，等.信贷增长如何影响中国的收入和财富不平等［J］.金融研究，2023（01）：1-20.

附录：不同维度农业保险发展水平作为比较序列的灰色关联度测算结果分析

由于以不同维度农业保险发展水平作为参考数列所测算出的灰色关联度，不能比较不同维度间农业保险发展水平与农业信贷规模及效率相关性的大小。因此，本书进一步分别以农业信贷规模及效率作为参考序列，以不同维度农业保险发展水平作为比较序列，比较分析不同农业保险发展维度间与农业信贷规模及效率的相关性，测算结果如附表1所示。据附表1可知，以不同维度农业保险发展水平为比较序列测度的灰色关联度结果在数值大小及区域差异性与以不同维度农业保险发展水平为参考序列测算的结果基本一致。比如，不同维度农业保险发展水平与农业信贷规模及农业信贷效率的灰色关联度数值均大于0.7，体现了农业保险与农业信贷规模及农业信贷效率具有较高的相关性。不同维度农业保险发展水平与农业信贷规模的灰色关联度在中部及东北部地区的数值高于全国平均、东部及西部地区，在粮食主产区内的灰色关联度数值也高于全国平均、粮食主销区及产销平衡区。不同维度农业保险发展水平与农业信贷效率的灰色关联度在西部地区的数值要高于全国平均、东部、中部及东北部地区，在产销平衡区的灰色关联度也要高于全国平均、粮食主产区及粮食主销区。

附表 1　灰色关联度测算结果——以不同维度农业保险发展水平为比较序列

区域		比较序 参考序	农业保险发展 总水平（γ_{01}）	保费收入维度 （γ_{02}）	赔付支出维度 （γ_{03}）	灰色关联序
	全国	农业信贷规模	0.8201	0.8225	0.8149	$\gamma_{02} > \gamma_{01} > \gamma_{03}$
		农业信贷效率	0.8022	0.8043	0.7949	$\gamma_{02} > \gamma_{01} > \gamma_{03}$
经济 区域	东部	农业信贷规模	0.8238	0.8278	0.8165	$\gamma_{02} > \gamma_{01} > \gamma_{03}$
		农业信贷效率	0.7604	0.7651	0.7541	$\gamma_{02} > \gamma_{01} > \gamma_{03}$
	中部及 东北部	农业信贷规模	0.8402	0.8423	0.8355	$\gamma_{02} > \gamma_{01} > \gamma_{03}$
		农业信贷效率	0.8161	0.8160	0.8132	$\gamma_{01} > \gamma_{02} > \gamma_{03}$
	西部	农业信贷规模	0.8020	0.8032	0.7982	$\gamma_{02} > \gamma_{01} > \gamma_{03}$
		农业信贷效率	0.8265	0.8282	0.8152	$\gamma_{02} > \gamma_{01} > \gamma_{03}$
粮食 产区	粮食主产区	农业信贷规模	0.8380	0.8420	0.8317	$\gamma_{02} > \gamma_{01} > \gamma_{03}$
		农业信贷效率	0.8158	0.8142	0.8072	$\gamma_{01} > \gamma_{02} > \gamma_{03}$
	粮食主销区	农业信贷规模	0.8138	0.8142	0.8104	$\gamma_{02} > \gamma_{01} > \gamma_{03}$
		农业信贷效率	0.7479	0.7485	0.7476	$\gamma_{02} > \gamma_{01} > \gamma_{03}$
	产销平衡区	农业信贷规模	0.8031	0.8048	0.7980	$\gamma_{02} > \gamma_{01} > \gamma_{03}$
		农业信贷效率	0.8206	0.8282	0.8105	$\gamma_{02} > \gamma_{01} > \gamma_{03}$